21 世纪高职高专汽车类教材

汽车自动变速器原理与检修

（第二版）

叶桂旬　雷自南　王惜慧　编著

华南理工大学出版社
·广州·

内 容 简 介

本书共分六章，内容包括液力控制自动变速器和电子控制自动变速器的组成、原理、控制过程、使用方法、维护和测试、故障分析以及自动变速器的分解与检修等。

为了使读者对所学知识能够巩固、提高、熟练掌握，书中还列举了丰田、本田、尼桑、马自达、通用、福特等厂家自动变速器的结构、原理。对具有代表性的自动变速器进行了详细讲解，内容涉及故障诊断、分析与排除以及拆装等具体的技能技术操作方法。

本书可作为高职和中职学校汽车运用与维修专业教材，也可作为高级汽车维修技术人员的培训教材，以及供从事汽车维修工作的工人和技术人员学习参考。

图书在版编目（CIP）数据

汽车自动变速器原理与检修/叶桂旬，雷自南，王惜慧编著. —2版. —广州：华南理工大学出版社，2011.6

（21世纪高职高专汽车类教材）

ISBN 978-7-5623-3446-0

Ⅰ.①汽… Ⅱ.①叶… ②雷… ③王… Ⅲ.①汽车-自动变速装置-理论 ②汽车-自动变速装置-检查 Ⅳ.①U463.212 ②U472.41

中国版本图书馆CIP数据核字（2011）第104271号

总 发 行：华南理工大学出版社（广州五山华南理工大学17号楼，邮编510640）
　　　　　营销部电话：020-87113487　87111048（传真）
　　　　　E-mail：scutc13@scut.edu.cn　http://www.scutpress.com.cn
责任编辑：谢茉莉
印 刷 者：湛江日报社印刷厂
开　　本：787mm×1092mm　1/16　印张：13.25　字数：322千
版　　次：2011年6月第2版　2011年6月第4次印刷
印　　数：6501～8500册
定　　价：22.00元

版权所有　盗版必究

前　言

随着国民经济的快速增长，汽车（特别是轿车）已经进入普通百姓家庭。近年来，中国汽车保有量逐年增加，2008 年保有量为 4 975 万辆，2009 年达到 6 300 多万辆。2010 年，全国民用汽车保有量达到 9 086 万辆（包括三轮汽车和低速货车 1 284 万辆）。据估计，我国汽车保有量达到 4.9 亿辆时，需求才会趋于稳定。届时，汽车的普及率也将大大提高，将达到每千人 300 辆。而目前我国汽车普及率仅为每千人 50 辆，远远低于发达国家水平。中国汽车产业在全球的地位正不断上升，2009 年国产汽车产销量分别为 1 379.10 万辆和 1 364.48 万辆，同比分别增长 48.30% 和 46.15%，首次跃居世界第一。我国已成为汽车生产和消费大国，汽车行业已成为我国的支柱产业。

汽车作为交通工具，在满足人们快捷运输的同时，还要满足人们对环保、节能、安全性和舒适性的要求。汽车自动变速器由于具有操作轻便、行驶挡位自动适应性、良好的工况稳定性以及能有效降低发动机污染排放等优点，使得其成为汽车的一个重要组成部分。学习自动变速器知识是从事汽车行业的技术人员不可或缺的内容。但是，由于自动变速器结构原理和传动过程很复杂，既有挡位分析，又有油路分析和电路分析，因此，被认为是汽车中最难弄懂的部分之一，这给学习和维修自动变速器带来了一定困难。例如，自动变速器的挡位分析决定了油路分析，而油路分析又决定电路分析，这样就出现了一环紧扣一环、环环紧密联系的关系。如果学习挡位分析时不了解自动变速器运动规律，就无法进行行之有效的挡位分析，进而直接影响对自动变速器油路分析和电路分析的学习，更谈不上对自动变速器的正确使用、维护、故障诊断、检修等的学习了。

　　本书集作者多年的教学和实践心得于一体，结构紧凑，思路清晰，分析详尽，图文并茂，操作性强。在结构编排上，尊重读者的学习过程与学习规律，做到循序渐进、突出重点、目的明确、有效总结与归纳。从学习的过程和规律出发，从工作实践的角度出发，力求把复杂的问题简单化、抽象问题具体化，做到通俗易懂、形象易学，力求使读者快速系统掌握自动变速器的组成、工作原理，故障诊断及检修方法，将复杂的自动变速器的学习过程变得轻松和简单。

　　本书可作为高职院校和技工学校汽车运用与维修专业教材，也可作为高级汽车维修技术人员的培训教材，以及汽车技术人员的参考书。

　　本书在编写过程中，参考了国内外有关的学术论文、技术资料，在此对原作者表示衷心感谢。由于作者水平有限，书中疏漏或差错在所难免，恳请广大读者批评指正，以便再版时修正。

目 录

第一章 自动变速器概述 ... 1
第一节 自动变速器的组成 ... 2
第二节 自动变速器的类型 ... 3
一、按自动变速器前进挡的挡位数分类 ... 3
二、按汽车的驱动方式分类 ... 3
三、按齿轮变速器的类型分类 ... 3
四、按控制方式分类 ... 4
五、按变扭器的类型分类 ... 4

第二章 液力变扭器 ... 6
第一节 液力耦合器 ... 6
一、基本结构 ... 6
二、工作原理 ... 6
三、特性 ... 7
第二节 液力变扭器 ... 8
一、基本结构 ... 8
二、工作原理 ... 9
三、特性 ... 12
第三节 综合式液力变扭器 ... 13
一、基本结构 ... 14
二、工作原理 ... 14
三、工作特性 ... 15
第四节 带锁止离合器的综合式液力变扭器 ... 16
一、结构及其工作原理 ... 16
二、工作特性 ... 17
三、变扭器工作液的补偿及冷却 ... 18

第三章 齿轮变速器 ... 19
第一节 行星齿轮变速器 ... 19
一、单排行星齿轮机构 ... 19
二、行星齿轮机构变速原理 ... 20

三、行星排的自由度 ·· 22
  第二节　换挡执行机构 ·· 22
　　一、离合器 ·· 22
　　二、制动器 ·· 24
　　三、单向超越离合器 ·· 25
  第三节　行星齿轮变速器结构与工作原理 ·· 27
　　一、自动变速器的挡位 ··· 27
　　二、自动变速器的开关 ··· 28
　　三、红旗 CA7560 轿车自动变速器 ··· 29
　　四、行星齿轮变速器的典型结构(辛普森结构) ·································· 33
　　五、丰田 A43D 自动变速器 ·· 35
　　六、平行轴式自动变速器 ··· 42
　　七、拉维奈尔赫式自动变速器 ·· 44
  第四节　几种常见轿车自动变速器 ·· 53
　　一、通用轿车 Turbo Hydra-matifc 400 自动变速器 ·························· 53
　　二、丰田 CROWN3.0 轿车 A340E 自动变速器 ·································· 54
　　三、丰田 CAMRY 轿车 A540E 自动变速器 ······································· 55
　　四、马自达轿车 F3A 自动变速器 ··· 56
　　五、R4A—EL 自动变速器 ·· 58

第四章　控制系统结构与工作原理 ·· 62
  第一节　控制系统的组成 ·· 62
  第二节　液力式控制系统的结构与工作原理 ·· 63
　　一、供油和调节部分 ·· 63
　　二、控制参数信号转换 ··· 68
  第三节　电液式控制系统结构与工作原理 ·· 88
　　一、电液式控制系统的组成 ·· 89
　　二、电子控制装置的结构与工作原理 ·· 90
　　三、油路控制 ··· 108

第五章　自动变速器的使用、维护与测试 ·· 121
  第一节　自动变速器的使用及注意事项 ··· 121
　　一、不同工况下自动变速器的使用 ··· 121
　　二、自动变速器使用时的注意事项 ··· 122
  第二节　自动变速器的一般检查和调整 ··· 123
　　一、发动机怠速的检查 ··· 123
　　二、液压油品质和油面高度的检查 ··· 123
　　三、操纵手柄位置和节气门拉索的检查 ·· 124

第三节 自动变速器机械系统测试 ·125
一、失速试验 ·125
二、时滞试验 ·127
三、油压试验 ·128
四、道路行驶试验 ·134

第四节 电子控制系统的检测 ·137
一、汽车电脑检测仪简介 ·137
二、人工读取故障码 ·139

第六章 自动变速器的故障分析与检修 ·148

第一节 自动变速器的故障分析 ·148
一、汽车不能行驶 ·148
二、自动变速器打滑 ·148
三、换挡冲击大 ·149
四、升挡过迟 ·150
五、不能升挡 ·150
六、无超速挡 ·150
七、无前进挡 ·151
八、无倒挡 ·151
九、频繁跳挡 ·151
十、挂挡后发动机怠速易熄火 ·152
十一、无发动机制动 ·152
十二、不能强制降挡 ·153
十三、无锁定 ·153
十四、液压油易变质 ·153
十五、变速器异响 ·154

第二节 自动变速器的分解与检修 ·154
一、自动变速器的拆卸 ·154
二、自动变速器的分解 ·156
三、自动变速器的检修 ·161
四、控制系统的检修 ·172
五、自动变速器的组装 ·186

附录 案例分析 ·193

参考文献 ·202

第一章　自动变速器概述

自1769年法国的居诺制造出世界上第一辆蒸汽汽车始,汽车经历了蒸汽汽车、电动汽车、内燃机汽车三个阶段,历时200多年,但它的动力装置仍然广泛采用活塞式内燃发动机,这种发动机的转矩和转速变化范围较小,不能适应汽车在各种路况、各种负载情况下的使用要求。因此,在汽车传动系统中设置了变速器。它的功用:①改变传动比,扩大驱动轮转矩和转速的变化范围,以适应经常变化的行驶条件(如起步、加速、上坡等),同时使发动机在有利(功率较高而油耗率较低)的工况下工作;②在发动机曲轴旋转方向不变的前提下,使汽车能倒退行驶;③利用空挡中断动力传递,以使发动机能够启动、怠速,并便于变速换挡或进行动力输出。

汽车变速器最初使用最多的是齿轮变速器,这种变速器的优点是效率高、结构简单、工作可靠、成本较低。但它也明显存在以下几方面缺点:

(1) 换挡靠人工操纵,驾驶员劳动强度大。当换挡时,驾驶员既要脚踩离合器踏板,又要手搬变速手柄,操作辛苦,易于疲劳,影响行车安全。

(2) 使车辆的动力性和经济性能降低。由于换挡是人工操纵,造成换挡点掌握不准确,使发动机不能经常在最佳工况下工作,因而发动机功率不能充分利用,使车辆的动力性和经济性下降。

(3) 换挡冲击大。由于换挡时进入啮合的齿轮副的线速度不一致,在强制啮合中,齿轮会受到冲击。在车辆起步或换挡时,也会出现不同程度的冲击或颠簸,影响汽车行驶过程的平顺性与乘坐的舒适性。

(4) 降低机件的使用寿命。由于发动机与传动系统是采用机械"硬"传动,汽车驱动轮的反转矩阻力振动以及频繁换挡的冲击都直接传递给发动机,造成发动机运转不平稳,将会使发动机及转动系零件的寿命降低。

如何解决驾驶的操作简便性、行驶的安全性、乘坐的舒适性、运转的平顺性等问题,使汽车能够按照行驶速度、油门开度、行驶阻力等因素自动选择最佳挡位行驶,一直是人们追求的目标。这种变速技术研究成果的应用,是发明汽车自动变速器的原因。

目前应用于汽车的自动变速器,主要靠液力传动来完成的。液力传动于20世纪初发明于欧洲,当时应用的是液力耦合器和变扭器,最初用于船泊。到20世纪30年代,英国、美国已将液力传动应用于公共汽车。1938年液力自动变速器批量生产,它是变扭器和液力自动变速器的原型,1948年美国GM公司率先将命名为Dynaflow的液力—机械变速器应用于批量生产的小轿车上。1948—1950年间出现了根据车速和节气门开度进行自动换挡的液力自动变速器。随着科学技术的不断进步,液压技术、电子计算机技术的相继应用和发展,在20世纪80年代自动变速器得到了广泛的应用。在我国,最初应用液力传动装置始于50年代的"红旗牌"高级轿车上,但对国内生产的汽车而言,到21世纪初才被广泛应用。

从自动变速器的发展过程上看，电控液压控制自动变速器由于具有最佳的换挡规律，最大程度地提高了发动机输出动力的效率和降低燃油消耗率，终将取代液力控制自动变速器；从发展的方向看，由于电子技术的突飞猛进，自动变速器的控制将由电控液压控制向智能化的方向发展。

第一节　自动变速器的组成

自动变速器主要由液力变扭器、齿轮变速器、油泵、控制系统（液力式或电液式）等几个部分组成（图1-1）。

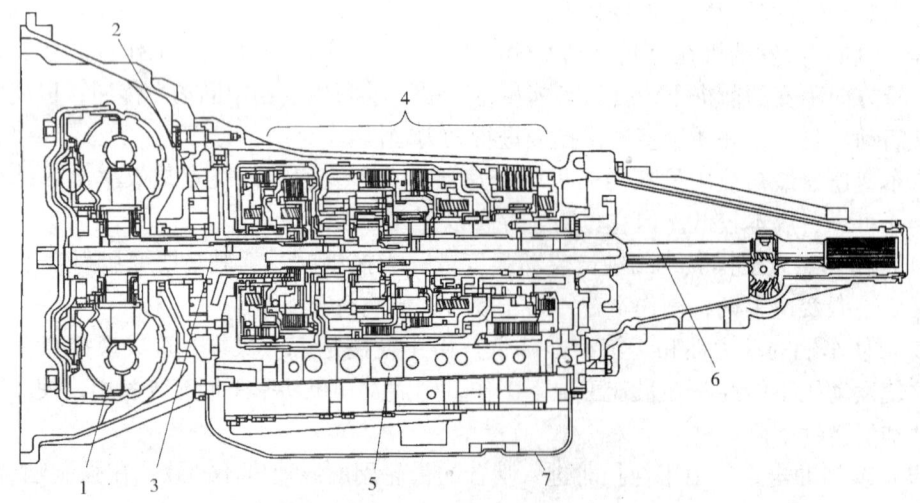

图1-1　自动变速器的组成

1—变扭器；2—油泵；3—输入轴；4—齿轮变速器；5—阀板总成；6—输出轴；7—油底壳

1. 液力变扭器

液力变扭器位于自动变速器的最前端，它安装在发动机的飞轮上，其作用与采用手动变速器的汽车中的离合器相似。它利用液力传递的原理，将发动机的动力传给自动变速器的输入轴。此外，它还能实现无级变速，并具有一定的减速增扭的功能。

2. 齿轮变速器

齿轮变速器是自动变速器的主要组成部分，它包括齿轮变速机构和换挡执行机构。换挡执行机构可以使齿轮变速机构处于不同的挡位，以实现不同的传动比。大部分自动变速器的齿轮变速机构设3～4个前进挡和1个倒挡，这些挡位与液力变扭器相配合，就可获得由起步至最高车速的整个范围内的无级变速。

3. 油泵

油泵通常安装在液力变扭器之后，由飞轮通过变扭器壳直接驱动，为液力变扭器、控制系统及换挡执行机构的工作提供一定压力的液压油。

4. 控制系统

新型汽车自动变速器的控制系统有液力式和电液式两种。液力式控制系统包括由许多控制阀组成的阀板总成以及液压油路。电液式控制系统除了阀板及液压油路之外，还包括电脑、传感器、执行器及控制电路等。阀板总成通常安装在齿轮变速器下方的油底壳内，驾驶员通过自动变速器的操纵手柄改变阀板内的手动阀的位置。控制系统根据手动阀的位置及节气门开度、车速、控制开关的状态等因素，利用液压自动控制原理或电子自动控制原理，按照一定的换挡规律控制齿轮变速器中的换挡执行机构的工作，实现自动换挡。

此外，在自动变速器的外部还设有一个液压油散热器，用于散发自动变速器内的液压油在工作过程中所产生的热量。

第二节　自动变速器的类型

不同车型所装用的自动变速器在型式、结构上往往有很大的差异，下面从不同的角度对自动变速器进行分类。

一、按自动变速器前进挡的挡位数分类

自动变速器按前进挡的挡位数的不同，可分为2个前进挡、3个前进挡、4个前进挡三种。早期的自动变速器通常为2个前进挡或3个前进挡，这两种自动变速器都没有超速挡，其最高挡为直接挡。新型轿车装用的自动变速器基本上都是4个前进挡，即设有超速挡。这种设计虽然使自动变速器的结构更加复杂，但由于设有超速挡，大大改善了汽车的经济性。目前，也有少量汽车采用5个前进挡或6个前进挡。

二、按汽车的驱动方式分类

自动变速器按照汽车驱动方式的不同，可分为后驱动自动变速器和前驱动自动变速器两种。这两种自动变速器在结构和布置上有很大的不同。

后驱动自动变速器的变扭器和齿轮变速器的输入轴及输出轴在同一轴线上，因此轴向尺寸较大；阀板总成布置在齿轮变速器下方的油底壳内（图1-1）。

前驱动自动变速器除了具有与后驱动自动变速器相同的组成部分外，在自动变速器的壳体内还装有差速器。前驱动汽车的发动机有纵置和横置两种：纵置发动机的前驱动自动变速器的结构和布置与后驱动自动变速器基本相同，只是在后端增加了一个差速器和减速器；横置发动机的前驱动自动变速器由于汽车横向尺寸的限制，要求有较小的轴向尺寸，因此通常将输入轴和输出轴设计成两个轴线的方式（图1-2），变扭器和齿轮变速器的输入轴布置在上方，输出轴则布置在下方，这样的布置减少了变速器总体的轴向尺寸，但增加了变速器的高度，因此常将阀板总成布置在变速器的侧面或上方，以保证汽车有足够小的离地间隙。

三、按齿轮变速器的类型分类

自动变速器按其齿轮变速器的类型不同，可分为普通齿轮和行星齿轮两种。普通齿轮自动变速器体积较大，最大传动比较小，只有少数几种车型使用（如本田ACCORD

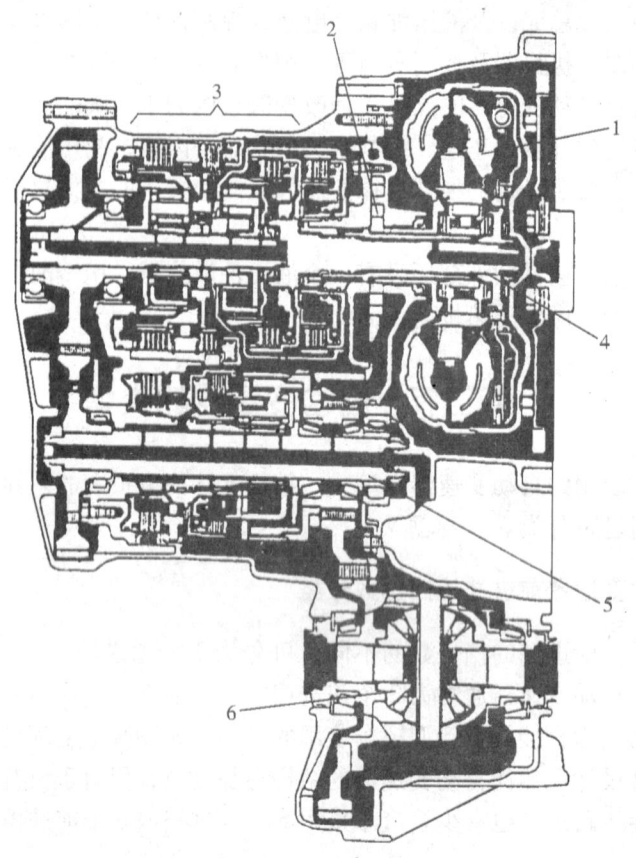

图 1-2 前驱动自动变速器
1—变扭器；2—油泵；3—齿轮变速器；4—输入轴；5—输出轴；6—差速器

轿车）。行星齿轮自动变速器结构紧凑，能获得较大的传动比，为绝大多数轿车所采用。

四、按控制方式分类

自动变速器按控制方式不同，可分为液力控制自动变速器和电子控制自动变速器两种。液力控制自动变速器是通过机械的手段，将汽车行驶时的车速及节气门开度这两个参数转变为液压控制信号，阀板中的各个控制阀根据这些液压控制信号的大小，按照设定的换挡规律，通过控制换挡执行机构的动作，实现自动换挡（图 1-3）。电子控制自动变速器是通过各种传感器，将发动机转速、节气门开度、车速、发动机水温、自动变速器液压油温度等参数转变为电信号，并输入电脑，电脑根据这些电信号，按照设定的换挡规律，向换挡电磁阀、油压电磁阀等发出电子控制信号，换挡电磁阀和油压电磁阀再将电脑的电子控制信号转变为液压控制信号，阀板中的各个控制阀根据这些液压控制信号，控制换挡执行机构的动作，从而实现自动换挡（图 1-4）。

五、按变扭器的类型分类

按液力变扭器的类型，自动变速器大致可分为普通液力变扭器式、综合液力变扭器

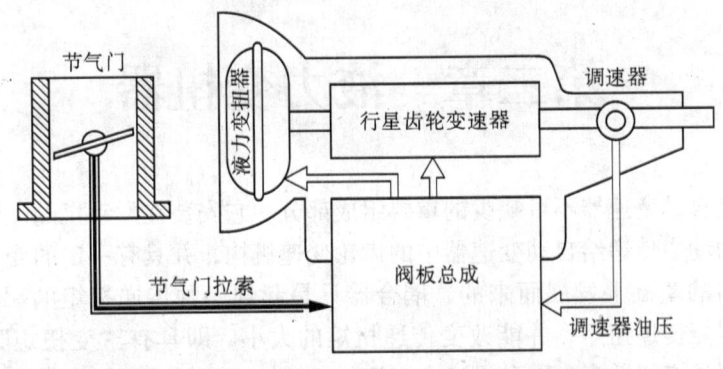

图1-3 液力控制自动变速器控制过程示意图

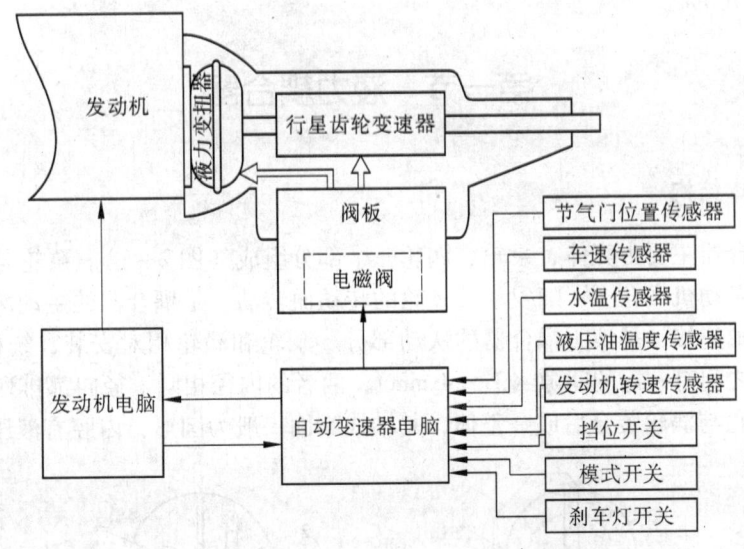

图1-4 电子控制自动变速器控制过程示意图

式和带锁止离合器的液力变扭器式三种。轿车自动变速器基本上都采用结构简单的单级三元件综合式液力变扭器，这种变扭器又分为有锁止离合器和无锁止离合器两种。早期的变扭器中没有锁止离合器，在任何情况下都是以液力的方式传递发动机动力，因此传动效率较低。新型轿车自动变速器大都采用带锁止离合器的变扭器，这样当汽车达到一定车速时，控制系统使锁止离合器接合，液力变扭器输入部分和输出部分连成一体，发动机动力以机械传递的方式直接传入齿轮变速器，从而提高了传动效率，降低了汽车燃油消耗量。

练习题

1. 自动变速器由哪几部分组成？各部分作用是什么？
2. 汽车自动变速器是怎样分类的？

第二章 液力变扭器

变扭器是自动变速器不可缺少的重要组成部分，它安装在发动机的飞轮上，其作用是将发动机的动力传递给自动变速器中的齿轮变速机构，并具有一定的变速功能。变扭器是在耦合器的基础上发展而来的，耦合器只是起到一种传递扭矩的"耦合"作用，变扭器则不但能传递扭矩，并能改变传递扭矩的大小，即具有"变扭矩"的功能。现代汽车所采用的变扭器多为综合式液力变扭器，综合利用了液力耦合器和液力变扭器的特点，不但可以"变扭矩"，也可以"耦合"，甚至还具有"锁定"的功能，使输出效率几乎达到100%。

第一节 液力耦合器

一、基本结构

液力耦合器主要由壳体、泵轮、涡轮三个部分组成（图2-1）。泵轮与壳体连成一体，安装在发动机飞轮上，随发动机飞轮的转动而转动，是耦合器的主动部分；涡轮和耦合器输出轴连接，是液力耦合器的从动部分。泵轮和涡轮相对安装，统称为工作轮。泵轮和涡轮之间有一定的间隙（3～4mm），两者的内径相同，径向都排列有叶片（图2-1b）。泵轮与涡轮装合后成一整体，其轴线断面一般为圆形，内腔有液压油。

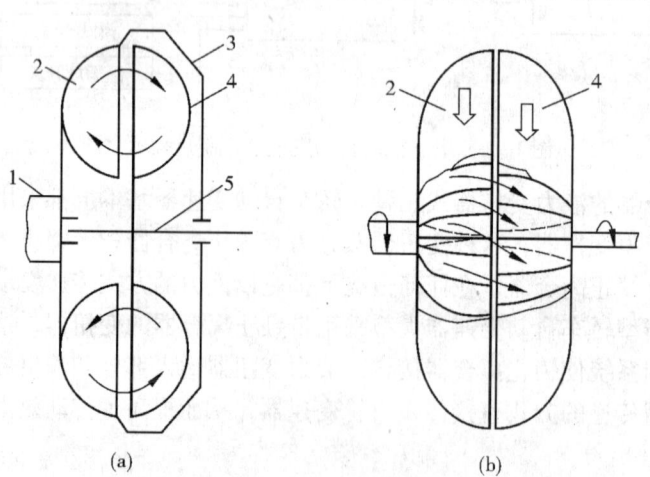

图2-1 液力耦合器
1—发动机曲轴；2—泵轮；3—耦合器壳体；4—涡轮；5—耦合器输出轴

二、工作原理

液力耦合器工作时，发动机的动力由飞轮带动液力耦合器的壳体和泵轮一同转动，由于泵轮叶片的作用，使耦合器内部的工作油液也随叶片一起绕轴线旋转；在离心力的作用下，油液沿着叶片间的通道，从泵轮半径较小处（内缘）甩向半径较大处（外缘），此时，已具有一定的压力和速度的高速液流，在泵轮叶片外缘处冲向涡轮叶片，使涡轮在液压油的作用下旋转；冲向涡轮叶片的液压油沿涡轮叶片向内缘流动，又返回泵轮的内缘。工作油液就这样从泵轮流向涡轮，又从涡轮流回泵轮而形成循环的液流。

从能量转化的角度来看，实际上耦合器就是实现从机械能→液能→机械能这样的一个转换过程。即当油液从泵轮叶片内缘冲向外缘时，实现了将发动机的机械能转换成工作油液的能量；当油液冲击涡轮叶片并使涡轮旋转时，涡轮就实现了将液体的能量转换为涡轮输出轴上的机械能。

由于泵轮和涡轮封闭在一个整体内，工作时，工作液一方面随耦合器旋转而做圆周运动，另一方面又受离心力的作用从泵轮内缘甩向外缘，随后又受向心力的作用沿着涡轮叶片间通道流回涡轮叶片的内缘，然后返回泵轮的内缘。如此不断循环，形成循环运动。它的过程是：

$$泵轮内缘 \longrightarrow 泵轮外缘 \longrightarrow 涡轮外缘 \longrightarrow 涡轮内缘 \longrightarrow 泵轮内缘$$

必须指出的是，液体做循环运动才是耦合器传递动力的必要条件。

三、特性

1. 耦合器的传动原理

发动机的动能通过泵轮传给液压油，液压油在循环流动的过程中又将动能传给涡轮输出。由于液力耦合器内只有泵轮和涡轮，因此，液压油在流动过程中没有受其他任何附加的外力。根据作用力与反作用力相等的原理，液压油作用于涡轮上的扭矩与泵轮作用于液压油上的扭矩大小应相等。

2. 耦合器的传动效率

设泵轮的转速是 n_B，涡轮的转速是 n_W，那么，耦合器的传动比 $i = \dfrac{n_W}{n_B}$。根据耦合器的传动特点，可计算出它的传动效率：

$$传动效率（\eta） = \frac{M_W \cdot n_W}{M_B \cdot n_B}$$

因为液力耦合器仅起传递扭矩作用，$M_W = M_B$，则有：

$$传动效率（\eta） = \frac{涡轮转速（n_W）}{泵轮转速（n_B）} = 传动比（i）$$

式中　M_B——泵轮的输入扭矩；

M_W——涡轮的输出扭矩；

n_B、n_W——泵轮、涡轮的转速；

i——液力耦合器传动比，即涡轮转速与泵轮转速之比。

由上述的推导可知，液力耦合器的传动效率等于涡轮转速与泵轮转速之比。涡轮与泵轮的转速差越大，

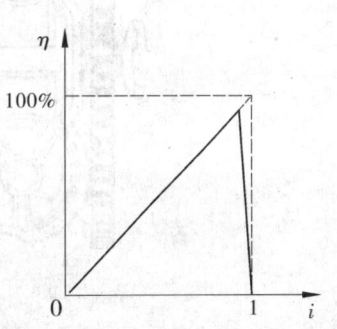

图 2-2　液力耦合器传动效率特性

传动比越小,传动效率也就越低;反之,涡轮与泵轮的转速差越小,传动比越大,传动效率就越高。具体来说,在汽车即将起步而未起步之时,涡轮的转速 $n_W=0$,此时的传动效率为零;当汽车刚起步时,车速比较低,涡轮的转速也较小,因此传动效率也较低;随着车速的增加,涡轮的转速也逐渐变大,涡轮与泵轮的转速差逐渐减少,因而液力耦合器的传动效率亦随之增高。理论上,当涡轮转速等于泵轮转速时,传动效率应为100%。但实际上,若涡轮转速等于泵轮转速,则泵轮与涡轮叶片外缘处的液压油的压力相等,导致泵轮上的液压油不能冲向涡轮,液力耦合器内的液压油没有循环流动,因而耦合器失去了传递动力的作用。因此,液力耦合器要正常工作,涡轮的转速就必须小于泵轮的转速,这说明了液力耦合器的传动效率永远达不到100%(参见图2-2液力耦合器传动效率特性图)。

液力耦合器曾在早期少数几种车型的自动变速器上使用过,由于其在减速的同时不能增扭,而且在汽车低速时的传动效率极低,所以,目前采用液力耦合器的车型很少。但是它所具有的在高传动比工况下有较高传动效率的特性在综合式液力变扭器中得到了充分的使用。

第二节　液力变扭器

一、基本结构

液力变扭器的结构与液力耦合器相似,也有泵轮和涡轮,并且与液力耦合器的泵轮和涡轮基本相同。液力变扭器与液力耦合器的不同之处,在于液力变扭器在泵轮和涡轮之间加入了一个导轮,导轮与泵轮和涡轮保持一定的轴向间隙,通过导轮固定套固定于变速器壳体(图2-3)。泵轮、涡轮和导轮是液力变扭器转换能量、传递动力和改变扭矩必不可少的基本工作元件。

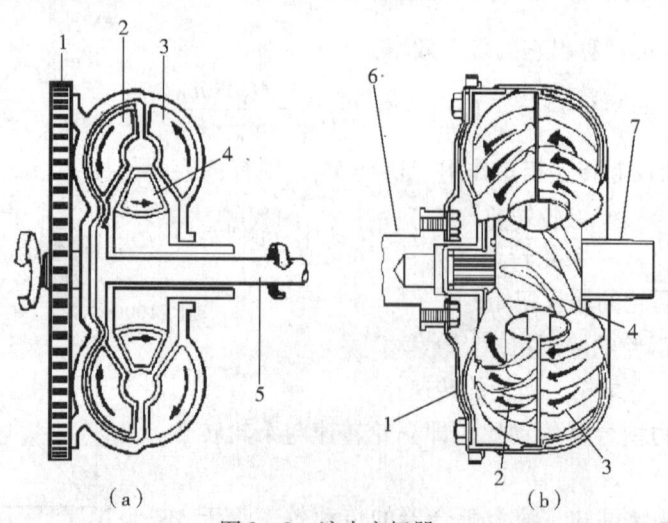

图2-3　液力变扭器
1—飞轮;2—涡轮;3—泵轮;4—导轮;5—变扭器输出轴;6—曲轴;7—导轮固定套

二、工作原理

发动机转动时带动变扭器壳体和泵轮一同旋转，泵轮内的液压油在离心力作用下，由泵轮叶片内缘流向外缘，然后经泵轮叶片外缘冲向涡轮叶片外缘，并沿涡轮叶片流向导轮，再经导轮叶片流回泵轮叶片内缘，形成循环运动的液流。导轮的使用改变了涡轮上的输出扭矩。由于从涡轮叶片内缘流向导轮的液压油仍有相当大的冲击力，只要将泵轮、涡轮和导轮的叶片设计成一定的形状和角度，就可以利用上述冲击力来提高涡轮输出的扭矩。

例如，假设将液力变扭器沿循环圆的中间流线展开成一直线，于是泵轮B、涡轮W和导轮D便成为三个沿展开直线顺序排列的环形平面，如图2-4所示，并假设在液力变扭器工作中，发动机转速和负荷都不变，即液力变扭器泵轮的转速n_B和扭矩M_B为常数。

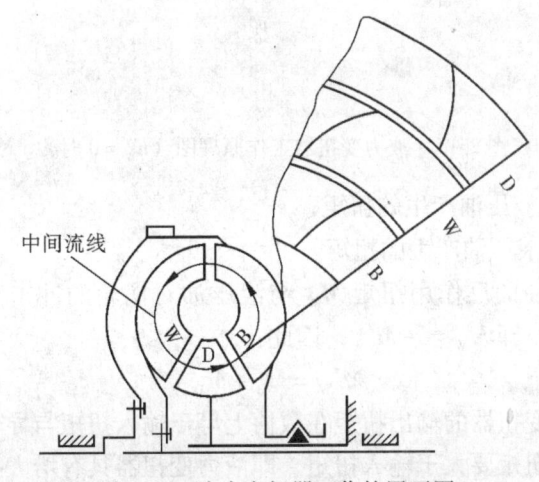

图2-4 液力变扭器工作轮展开图

1. 在汽车起步之前

在汽车起步之前，涡轮的转速$n_W=0$，发动机通过液力变扭器壳体带动泵轮转动，并对液压油产生一个大小为M_B的扭矩（图2-5），该扭矩即为液力变扭器输入扭矩。液压油在泵轮叶片的推动下以一定的绝对速度v_B冲向涡轮叶片的外缘，并对涡轮产生冲击扭矩M'_W，该扭矩是液力变扭器的输出扭矩。此时涡轮静止不动，冲向涡轮的液压油沿涡轮叶片内缘，在涡轮叶片内缘以一定的速度v_W冲向导轮叶片，对导轮也产生一个冲击力矩，并沿固定不动的导轮叶片v_D的方向流回泵轮中。图中v_{B1}是液体的圆周速度，v_{B2}是液体沿泵轮叶片的相对速度，v_B是v_{B1}和v_{B2}的合成速度。

当液压油对涡轮和导轮产生冲击扭矩时，涡轮和导轮也对液压油产生一个与冲击扭矩大小相等、方向相反的反作用扭矩M_W和M_D，其中M_W的方向与M_B的方向相反，而M_D的方向与M_B的方向相同。由液压油受力平衡的原理可知：

$$M_W + M_B + M_D = 0$$

式中 M_B——泵轮转动时对液压油产生的扭矩；

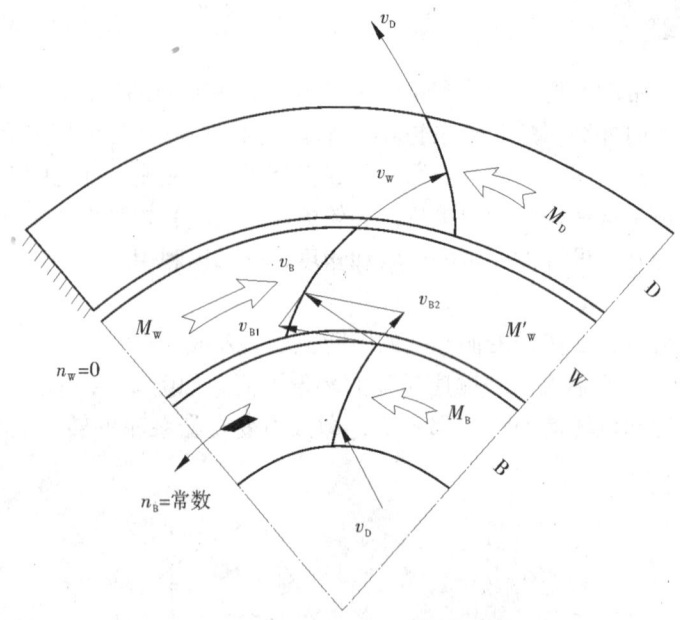

图 2-5 液力变扭器工作原理图（$n_W = 0$ 时）

M_W——涡轮对液压油产生的扭矩；
M_D——导轮对液压油产生的扭矩。

由于涡轮对液压油的反作用扭矩 M_W 与液压油对涡轮的冲击扭矩（即输出扭矩）大小相等，方向相反，即 $M_W = -M'_W$，因此：

$$M'_W = M_B + M_D$$

由此可知，液力变扭器的输出扭矩在数值上等于输入扭矩与导轮对液压油的反作用扭矩之和。显然这一扭矩要大于输入扭矩，即液力变扭器具有增大扭矩的作用。液力变扭器输出扭矩增大的部分即为固定不动的导轮对循环流动的液压油的反作用力矩，其数值不但取决于由涡轮冲向导轮的液流速度，也取决于液流方向与导轮叶片之间的夹角。当液流速度不变时，叶片与液流的夹角愈大，反作用力矩亦愈大，液力变扭器的增扭作用也就愈大。一般液力变扭器的最大输出扭矩可达输入扭矩的 2.6 倍左右。

2. 在汽车起步之后

当汽车在液力变扭器输出扭矩的作用下起步后，与驱动轮相连接的涡轮也开始转动，其转速随汽车的加速不断增加。这时由泵轮冲向涡轮的液压油，不仅具有沿涡轮叶片方向流动的相对速度 v_{W2}，还有随涡轮一同转动沿圆周切线方向的牵连速度 v_{W1}，这两个速度使得由涡轮内缘出口处冲向导轮的液压油方向发生变化，不再与涡轮出口处叶片的方向相同，而是顺着涡轮转动的方向向前偏了一个角度，如图 2-6 中的 v_W，使冲向导轮的液流方向与导轮叶片之间的夹角变小，导轮上的冲击力矩也减少，液力变扭器的增扭作用也随之减少。并且车速愈高，涡轮转速愈大，冲向导轮的液压油方向与导轮叶片的夹角就愈小，液力变扭器的增扭作用亦愈小；反之，车速愈低，液力变扭器的增扭作用就愈大。这就说明，液力变扭器的增扭值随涡轮转速的提高而减少。因此，与液力耦合器相比，液力变扭器在汽车低速行驶时有较大的输出扭矩，在汽车起步、上坡或遇到较大阻力时，能使驱动轮获得较大的驱动力矩。

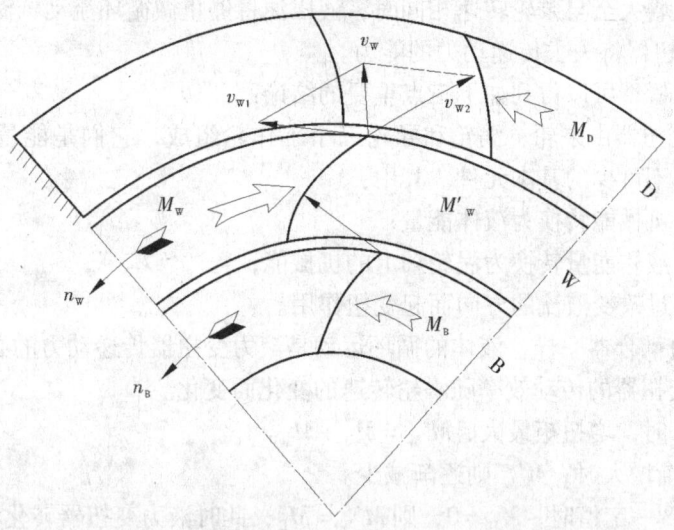

图 2-6　液力变扭器工作原理（n_W 逐渐增加时）

当涡轮转速随车速的加快而增大至某一数值时，冲向导轮的液压油的液流绝对速度 v_W 的方向与导轮叶片之间的夹角为 0，这时导轮不再受液压油的冲击作用，即 $v_D = 0$，可知，$M'_W = M_B$，即液力变扭器失去增扭作用，其输出扭矩等于输入扭矩。在这种情况下，液力变扭器相当于耦合器，进入了耦合状态。

3. 涡轮转速进一步增大

若涡轮转速进一步增大，冲向导轮的液压油绝对速度 v_W 的方向继续向前偏斜，使液压油冲击在导轮叶片的背面，如图 2-7 所示。这时导轮对液压油的反作用力矩 M_B 的方向相反，那么涡轮输出的扭矩 $M'_W = M_B - M_D$，即液力变扭器输出扭矩反而小于输

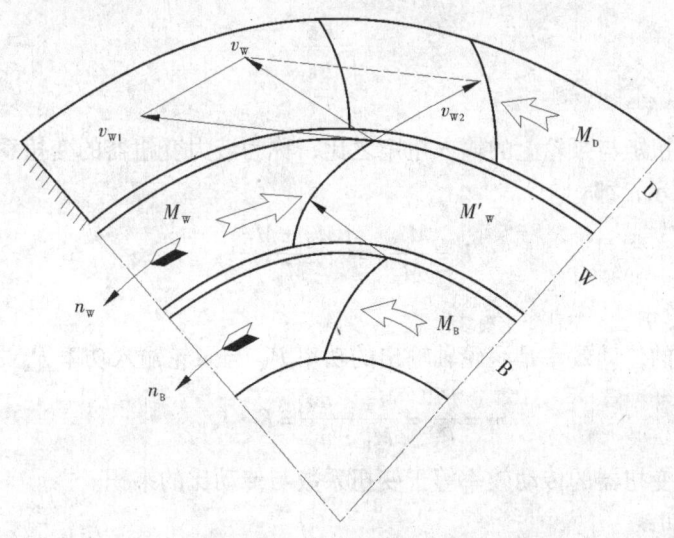

图 2-7　液力变扭器工作原理（n_W 足够大时）

入扭矩，其传动效率也随之减少。

4. 涡轮转速与泵轮转速相同时

当涡轮转速增大至与泵轮转速相同时，液压油将停止做循环流动，涡轮所传递的扭矩为0，液力变扭器将失去传递动力的能力。

通过以上分析，可以得到如下三点重要的结论：

（1）液力变扭器由泵轮、涡轮和导轮三个工作轮组成，它们是能量转换、传递动力和改变扭矩必不可少的基本元件。其中：

泵轮——将机械能转换为液体能量；

涡轮——将液体能量转换为涡轮轴上的机械能；

导轮——通过改变液流的方向而起变扭作用。

（2）与液力耦合器一样，液体的循环运动是液力变扭器传递动力的必要条件。

（3）液力变扭器的传动效率随涡轮转速的变化而变化。

①当 $n_W = 0$ 时，增扭矩最大，$M'_W = M_B + M_D$。

②当 n_W 逐渐增大时，M'_W 则逐渐减少。

③当 n_W 达到一定值时，$M_D = 0$，则 $M'_W = M_B$，此时液力变扭器转化为液力耦合器。

④当 n_W 进一步增大时，涡轮出口处液流冲击导轮叶片的背面，$M'_W = M_B - M_D$，液力变扭器输出扭矩小于输入扭矩。

⑤当 $n_W = n_B$ 时，$M_B = 0$，液力变扭器失去传递动力的功能。

三、特性

（一）特性参数

1. 转速比 i_{WB}

涡轮转速 n_W 与泵轮转速 n_B 之比称为液力变扭器的传动比（注意：这一传动比的定义与齿轮变速机械传动比的定义不同），即：

$$i_{WB} = \frac{n_W}{n_B}$$

2. 变扭系数 K

涡轮的输出扭矩与泵轮上的输入扭矩之比，称为液力变扭器的变扭系数，或称变扭比，一般用 K 表示，即：

$$K = \frac{M'_W}{M_B} = \frac{(M_B \pm M_D)}{M_B}$$

3. 传动效率 η

液力变扭器的传动效率是涡轮轴输出的功率 P_W 与泵轮输入功率 P_B 之比。即：

$$\eta = \frac{P_W}{P_B} = \frac{M_W \cdot n_W}{M_B \cdot n_B} = K \cdot i_{WB}$$

可见，液力变扭器的传动效率等于变扭系数与传动比的乘积。

（二）特性曲线

1. 外特性及外特性曲线

外特性是指泵轮转速（扭矩）不变时，液力元件外特性参数与涡轮转速的关系。一般将泵轮扭矩不变，涡轮扭矩与涡轮转速或传动比的关系曲线称为外特性曲线，图 2-8 表示泵轮扭矩 M_B 和泵轮的转速 n_B 不变时，涡轮扭矩 M_W 与涡轮转速 n_B 的关系。

由图 2-8 可见，液力变扭器涡轮输出的扭矩是随涡轮的转速而变化的，涡轮转速愈小，输出扭矩愈大，涡轮转速增大，输出扭矩减小；当涡轮转速 $n_W = 0$ 时，M_W 达到最大值，这使汽车驱动轮获得了最大的驱动扭矩，有利于汽车顺利起步。同理，当汽车上坡或遇较大阻力时，车速降低，涡轮转速下降，输出扭矩增大，保证了汽车能克服较大的行驶阻力。当达到"耦合"点时，液力变扭器不再有"增扭"的作用，而成为耦合器；当车速再进一步增大时，液力变扭器变成了"减扭"器，即涡轮输出的扭矩小于泵轮输入的扭矩了。

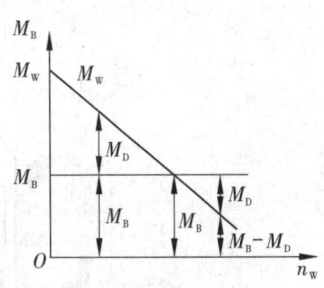

图 2-8 变扭器外特性曲线

2. 原始特性曲线

原始特性曲线是泵轮转速不变时，变扭系数 K 和传动效率 η 随传动比 i_{WB} 变化的规律曲线，如图 2-9 所示。$K = f(i_{WB})$ 和 $\eta = f(i_{WB})$ 也称为变扭特性曲线和效率特性曲线。

我们知道，$\eta = K \cdot i_{WB}$，所以液力变扭器的传动效率 η 是随 i_{WB} 而变化的抛物线。由图 2-9 可见，当 $i_{WB} = 0$（即 $n_W = 0$）时，变扭系数 K 值最大，因涡轮未转动，故传动效率 $\eta = 0$；当 $i_{WB} = 1$ 时，泵轮与涡轮的转速相同，液力变扭器已失去传递动力的能力，因此 $K = 0$，$\eta = 0$。液力变扭器的效率在某一工况达到最大值，偏离该工况时效率下降，所以液力变扭器只有在一定传动比范围内才具有较高的效率。一般当 i_{WB} 在 0.6～0.8 之间时，液力变扭器具有较高的传动效率，在 80%～86% 之间（考虑能量损耗）。

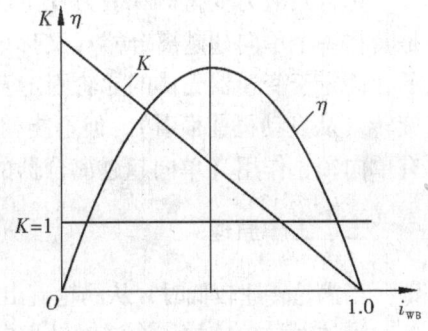

图 2-9 变扭、效率特性曲线

由上述的分析可知，当涡轮转速较低时，变扭系数 $K > 1$，液力变扭器的传动效率高于液力耦合器的传动效率；当涡轮转速增加到某一数值时，变扭系数 $K = 1$，液力变扭器的传动效率等于液力耦合器的传动效率；若涡轮转速继续增大，液力变扭器的传动效率将小于液力耦合器的传动效率，其输出扭矩也随之下降。因此，这种液力变扭器不适合实际使用。

第三节 综合式液力变扭器

目前，在装用自动变速器的汽车上使用的变扭器都是综合式液力变扭器（图 2-10）。

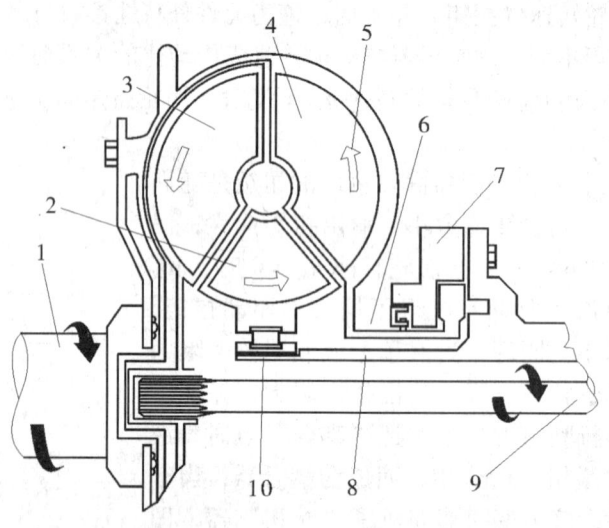

图 2-10 综合式液力变扭器
1—曲轴；2—导轮；3—涡轮；4—泵轮；5—液流；6—变扭器轴套；
7—油泵；8—导轮固定套；9—变扭器输出轴；10—单向超越离合器

一、基本结构

综合式液力变扭器和液力变扭器的不同之处在于它的导轮不是完全固定不动的，而是套在一个单向超越离合器（又称单向啮合器或自由轮离合器）上，单向超越离合器支承在固定于变速器壳体的导轮固定套上，由于单向超越离合器可以使导轮向顺时针方向旋转（从发动机前面看），但不能朝逆时针方向旋转，因此，单向超越离合器对导轮具有单向锁止作用（单向超越离合器的结构与工作原理详见第三章第二节）。

二、工作原理

当涡轮转速较低时，从涡轮流出的液压油从正面冲击导轮叶片（图 2-5、图 2-6），此时液体对导轮施加一个逆时针方向旋转的力矩，但由于单向超越离合器在逆时针方向具有锁止作用，导轮锁止不动。此状态与液力变扭器的工作特性相同，即起增大扭矩的作用（变扭系数 $K>1$）。当涡轮转速增大至某一数值时，液压油对导轮的冲击方向与导轮叶片之间的夹角为 0，此时变扭系数 $K=1$。如果涡轮转速继续增大，使得液压油冲击导轮叶片的背面（图 2-7），对导轮产生一个顺时针方向的扭矩，由于单向超越离合器在顺时针方向可以自由转动，因此，导轮在液压油的冲击下也朝顺时针方向旋转。此时，导轮对液压油相当于没有反作用力矩，$M_D \approx 0$，液压油只受到泵轮和涡轮的反作用力矩的作用，因此这时该变扭器不起增扭作用，其工作特性和液力耦合器相同。这时涡轮转速较高，变扭器处于高效率的工作范围。

由以上分析可知，综合式液力变扭器既有变扭器工况，又有耦合器工况。两种工况的分界点是以导轮空转的工作点来区分的，因此，将导轮开始空转的工作点称为耦合点。即涡轮转速由 0 至耦合点的工作范围内按液力变扭器的工况工作，在涡轮转速超过耦合点转速之后按液力耦合器的工况工作。因此，综合式液力变扭器既利用了液力变扭器在低速时所具有的增扭特性，又利用了耦合器在高速时所具有的高传动效率的特性。

综合式液力变扭器在演变过程中曾出现过许多复杂的类型，这些类型可以用变扭器的元件数、级数和相数来表示。

1. 变扭器的元件数

变扭器的元件数是指变扭器中泵轮、涡轮、导轮的总个数。

2. 变扭器的级数

变扭器的级数是指涡轮的列数。只有1列涡轮的称为单级变扭器，有2列以上的称为多级变扭器。

3. 变扭器的相数

变扭器在不同的工作范围内具有不同的工作特性，这种工作特性的个数就称为变扭器的相数。例如，综合式液力变扭器由于导轮中单向超越离合器的锁止和滑转而使该变扭器既具有液力变扭器的特性，又具有液力耦合器的工作特性，因此可称为2相变扭器。

尽管各种结构复杂的变扭器在汽车自动变扭器中都曾有过成功的应用，但由于制造成本高，而且元件数多，引起的液力损失也较大，最高效率不如简单的3元件单级2相变扭器。因此，目前轿车自动变速器上使用的变扭器基本上都是3元件2相综合式液力变扭器。

三、工作特性

综合式液力变扭器既具有变扭器的工况，又具有液力耦合器的工况，因此，只要将图2-2液力耦合器传动的效率特性和图2-9液力变扭器的特性画在一起，便可获得综合式液力变扭器的特性曲线图，如图2-11所示。

由图可见，变扭器效率特性曲线 η 与耦合器效率特性曲线 η_0 相交于 A 点，此时传动比 $i_{WB} = i_{TBD}$，在该点上，变扭器效率 η 等于耦合器效率 η_0，并且 $K=1$；当传动比 $i_{WB} < i_{TBD}$ 时，变扭器效率 η 大于耦合器效率 η_0，并且 $K>1$；当 $i_{WB} > i_{TBD}$ 时，变扭器效率 η 小于耦合器效率 η_0，并且 $K<1$。

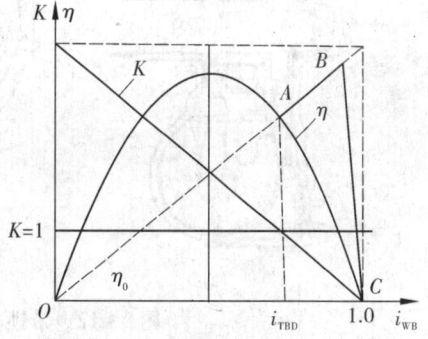

图2-11 综合式液力变扭器特性

综合式液力变扭器在 A 点（即耦合点）以前按液力变扭器特性工作，在 A 点之后按耦合器特性工作，在转为耦合器工作时，高传动比的效率可达96%，其效率特性为 OAB 曲线。综合式液力变扭器综合了液力变扭器和液力耦合器的优点，结构简单、性能可靠、又扩大了工作范围。因此，综合式液力变扭器在高级轿车上的应用极广。

第四节　带锁止离合器的综合式液力变扭器

变扭器是用液力来传递汽车动力的，而液压油的内部摩擦会造成一定的能量损失，因此传动效率较低。为充分利用发动机功率，提高汽车燃油的经济性，特别是提高高传动比时的效率，现代轿车自动变速器大多采用一种带锁止离合器的综合式液力变扭器，这种变扭器简称为锁止综合式液力变扭器。

一、结构及其工作原理

锁止综合式液力变扭器内有一个由液压油操纵的锁止离合器，锁止离合器的主动盘是变扭器的壳体，从动盘是一个可做轴向移动的压盘，它通过花键套与涡轮连接（图2-12）。压盘背面（图2-12b中右侧）的液压油与变扭器泵轮、涡轮中的液压油相通，保持一定的油压（该压力即是变扭器压力）；压盘左侧的液压油通过变扭器输出轴中间的控制油道与阀板总成上的锁止控制阀相通。

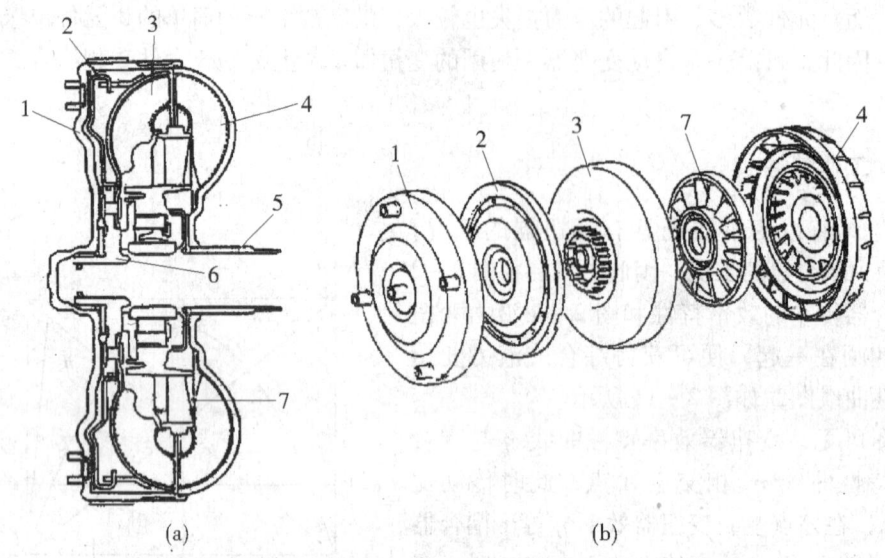

图2-12　带锁止离合器的综合式液力变扭器
1—变扭器壳；2—锁止离合器压盘；3—涡轮；4—泵轮；5—变扭器轴套；6—输出轴花键套；7—导轮

当锁止离合器处于分离状态时，与综合式液力变扭器一样，即具有低速时增扭和高速时耦合两种工作状态。此时其动力传递路线是：

发动机→变扭器壳→泵轮→涡轮→涡轮输出轴

当锁止离合器处于接合状态时，此时锁止离合器压盘压紧在主动盘（变扭器壳体）上，使得主动盘、泵轮、压盘、涡轮被连锁为一整体，变扭器失去了液力传递的功能，所有的动力都由锁止离合器传递（此时锁止离合器相当于手动变速器的离合器）。其动力传递路线是：

发动机→变扭器壳→锁止离合器→涡轮→涡轮输出轴

那么，带锁止离合器综合式液力变扭器怎样实现分离与接合的呢？我们看看图

2-13的锁止离合器工作原理示意图。

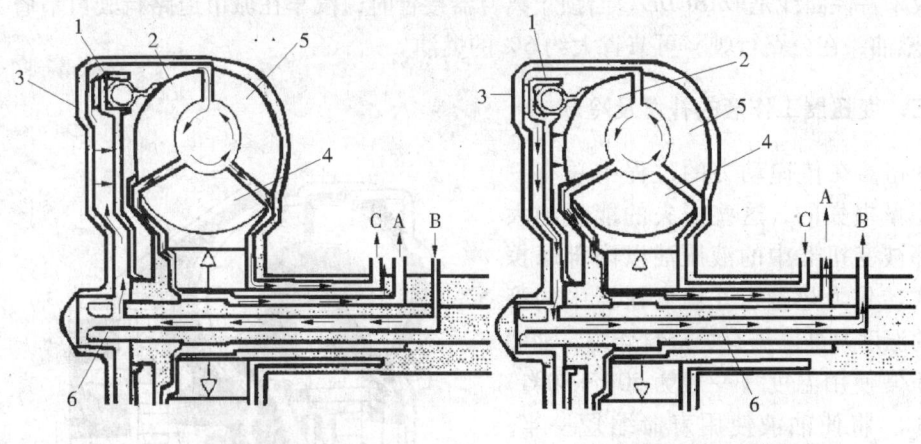

(a) 锁止离合器分离　　　　　　(b) 锁止离合器接合

图2-13　锁止离合器工作原理示意图
1—锁止离合器压盘；2—涡轮；3—变扭器壳；4—导轮；5—泵轮；
6—变扭器输出轴；A—变扭器出油道；B、C—锁止离合器控制油道

当锁止离合器分离时，锁止控制阀让液压油从油道B（输出轴中间油道）进入变扭器（图2-13a），使压盘两侧都保持有变扭器油压力，这时压盘与壳体分离，发动机的动力由泵轮通过液压油传至涡轮。

当锁止离合器接合时，锁止控制阀让液压油从C油道进入变扭器环形空间，而输出轴中间油道B作为泄油口，由于压盘背面（右侧）所受的油压仍为变扭器油压，所以压盘在前后两面压力差的作用下贴紧在主动盘（壳体）上（图2-13b），这时发动机输入的动力完全经锁止离合器、涡轮直接输出，传动效率为100%。有的锁止离合器压盘上还装有减振弹簧，以减小锁止离合器在接合的瞬间产生的冲击力（图2-14）。

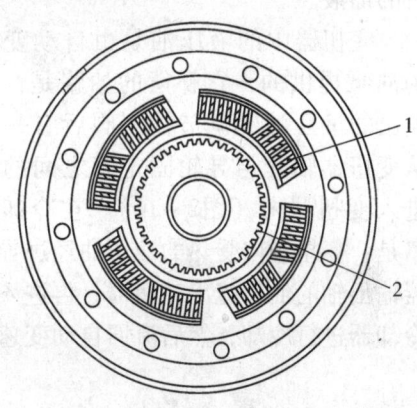

图2-14　带减振弹簧的压盘
1—减振弹簧；2—花键套

二、工作特性

图2-15是带锁止离合器综合式液力变扭器的特性曲线图。

在$i_{WB} < i_1$区域，为变扭器工作状态，$K > 1$；
在$i_1 \leq i_{WB} \leq i_2$区域，为耦合器工作状态，$K = 1$；
当$i_{WB} > i_2$时，锁止离合器接合，$K = 1$，效率η

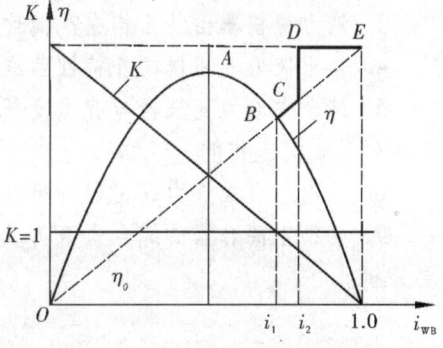

图2-15　带锁止离合综合式
液力变扭器特性曲线图

上升至100%，即发动机动力直接经变扭器壳、压盘、涡轮输出。锁止综合式液力变扭器的效率特性曲线是 *OABCDE*。当锁止离合器接合时，汽车在城市道路行驶可节省大约4%的燃油，在公路行驶，可节省大约6%的燃油。

三、变扭器工作液的补偿及冷却

变扭器在传递动力的过程中总有一定的能量损失的，这些损失的能量绝大部分都被变扭器中的液压油以内部摩擦的形式转化为热量，并使变扭器中的液压油的温度升高。据有关资料介绍，油温超出正常使用温度（一般为 50～80℃）的10℃，将使油液使用寿命缩短一半。因此，为了防止液压油因温度过高而变质，必须对变扭器内的油液进行冷却，同时，又要不断地向变扭器内输入冷却后的油液。

变扭器中的液压油是由自动变速中的油泵提供的，它补偿的油路是：油泵输出的液压油经调节控制阀后有一部分从变扭器轴套与导轮固定套之间的间隙进入变扭器内（图2-16）。它冷却的油路是：变扭器内受热的液压油经过导轮固定套与变扭器输出轴之间的间隙或直接经变扭器输出轴的油道流出变扭器，再进入装于发动机水箱附近或水箱内的自动变速器液压油冷却器进行冷却，然后流回自动变速器的油底壳。

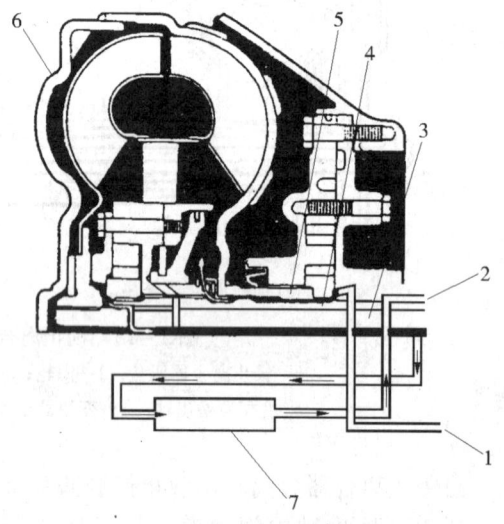

图2-16 变扭器液压油的供给与冷却
1—进油道；2—回油道；3—变扭器输出轴；4—导轮固定套；5—变扭器轴套；6—变扭器壳；7—液压油冷却器

练习题

1. 简述液力耦合器的构造及工作原理。
2. 简述液力耦合器的工作特性。
3. 液力变扭器由什么构成？简述它的工作过程。
4. 画出液力变扭器的外特性曲线和原始特性曲线，并作简要的说明。
5. 综合式液力变扭器与液力变扭器在构造上有哪些不同？说明综合式液力变扭器的导轮是如何工作的。
6. 画出综合式液力变扭器的特性曲线图，并作简要的说明。
7. 带锁止离合器的综合式液力变扭器由什么组成？画出它的工作特性图，并作简要分析。

第三章 齿轮变速器

自动变速器中的变扭器只有在输出转速接近输入转速时才具有较高的传动效率，而且它的增扭作用不大，只增加2～4倍，此值远不能满足汽车的使用要求。所以它的作用主要是使汽车起步平稳，减少换挡时传动系的冲击负荷，并且减少发动机受传动系的反作用扭矩和冲击，延长发动机的使用寿命，并能在很大范围内实现无级变速。但汽车在行驶过程中应使它的扭矩再增大2～4倍，且应具有空挡、倒挡、前进挡，而这些只能依靠自动变速器中的齿轮变速器实现了。自动变速器中的齿轮变速器和手动变速器的齿轮变速器一样，都有空挡、倒挡和2～4个不同传动比的前进挡，不同之处是自动变速器的挡位由自动变速器中的电控系统或液控系统来控制，通过换挡执行机构的动作来改变齿轮变速机构的传动比，从而实现自动换挡。自动变速器中的齿轮变速器所采用的齿轮有两种，一种是普通齿轮，另一种是行星齿轮。普通齿轮由于尺寸较大，只有少数车型采用，目前绝大多数车型的自动变速器的齿轮变速器都是采用行星齿轮，这种齿轮变速器也称为行星齿轮变速器。

行星齿轮变速器由行星齿轮机构和换挡执行机构两部分组成，行星齿轮机构的作用是改变传动比和传动方向，即构成不同的挡位；换挡执行机构的作用是实现挡位的变换。

第一节 行星齿轮变速器

一、单排行星齿轮机构

单排行星齿轮机构是由1个太阳轮、1个齿圈、1个行星架和支承在行星架上的几个行星齿轮（一般有3～6个）组成的，称为1个行星排（图3-1）。一般行星齿轮变速器由2～3个行星排组成。在单排行星齿轮机构中，太阳轮、齿圈及行星架三者是绕同一轴线旋转的。行星齿轮支承在固定于行星架的行星齿轮轴上，并且与太阳轮和齿圈啮合。当工作时，行星齿轮既绕行星轴自转，又绕太阳轮公转。当行星齿轮绕太阳轮公转时，其行星轮轴和行星架也随之转动，就像天上的行星，具有自转和公转两种运动状态。在行星排中，具有固定轴线的太阳轮、齿圈和行星架称为行星排的三个基本元件。

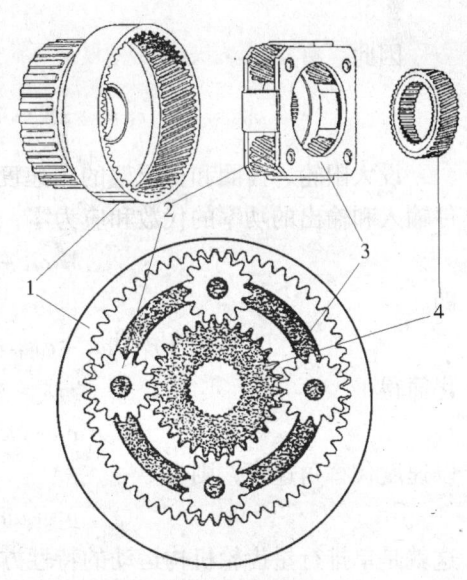

图3-1 行星齿轮机构
1—齿圈；2—行星齿轮；3—行星架；4—太阳轮

二、行星齿轮机构变速原理

要了解行星齿轮机构变速原理,就要从最简单的单排行星齿轮机构入手进行分析。图 3-2 为单排行星齿轮机构的示意图,图上并标出行星所受到的作用力。

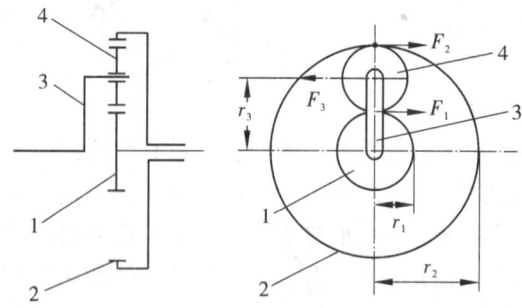

图 3-2 单排行星齿轮机构及作用力
1—中心轮;2—齿圈;3—行星架;4—行星轮

作用于 1(太阳轮)上的力矩:
$$M_1 = F_1 \cdot r_1$$
作用于 2(齿圈)上的力矩:
$$M_2 = F_2 \cdot r_2$$
作用于 3(行星架)上的力矩:
$$M_3 = F_3 \cdot r_3$$

其中,r_1、r_2 分别为太阳轮、齿圈的半径,r_3 为行星轮与太阳轮的中心距。

又由力的平衡条件可知
$$F_1 = F_2,\quad F_3 = -(F_1 + F_2) = -2F_1,\quad 令\ a = \frac{r_2}{r_1} = \frac{z_2}{z_1}$$

式中,z_2——齿圈的齿数;z_1——太阳轮的齿数。

因此,有
$$M_1 = F_1 \cdot r_1$$
$$M_2 = F_2 \cdot r_2 = aF_1 \cdot r_1$$

又
$$r_3 = \frac{r_1 + r_2}{2}$$

因此,有
$$M_3 = F_3 \cdot r_3 = -2F_1 \cdot \left(\frac{1+a}{2} \cdot r_1\right) = -(a+1) \cdot F_1 \cdot r_1$$

设太阳轮、齿圈和行星架的角速度分别为 ω_1、ω_2、ω_3,按能量守恒定律,三个元件输入和输出的功率的代数和应为零,于是有
$$M_1\omega_1 + M_2\omega_2 + M_3\omega_3 = 0$$

即
$$F_1 \cdot r_1 \cdot \omega_1 + aF_1 \cdot \omega_2 - (a+1)F_1 \cdot r_1 \cdot \omega_3 = 0$$

化简得
$$\omega_1 + a\omega_2 - (1+a)\omega_3 = 0$$

以速度代替角速度,则有
$$n_1 + an_2 - (1+a)n_3 = 0$$

这就是单排行星齿轮机构运动的特性方程,由这一特性方程可以看出,在太阳轮、齿圈和行星架这三个基本元件中,可以任选其中两个元件分别作为主动件和从动件,只要第三个基本元件有确定的转速(0 或某一数值),即可确定该单排行星排的传动比,下面

分别讨论各种可能的情况。

（1）当以太阳轮为主动件，行星架为从动件，齿圈被固定时（即 $n_2=0$）的传动比：

$$i = \frac{n_1}{n_3} = 1 + a = 1 + \frac{z_2}{z_1}$$

由于 $a = \frac{z_2}{z_1}$ 的值 >1，故 $i=1+a>2$，因此是一种减速增扭同方向的传动，用作低速挡。

（2）当以齿圈为主动件，行星架为从动件，太阳轮被固定时（即 $n_1=0$）的传动比：

$$i = \frac{n_2}{n_3} = \frac{a+1}{a} = 1 + \frac{1}{a} > 1$$

该传动比 $2>i>1$，仍是一种减速增扭同方向传动，但比以太阳轮为主动件的方案减速要小。

（3）当以太阳轮为主动件，齿圈为从动件，行星架被固定时（即 $n_3=0$）的传动比：

$$i = \frac{n_1}{n_2} = -a$$

该式的负号"–"表示齿圈的传动方向与太阳轮转向相反，即为倒挡。但其绝对值 $|-a| \geq 1$，因此为减速增扭反方向传动。

（4）当以行星架为主动件，齿圈为从动件，太阳轮被固定时（即 $n_1=0$）的传动比：

$$i = \frac{n_3}{n_2} = \frac{a}{1+a} < 1$$

该传动比 $i<1$，因此是增速减扭同方向传动，相当于超速挡。

（5）当以行星架为主动件，太阳轮为从动件，齿圈被固定时（即 $n_2=0$）的传动比：

$$i = \frac{n_3}{n_1} = \frac{1}{1+a} < 1$$

该传动比 $i<1$，因此也是增速减扭同方向传动，但其增速大于以齿圈为被动件时的方案。

（6）当以齿圈为主动件，太阳轮为从动件，行星架被固定时（即 $n_3=0$）的传动比：

$$i = \frac{n_2}{n_1} = -\frac{1}{a}$$

很明显，是一种增速减扭反方向传动，是一种升速的倒挡，实际中是不采用的。

（7）若将太阳轮、齿圈、行星架这三个基本元件的任两个元件连接起来，即当 $n_1=n_2$ 或 $n_2=n_3$ 或 $n_1=n_3$ 时，则由行星排的运动特性方程可知，第三个基本元件的转速必与前两个基本元件的转速相同，即三个基本元件将以同样的转速一同旋转。此时不论谁是主动件、从动件，其传动比都是1。这种情况即直接挡。

（8）如果太阳轮、齿圈和行星架这三个基本元件中，既无任一元件被固定，又无任意两元件相连接，那么各元件都可以自由转动，行星齿轮机构将没有动力输出，即该机构失去传递动力作用而处于空挡状态。

由上面传动比的分析可知，在单排行星齿轮机构中，用行星架输出时，一般作低速挡；用行星架输入时，一般作超速挡；当行星架被固定时，一般作倒挡；当三个基本元件中任意两元件转速相等时，那么第三者的转速肯定相等，故用作直接挡；当三个基本元件中任一元件都不受约束（不固定、不连接）时，即成为空挡，没有动力传递。

三、行星排的自由度

由行星齿轮机构运动特性方程可知，该方程是一个三元一次齐次方程，有三个未知数、一个方程式，因而行星排三个基本元件中任意两个元件之间无固定的转速关系，要使其任意两者之间有确定的转速关系，必须对第三个元件实施固定或者连接的约束方法，行星排才能实现动力传递。

对于一个传动机构，可列出一个方程，该方程有 n 个未知数，就有 $n-1$ 个自由度。对于单排行星齿轮机构，它的特性方程有三个未知数 n_1、n_2、n_3，则该行星排有 $3-1=2$ 个自由度。

在由多个单排行星齿轮机构组成的多排行星机构，设有 n 排，每排两个自由度，则整个行星机构共有 $2n$ 个自由度。

对于行星齿轮传动机构，当有 2 个或 2 个以上的自由度时，是不能传递动力的，即空挡；只有 1 个自由度时，才能传递动力，即具有确定的传动比。

要使行星齿轮机构具有确定的传动比，就要对它的基本元件的运动进行约束（即固定或互相连接），使它变为只有 1 个自由度的机构。约束的基本元件不同，行星齿轮机构的传动比也会随之不同，即形成不同的挡位。当所有的基本元件都没有被约束时，即为空挡。所以在分析单排行星齿轮机构的传动比时，必须设定某一基本元件被固定或被连接。

第二节　换挡执行机构

行星齿轮变速器的换挡执行机构由离合器、制动器和单向超速离合器三种不同的执行元件组成，它有三个基本作用，即连接、固定和锁止。所谓连接是将行星齿轮变速器的输入轴与行星排中的某个基本元件连接，以传递动力，或将前一个行星排的某个基本元件与后一个行星排的某一个基本元件连接，以约束这两个基本元件的运动；所谓固定是指将行星排的某一基本元件与自动变速器壳体连接，使之被固定而不能旋转；所谓锁止是指把某个行星排的三个基本元件中的两个连接在一起，从而将该行星排锁止，使其三个基本元件的转速相同，产生直接传动。换挡执行机构各执行元件通过按一定规律对行星齿轮机构的某些基本元件进行连接、固定或锁止，让行星齿轮机构获得不同的传动比，从而实现挡位的变换。

一、离合器

1. 作用

离合器的作用是连接，即将行星齿轮变速器的输入轴和行星排的某个基本元件连接，或将行星排三个基本元件的任意两个元件连接起来，使之成为一个整体，它是自动变速器中最重要的换挡执行元件之一。

2. 结构

作为自动变速器换挡执行元件的离合器是一种多片湿式离合器，它由离合器鼓、离合器活塞、回位弹簧、一组钢片、一组摩擦片、挡圈和几个密封圈组成（图3-3）。离合器活塞安装在离合器鼓内，它是一种环状活塞，由活塞内外圆的密封圈保证其密封，从而和离合器鼓一起形成一个封闭的环状液压缸，并通过离合器内圆轴颈上的进油孔和控制油道相通。钢片和摩擦片交错排列，两者统称为离合器片。钢片的外花键齿安装在离合器鼓的内花键齿圈上，可沿齿圈键槽做轴向移动；摩擦片由其内花键齿与离合器毂的外花键齿连接，也可沿键槽做轴向移动。摩擦片的两面均为摩擦系数较大的铜基粉末冶金层或合成纤维层。在摩擦片表面上都有油槽，其作用一是破坏油膜的形成，提高摩擦系数；二是保证油流通过，以冷却摩擦表面。

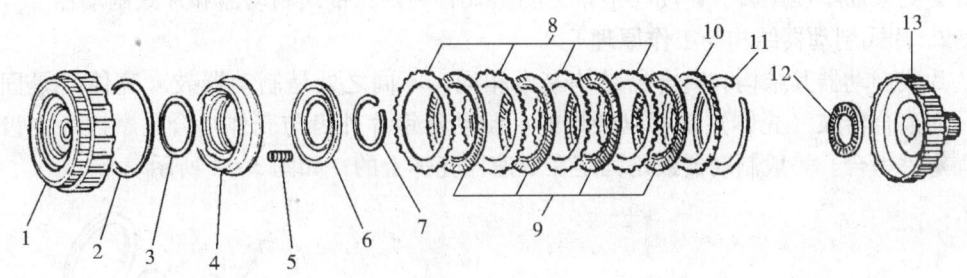

图3-3 离合器
1—离合器鼓；2、3—密封圈；4—离合器活塞；5—回位弹簧；6—弹簧座；
7、11—卡环；8—钢片；9—摩擦片；10—挡圈；12—止推轴承；13—离合器毂

3. 工作原理

离合器鼓和离合器毂分别以一定的方式和变速器输入轴或行星排的某个基本元件相连接，一般离合器鼓为主动件，离合器毂为从动件。当来自控制阀的液压油进入离合器液压缸时，离合器活塞在液压油的压力作用下克服回位弹簧的弹力而移动，将所有的钢片和摩擦片相互压紧在一起，从而使离合器鼓和离合器毂连接成为一个整体，分别与离合器鼓和离合器毂连接的输入轴或行星排的基本元件也因此被连接在一起，此时离合器处于接合状态。

当液压控制系统将作用在离合器液压缸内的液压油的压力解除后，离合器活塞在回位弹簧的作用下压回液压缸底部，此时钢片与摩擦片相互分离，离合器鼓与离合器毂可以朝不同的方向或以不同的转速旋转，离合器处于分离状态。离合器钢片和摩擦片之间存在间隙，这一间隙称为离合器的自由间隙，其大小可以用挡圈的厚度来调整。一般离合器自由间隙的标准为0.5~2.0 mm。离合器自由间隙标准的大小取决于离合器片的片数和工作条件。一般离合器片数越多，该离合器的交替工作越频繁，其自由间隙就越大。

有些离合器在活塞和钢片之间有一个碟形环，它具有一定的弹性，可以减缓离合器接合时的冲击力。

在离合器鼓的液压缸壁面上或离合器活塞上设有一个由钢球组成的单向阀，当液压油进入时，单向阀关闭；当油压解除后，单向阀在高速旋转的离合器离心力作用下离开

阀座，处于开启状态，目的是使残留在液压缸内的液压油在离心力作用下从单向阀的阀孔中流出，使离合器分离彻底。

一般离合器摩擦片数为 2～6 片，离合器钢片的片数应等于或多于摩擦片的片数，以保证摩擦片的两边都有钢片。但也有些离合器在相邻两个摩擦片之间装有两片钢片，这是为了保证自动变速器在改型时的灵活性，并非漏装了摩擦片。不论增加或减少钢片的个数、摩擦片的片数或增减调整片的厚度，离合器的自由间隙应该保持不变。

二、制动器

1. 制动器的作用

制动器的作用是固定的，即将行星齿轮变速器的三个基本元件之一加以固定，使该元件受约束而不能旋转。制动器最常见的型式有两种：带式制动器和片式制动器。

2. 片式制动器结构与工作原理

片式制动器其结构和离合器结构基本相同，不同之处是制动器鼓（壳体）是固定的，而离合器鼓（壳体）是可以转动的。制动器钢片外齿与壳体啮合，摩擦片内齿与被固定件啮合。一般制动器鼓是固定在变速器壳体上的，如图 3-4 所示。

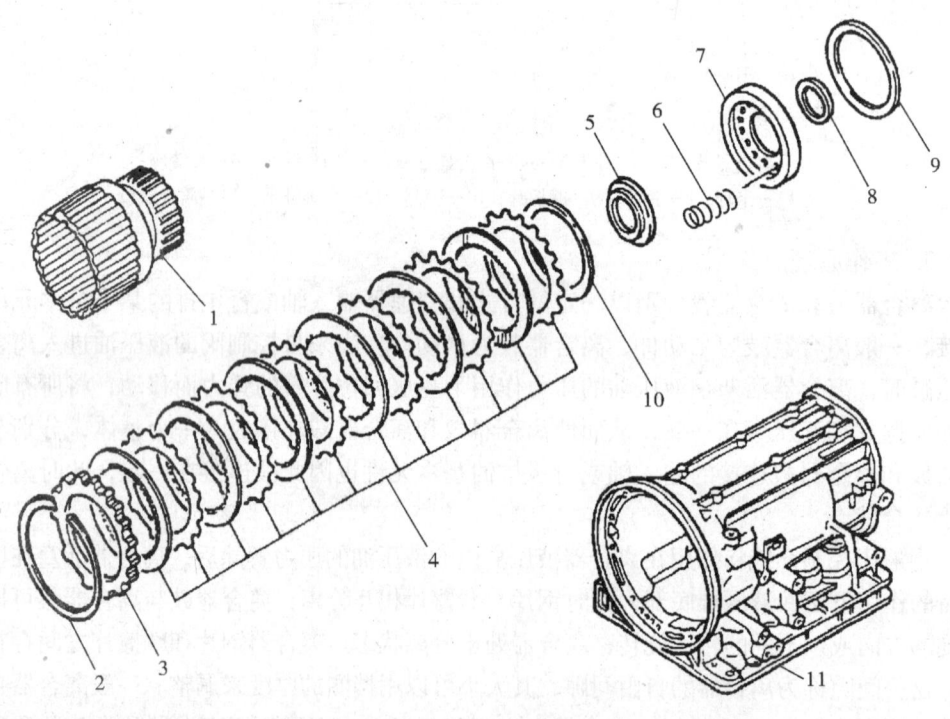

图 3-4　片式制动器

1—制动器毂；2—卡环；3—挡圈；4—钢片和摩擦片；5—弹簧座；6—回位弹簧；
7—制动活塞；8、9—密封圈；10—碟形环；11—变速器壳体

当制动器不工作时，钢片和摩擦片之间存在自由间隙，制动器毂可以自由转动。当制动器工作时，来自控制阀的液压油进入制动器鼓内的液压缸中，油压作用在制动器活

塞上，活塞的移动使得钢片、摩擦片紧紧压在一起，使得与制动器毂连接的行星排的某一元件被固定下来而不能旋转。

片式制动器的工作平顺性较好，因此使用片式制动器的轿车自动变速器也越来越多。

3. 带式制动器结构与工作原理

带式制动器又称制动带，它的结构如图 3-5 所示。主要由制动鼓、制动带、液压缸及活塞等组成。制动鼓与行星排某一基本元件连接，并随之一同旋转。制动带一端支撑在调整螺钉 9 上，另一端与活塞推杆 8 连接。制动带内表面为一层摩擦系数较高的摩擦衬片。液压腔分为施压腔 5 和释放腔 7 两部分，分别与各自的控制油道与控制阀相通。当液压油进入施压腔时，活塞 4 在液压的作用下克服弹簧 10 的弹力而前移，通过推杆 8 使制动带抱紧在制动鼓 3 上，起到制动作用。当需要解除制动时，压力油从释放腔 7 进入，从施压腔 5 卸压，活塞 4 在油压和弹簧 10 的作用下迅速回位，制动带释放。这种控制方式可以使控制系统得到简化。当制动带释放时，制动带与制动鼓应有适当间隙。间隙太大或太小都会影响制动器的正常工作，这一间隙的大小可用制动带调整螺钉来调整。在装配时，一般将螺钉向内拧紧至一定力矩，然后返回规定的圈数（一般为 2~3 圈）。

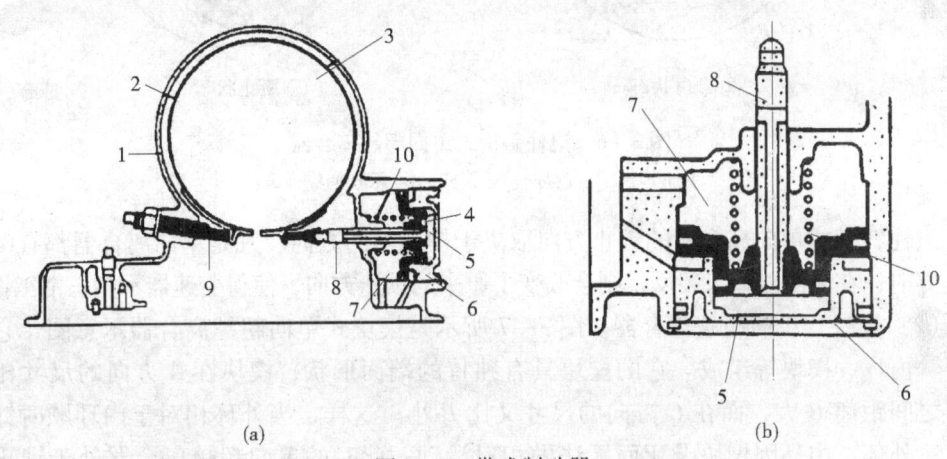

图 3-5 带式制动器

1—变速器壳体；2—制动带；3—制动鼓；4—活塞；5—液压缸施压腔；
6—液压缸端盖；7—液压缸释放腔；8—推杆；9—调整螺钉；10—回位弹簧

带式制动器结构简单、轴向尺寸小、维修方便，但它的工作平顺性较差。故在早期的自动变速器中应用较多。

三、单向超越离合器

单向超越离合器又称单向啮合器或自由轮离合器，简称单向离合器。它广泛应用在行星齿轮变速器和综合式液力变扭器中。它在行星齿轮变速器中的作用和离合器、制动器相同，也是用于固定或连接一些基本元件，让行星齿轮变速器实现自动换挡。而且它无需控制机构，只需根据相对运动情况而自动起作用的换挡执行元件。因此大大简化了液压控制系统，又在一定程度上保证了换挡平顺无冲击。目前最常见的单向超越离合器有滚柱斜槽式和楔块式两种。

（1）滚柱斜槽式单向超越离合器。图 3-6 是滚柱斜槽式单向离合器结构示意图，它由外环、内环、滚柱、滚柱回位弹簧等组成。内环通常用内花键和行星排某个基本元件连接或与变速器壳体连接，外环则通过外花键和行星排另一基本元件连接或变速器壳体连接。当外环相对于内环朝顺时针方向转动时，滚柱便向楔形槽内较窄的一端移动，于是内外环被滚柱卡死而不能相对转动，此时单向超越离合器处于锁止状态，与外环连接的基本元件被固定位或者和内环相连接的元件连成一整体。当外环相对于内环朝逆时针方向转动时，滚柱便移向楔形槽较宽的一端，于是内外环表面接触压力很小而出现打滑现象，外环相对于内环可以自由转动，此时单向超越离合器脱离锁止而处于自由状态。

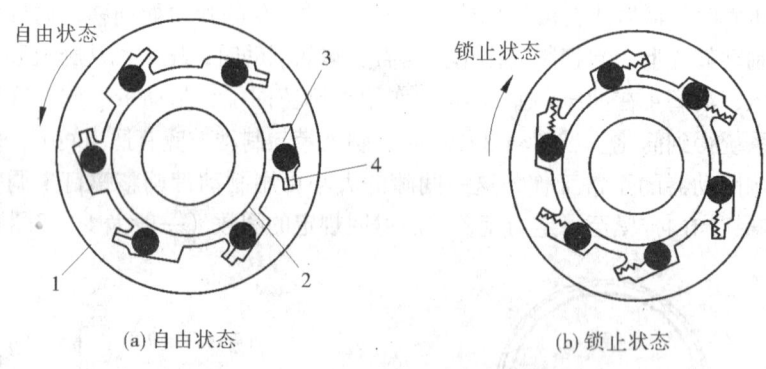

图 3-6 滚柱斜槽式单向超越离合器
1—外环；2—内环；3—滚柱；4—滚柱回位弹簧

滚柱斜槽式单向离合器的锁止方向取决于楔形槽的方向。凡是单向离合器都有一个锁止方向，在装配时如果装反，则会改变了原来的锁止方向，使得变速器不能正常工作。

（2）楔块式单向超越离合器。图 3-7 所示是楔块式单向超越离合器示意图，它由外环、内环、楔块等组成。它的楔块具有独特的端面形状，楔块在 A 方向的尺寸比内外环之间距离 B 大，而在 C 方向的尺寸又比 B 小。这样，当外环相对于内环顺时针转动时，外环、内环因楔块卡死而无法做相对滑动，此时的单向超越离合器处于锁止状态。当外环相对于内环做逆时针方向转动时，楔块脱离锁止状态，内外环可以相对滑转，此时单向超越离合器处于自由状态。

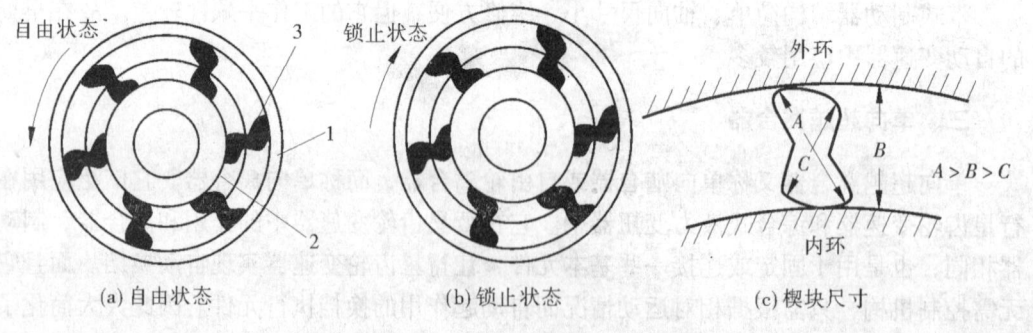

图 3-7 楔块式单向超越离合器
1—外环；2—内环；3—楔块

楔块式单向超越离合器的锁止方向取决于楔块的安装方向，在装配时应注意不能装反，否则不仅不起作用，甚至变速器也不能正常工作。

第三节　行星齿轮变速器结构与工作原理

在本章第一节分析了单排行星排的特性方程、传动形式以及有关传动比的概念，掌握了单排行星排传动路线的分析方法和一般的运动规律。这种分析方法同样也适用于两排或两排以上行星齿轮机构的挡位分析。一般自动变速器都有2～3个行星排，但不同车型的自动变速器在结构上有很大差别，主要的差别有：挡位的不同，离合器、制动器和单向离合器的数量和布置的方式不同，所采用的齿轮形式不同等。现代轿车的自动变速器一般都采用4个前进挡、1个倒挡。当然，挡位越多，所需要的执行器也越多。对于类型相同的行星齿轮变速器来说，其离合器、制动器、单向离合器的布置及工作过程基本上是相同的。自动变速器的型式虽然较多，但是只要掌握行星齿轮机构挡位分析的一些基本方法和规律，就能够对各种不同车型自动变速器结构和工作原理进行分析。

一、自动变速器的挡位

要分析行星齿轮机构的挡位，必须了解自动变速有哪些挡，各个挡位有什么作用。要知道自动变速器的挡，就要知道自动变速器的操纵手柄。

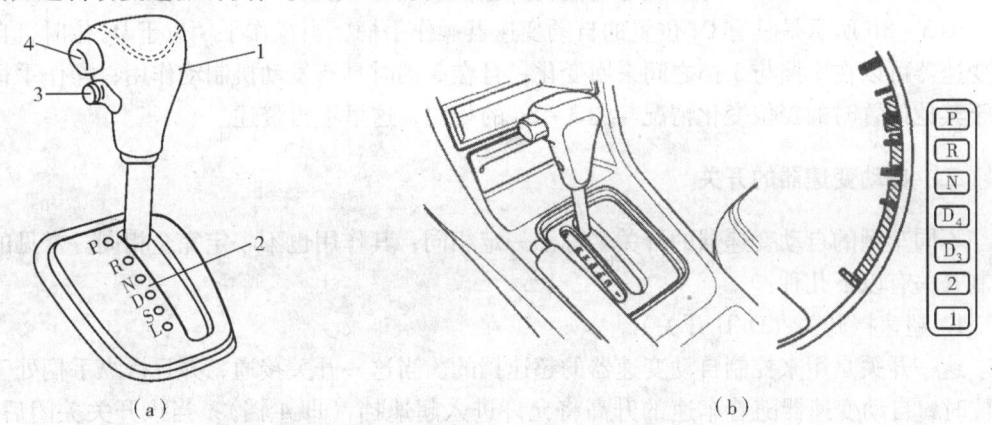

图3-8　自动变速器操纵手柄
1—操纵手柄；2—挡位；3—超速挡开关或保持开关；4—锁止按钮

自动变速器操纵手柄是由驾驶员操纵的，驾驶员拨动操纵手柄，可以使自动变速器操纵手柄处于不同的位置，操纵手柄的位置不同，自动变速器的工作状态、工作范围也不相同。因此，不能把自动变速器操纵手柄挡位的含义与手动变速器挡位的含义混为一谈，两者是完全不同的概念。操纵手柄一般布置在汽车转向柱上或地板上，有5～8个挡位（图3-8a）。目前绝大部分操纵手柄都是6个位置的，驾驶员通过改变操纵手柄的位置来改变自动变速器的阀板总成中手动阀的位置，从而改变自动变速器的工作状态或者换挡的范围。6个位置包括：P（停车挡），R（倒车挡），N（空挡），D（前进挡），2或S，1或L（都是前进低挡），它们的含义如下：

1. 停车挡（P位）

停车挡一般是位于操纵手柄的最前方。当操纵手柄处于该位置时，自动变速器处于空挡的同时，它的锁止机构将对变速器输出轴进行锁止，此时驱动轮不能转动，汽车不能移动，它的作用相当于手动变速器挂空挡再拉手刹。

2. 空挡（N位）

空挡通常处于操纵手柄的中间位置，在倒挡与前进挡之间。当操纵手柄处于该位置时，自动变速器不传递动力，与手动变速器处于空挡的位置相同。

3. 前进挡（D位）

前进挡位于空挡之后，一般自动变速器当操纵手柄位于 D 位时，具有 4 个挡位，即 1 挡、2 挡、3 挡和超速挡。自动变速器根据驾驶情况自动地在 1⇌2⇌3⇌4 挡之间变换。但操纵杆上一般还另设一个超速挡选择开关，驾驶员在操纵 D 位时可控制变速器是否进入超速挡。

4. 前进低挡（2 或 S，1 或 L）

前进低挡一般有两个位置，2 或 S 位、1 或 L 位，当操纵手柄位于这两个位置时，自动变速器将控制前进挡的变化范围。当操纵手柄位于 2 或 S 位时，它只允许在 1⇌2 两挡间自动变速，有些车型在 S 位可允许在 1⇌2⇌3 挡之间自动变换；当操纵手柄在 1 或 L 位时，它只允许在 1 挡行驶，有些车型在 L 位可允许在 1⇌2 挡之间自动变换。只要自动变速器处于低挡，并且当它不能再升挡时，都具有发动机制动的作用。

图 3-8b 所示是具有 D_3 位置的自动变速器操作手柄，当操作手柄位于 D_3 位时，自动变速器可以在 1 挡与 3 挡之间来回变化，且在 3 挡时具有发动机制动作用；操作手柄位于其他位置时的挡位变化情况与图 3-8a 的相同，这里不再赘述。

二、自动变速器的开关

不同车型的自动变速器的开关名称不一定相同，其作用也不一定完全相同。常见的控制开关有以下几种：

1. 超速挡开关（O/D 开关）

这一开关是用来控制自动变速器的超速挡的。当这一开关接通，并且操纵手柄处于 D 位时，自动变速器随着车速的升高将允许进入超速挡（即 4 挡）；当该开关关闭后，不论操纵手柄处于任何位置、车速的大小如何，自动变速器都不能升入超速挡，并且仪表盘上的"O/D OFF"指示灯随之亮起，表示限制超速挡的使用。

2. 模式开关

模式开关是用来控制自动变速器的控制模式的。所谓控制模式实际上是控制自动变速器的换挡规律（即换挡点）。自动变速器常见的控制模式有以下几种。

（1）经济模式（ECONOMY）：这种控制模式是以汽车省油为目的。当自动变速器处于该模式下工作时，能使汽车发动机处于经济运转范围内，从而提高了燃油经济性。

（2）动力模式（POWER）：这种控制模式是以汽车获得最大动力性为目的。当自动变速器处于该模式下工作时，能使发动机处于大功率范围内运转，从而提高了汽车的动力性能及爬坡功能。

(3) 标准模式（NORMAL）：这种控制模式是处于经济模式和动力模式之间。它既使汽车保持了一定的动力，又具有较佳的燃油经济性。

3. 保持开关

保持开关的作用是使自动变速器按某一个挡位行驶。当按下保持开关后，自动变速器便不能自动换挡，其挡位完全取决于操纵手柄的位置：当操纵手柄位于 D 位、2（S）位或 1（L）位时，自动变速器分别保持在 3 挡、2 挡或 1 挡行驶。汽车在较滑的路面上行驶时，可以按下保持开关，用操纵手柄选择挡位，以防驱动轮打滑。这种开关见于电子控制自动变速器类汽车上。

4. 锁止按钮

锁止按钮又称操纵手柄锁止开关，是经机械锁止机构控制操纵手柄的位置。当按下该开关时，操纵手柄才能移动，否则操纵手柄被锁止不能移动。

以上四种开关是自动变速器在使用中常见的，但并不是说自动变速器一定都有这些开关。当然，自动变速器的开关也不只这些，还有自动变速器挡位指示及挡位信号的挡位开关、控制发动机启动的空挡启动开关等，这些开关，将在讲述自动变速器相关电路时再作介绍。

三、红旗 CA7560 轿车自动变速器

在第一节和第二节介绍的行星齿轮机构和换挡执行机构，是行星齿轮自动变速器的两个主要组成部分。从本节开始将以一些实例来介绍行星齿轮变速器各个挡位的实现和各挡位的动力传递路线。

红旗牌高级轿车采用的液力自动变速器，是由一个四元件综合式液力变扭器和可自动换挡的两挡行星齿轮变速器组成（图 3-9）。齿轮变速器的第一轴即是涡轮的输出轴，后端支承在第二轴 8 前端的中心孔中。第二轴前端以花键与后排行星齿轮机构的齿圈相连，后端通过凸缘以球轴承支承在轴管上。动力由液力变扭器经第一轴输入齿轮变速器，然后由第二轴输出。

图 3-10 为其变速传动部分示意图，其中行星齿轮变速器由前、后两排行星齿轮机构组成。前排齿圈 4 和后排太阳轮 11 制成一体，以花键与第一轴 14 相连，为变速器的主动件。后排齿圈 8 和第二轴 10 用花键连接，为变速器从动件。前后两行星架 12 和 7 均以花键与倒挡制动器 5 的制动鼓连接，故彼此是刚性相连，必要时可用带式制动器 5 使之固定。前后两行星架上各自压装着三根轴，行星齿轮即松套于轴上。前太阳轮 13 松套在第一轴 14 上，其外端凸缘盘外圈上有 8 个渐开线键与低速制动器 3 的制动鼓连接，带式制动器 3 在必要时可以使它固定不转。直接挡离合器 2 的主动部分与第一轴相连，从动部分与第一排太阳轮相连，当离合器接合时，两行星排的齿轮机构即被连锁成一体，实现直接传动。因此用离合器和制动器可改变行星齿轮机构中相应元件的运动关系，以实现不同挡位的传动。

红旗牌轿车的双排行星齿轮变速器共有一个倒挡和两个前进挡（低速挡和高速挡（直接挡））。为方便分析其传动路线和计算它的传动比，按图 3-10 画出它的行星齿轮部分传动示意简图（图 3-11）。

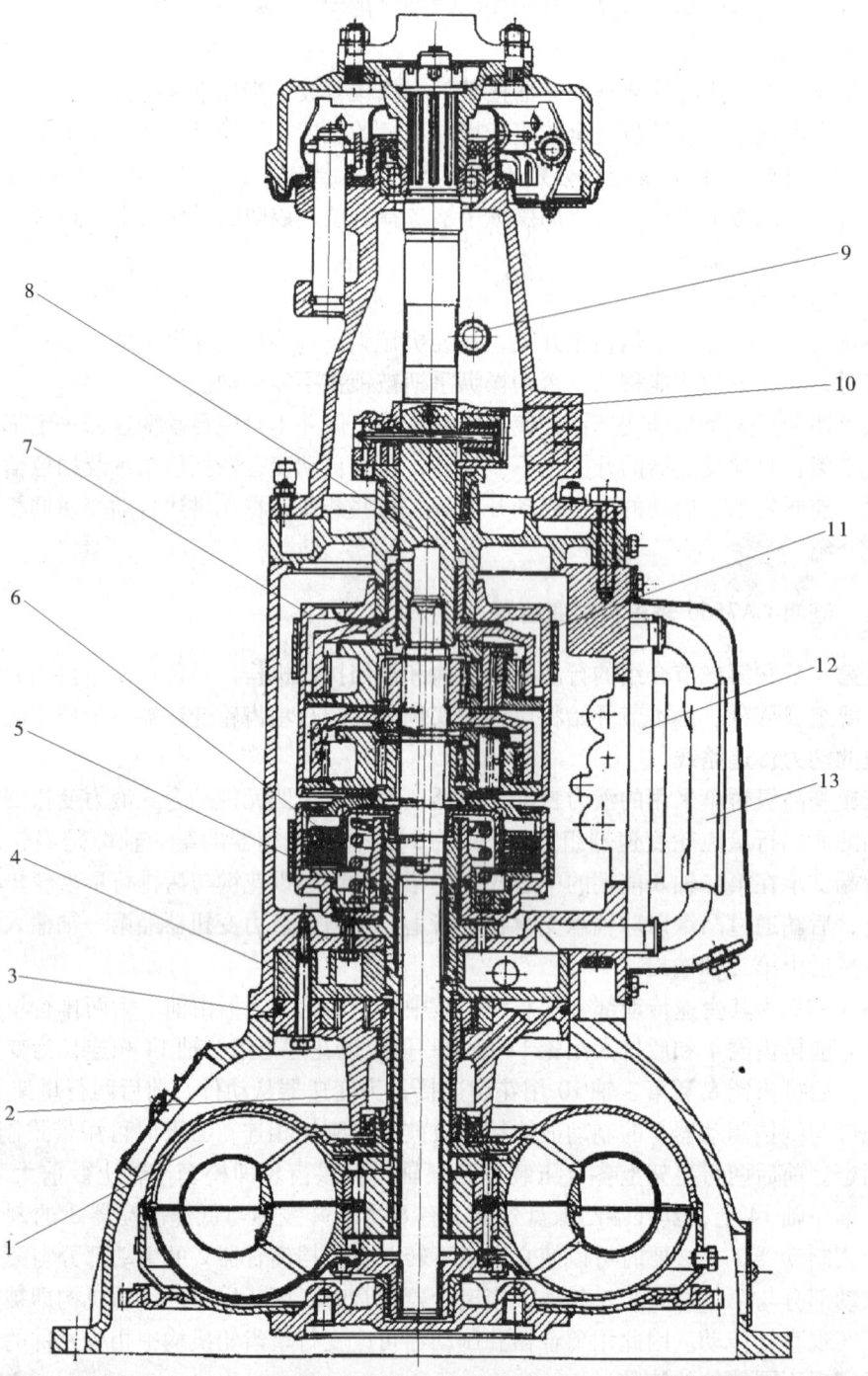

图 3-9 红旗 CA7560 型轿车液力机械变速器剖视图

1—液力变扭器；2—变速器第一轴；3—油泵；4—调压阀体；5—低挡制动器；6—直接挡离合器；7—后行星架；8—变速器第二轴；9—车速表齿轮；10—离心调整器；11—倒挡制动器；12—手控制阀；13—控制阀体

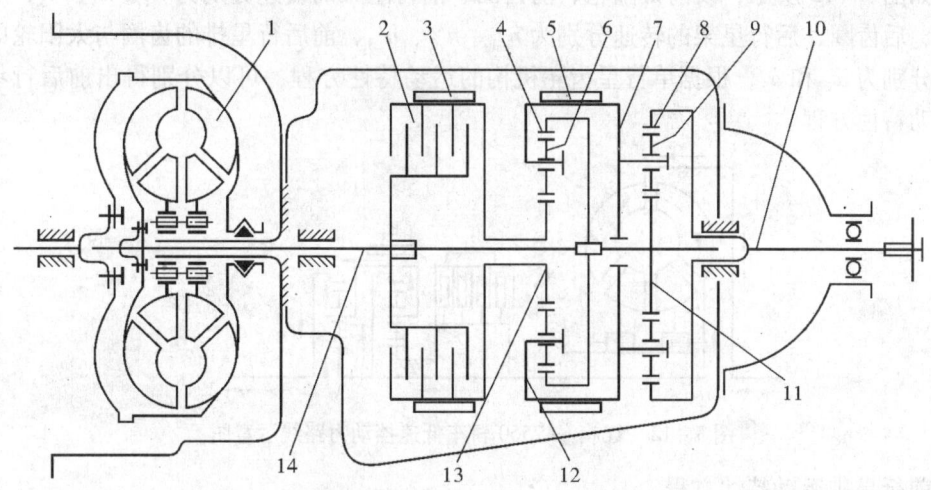

图 3-10　红旗 CA7560 型轿车机构传动示意图
1—液力变扭器；2—直接挡离合器；3—低速挡制动器；4—前排齿圈；5—倒挡制动器；
6—前排行星轮；7—后排行星架；8—后排齿圈；9—后排行星轮；10—变速器第二轴；
11—后排太阳轮；12—前排行星架；13—前排太阳轮；14—变速器第一轴

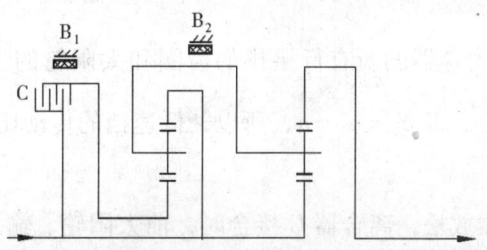

图 3-11　红旗 CA7560 型轿车行星齿轮变速机构传动简图
C—直接挡离合器；B_1—低速挡制动器；B_2—倒挡制动器

1. 空挡

我们知道，自动变速器行星排只有 1 个自由度时才能传递动力，有 2 个以上自由度时，则不能传递动力，即空挡。当直接离合器 C 处于分离状态，低速挡和倒挡制动器 B_1 和 B_2 都松开。此时我们看看该变速器的自由度是多少。我们知道，1 个行星排具有 2 个自由度，那么两个行星排则具有 4 个自由度，又由于前行星排齿圈与后行星排的太阳轮相连接，前行星排行星架与后行星排行星架连接，故一共可消去 2 个自由度，即变速器行星齿轮机构仍然有 2 个自由度，故不能传递动力，处于空挡位置。

2. 低速挡

当低速挡制动器 B_1 制动时，前行星排太阳轮被固定，又可以消去 1 个自由度，行星齿轮机构只剩下 1 个自由度了，因此有动力输出。其动力传递路线是：

液力变扭器 → 前排齿圈 → B_1 对前太阳轮制动，前行星架 → 后行星架 → 后齿圈 → 输出轴
液力变扭器 → 后太阳轮 → 后行星轮 → 输出轴

如图 3-12 所示，设前太阳轮、前齿圈、前行星架的转速分别为 n_1、n_2、n_3，后太阳轮、后齿圈、后行星架的转速分别为 n'_1、n'_2、n'_3，前后行星排的齿圈与太阳轮的齿数比分别为 a_1 和 a_2，根据单行星齿轮机构的运动特性方程，可以分别得出前后行星排的运动特性方程。

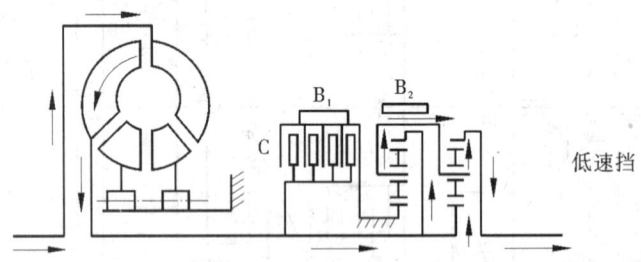

图 3-12　红旗 CA7560 轿车低速挡动力路线示意图

前行星排运动特性方程

$$n_1 + a_1 n_2 = (1 + a_1) n_3$$

后行星排运动特性方程

$$n'_1 + a_2 n'_2 = (1 + a_2) n'_3$$

又由于前太阳轮转速 $n_1 = 0$，前齿圈与后太阳轮连接，故 $n_2 = n'_1$，前行星架与后行星架连接，故 $n_3 = n'_3$。

一般地，同一自动变速器的所有行星排的齿圈和太阳轮的齿数比应是相同的（有利于设计和制造的方便），即 $a_1 = a_2 = a$，所以，低速挡的传动比 $i = \dfrac{n_2}{n'_2} = \dfrac{a}{a-1} > 1$。

3. 直接挡

当 B_1、B_2 两制动器放松，离合器 C 接合时，前太阳轮、输入轴、前齿圈被连成一体，前行星架输出的转速与输入的转速相同，后行星架输入的转速与后太阳轮输入的转速相同，因此后齿圈输出的转速与输入轴的转速相同，显然它的传动比为 1，是直接挡。图 3-13 是它的动力路线传动示意图。

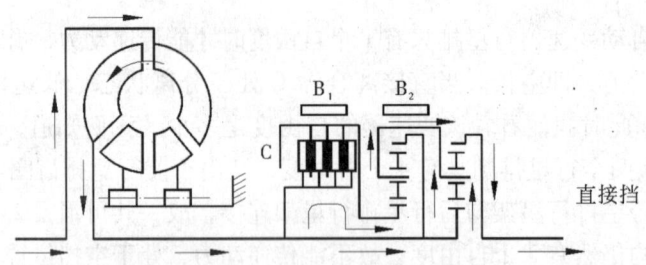

图 3-13　红旗 CA7560 型轿车直接挡传动路线示意图

4. 倒挡

当离合器 C 分离，制动器 B_1 放松，B_2 对前后行星架组件固定时，前排太阳轮可以自由转动，但前行星排已不起传动作用。后行星排由于行星架固定，它的动力由后太阳轮输入，后齿圈输出，但旋转方向却相反。其动力传递路线为：

输入轴——后太阳轮——后行星架固定,后齿圈——输出轴

其动力传动路线如图3-14所示。

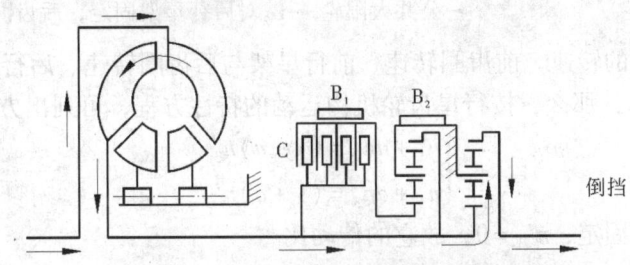

图3-14 红旗CA7560型轿车倒挡动力路线传动示意图

由于它的前行星排不传递动力,因此计算它的传动比只考虑后行星排即可。设后太阳轮、后齿圈、后行星架的转速分别为 n'_1、n'_2、n'_3,齿圈和太阳轮的齿数之比为 a,根据行星齿轮机构的运行特性方程,可列出方程

$$n'_1 + an'_2 = (1 + a)n'_3$$

又后行星架被固定, $n'_3 = 0$,故

$$n'_1 + an'_2 = 0$$

传动比

$$i = \frac{n'_1}{n'_2} = -a$$

传动比负号,说明输入输出转速相反,是倒挡。

四、行星齿轮变速器的典型结构(辛普森结构)

图3-15所示是CA-774、Torque-Flite、Cruise-Matic、Nissan等轿车采用的三个前进挡和一个倒挡自动变速器的行星机构,也是TOYOTA和BMW轿车自动变速器行星机构的一部分。它是以设计发明者H·W·Simpson工程师的名字命名的辛普森(Simpson)结构。其特点是由两个完全相同齿轮参数的行星排组成,整个齿轮系具有相同的齿圈,6个相同的行星轮和一个供2个行星排共用的加长太阳轮。它结构简单紧凑、传动效率高、换挡平稳,每次换挡仅需换一个操纵件,所以从20世纪40年代发明至今,一直都被广泛应用。目前,四挡行星变速器通常以辛普森结构为核心机构,用增加一个操纵件或用积木法加一个参数与原二排一样的行星排的方法来实现四前一倒。

下面分析辛普森(图3-15)行星机构的挡位和它的传动比。

由于前后太阳轮是公用的,可消去1个自由度,前行星架与后齿圈连接,又可消去1个自由度,整个行星机构仍有2个自由度,即当 C_1、C_2、B_1、B_2 都不工作时,行星机构不传递动力,是空挡。

(1) 当只有 C_1、B_2 工作时,由于后行星架被 B_2 固定,消去1个自由度,行星机

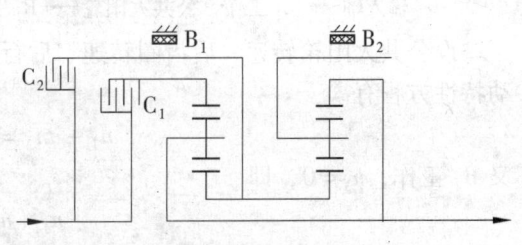

图3-15 辛普森式行星齿轮机构

构只有 1 个自由度，因此有动力输出。其动力传递路线是：

输入轴 → C_1 工作，前齿圈 → 前行星架 → 公共太阳轮 → B_2 对后行星架固定，后齿圈 → 输出轴

设公共太阳轮的转速、前齿圈转速、前行星架与后齿圈转速、后行星架的转速分别为 n_1、n_2、n_3、n'_3，那么，按行星齿轮机构运动的特性方程，可列出方程组

$$\begin{cases} n_1 + an_2 = (1+a)n_3 \\ n_1 + an_3 = (1+a)n'_3 \end{cases}$$

又后行星架被固定，$n'_3 = 0$，故它的传动比

$$i = \frac{n_2}{n_3} = \frac{1+2a}{a} = 2 + \frac{1}{a} > 2$$

所以，是减速增扭同向传动的低速挡。

（2）当只有 C_1、B_1 工作时，由于公共太阳轮被 B_1 固定，消去 1 个自由度，行星机构只有 1 个自由度，因此有动力输出。又由于 B_1 工作，使公共太阳轮被固定，切断了后行星排的动力输入，因此后行星排没有动力输出，此时只有前行星排有动力输入和动力输出。它的动力传递路线是：

输入轴 → C_1 工作，前齿圈 → B_1 工作，太阳轮被固定，前行星架 → 输出轴

设前行星排的太阳轮转速、齿圈转速、行星架转速分别为 n_1、n_2、n_3，那么，按行星齿轮机构运动特性方程有

$$n_1 + an_2 = (1+a) \cdot n_3$$

又 B_1 工作，$n_1 = 0$，故

$$an_2 = (1+a) \cdot n_3$$

故它的传动比

$$i = \frac{n_2}{n_3} = 1 + \frac{1}{a} > 1$$

所以，它是减速增扭同方向传动的中速挡。

（3）当只有 C_2、C_1 工作时，公共太阳轮的转速 n_1 和前齿圈的转速 n_2 都等于输入轴的转速 n，因此前行星架的转速 $n_3 = n_1 = n_2 = n$，即输出的转速与输入的转速相等，整个行星齿轮机构被连锁成一整体，是直接挡，它的传动比 $i = 1$。

（4）当只有 C_2、B_2 工作时，后行星架被固定，减少了 1 个自由度，行星机构只有 1 个自由度，因此有动力输出。由于 C_1 不工作，前齿圈空转，因此，前行星排没有动力输出。动力由后行星排太阳轮输入，后齿圈输出。其动力传递路线是：

输入轴 → C_2 工作，公共太阳轮 → B_2 工作，后行星架被固定，后齿圈 → 输出轴

设公共太阳轮转速、后齿圈转速、后行星架转速分别为 n_1、n_2、n_3，按行星齿轮运动特性方程有

$$n_1 + an_2 = (1+a)n_3$$

又 B_2 工作，$n_3 = 0$，即

$$n_1 + an_2 = 0$$

故它的传动比

$$i = \frac{n_1}{n_2} = -a, \quad a > 1$$

所以，它是减速增扭反方向传动，即倒挡。

由以上双排行星齿轮机构的挡位分析，我们可以总结出它的一般规律，当两个行星排都有动力输出时，一般作为低速1挡；当只有一个行星排有动力输出时，一般作为低速2挡；而当行星机构有两条动力输入时，一般作为直接挡。

五、丰田A43D自动变速器

丰田后轮驱动汽车上常用的自动变速器有：A40D、A42D、A43D、A42DL、A43DL、A44DL、A43DE、A340E、A341E 和 A342E 等型号（型号中的"D"表示有超速挡，"L"表示用带锁止离合器的综合式液力变扭器，"E"表示具有电脑控制的变速器）。用于前轮驱动汽车上常用的自动变速器有：A540E、A140E、A140L、A130L 和 A131L 等型号。丰田汽车各种自动变速器的行星齿轮变速器结构基本相同。下面以丰田 A43D 为例介绍它的结构和传动路线（挡位分析）。

1. 结构特点

图 3–16 是丰田 A43D 自动变速器的剖面图，这是一种具有 4 个前进挡的液力自动变速器。它的行星齿轮变速器采用由 3 个行星排的辛普森式四挡行星齿轮变速器。这是在辛普森式三挡行星齿轮变速器的基础上增加一个超速行星排后形成的。图 3–17 是它的换挡执行元件和行星排的布置方式结构示意图。它的前面是一个单排的超速行星齿轮机构，后面为双排的辛普森式行星齿轮机构，共有 10 个换挡执行元件，即 3 个离合器、4 个制动器（均为片式制动器）和 3 个单向离合器。各执行元件的作用如下：

①超速离合器 C_0 的作用是连接超速行星架和超速太阳轮；

②超速制动器 B_0 的作用是固定超速太阳轮；

③超速单向离合器 F_0 的外圈与超速行星架啮合，内圈固定在超速太阳轮上，使发动机动力传到超速输入轴时，超速太阳轮与行星架接合；

④前进离合器 C_1 的作用是将超速行星排的动力传递到后行星齿圈；

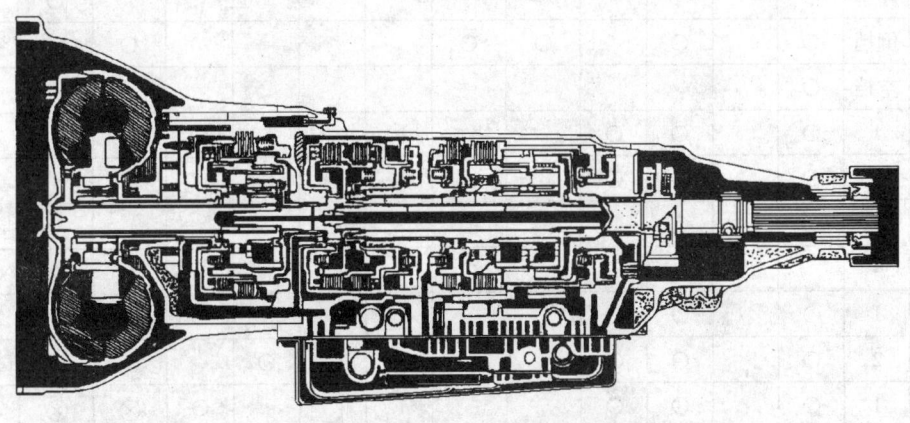

图 3–16 丰田 A43D 自动变速器剖面图

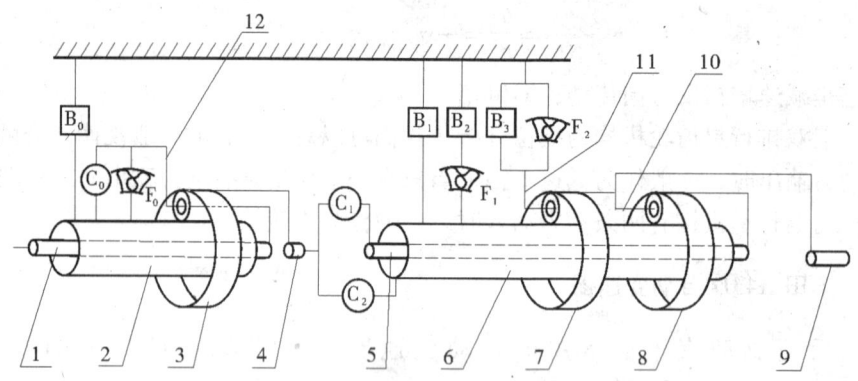

图 3-17 丰田 A43D 自动变速器结构示意图

1—超速输入轴；2—超速太阳轮；3—超速行星齿圈；4—输入轴；5—中间轴；6—太阳轮；7—前行星齿圈；8—后行星齿圈；9—输出轴；10—后行星架；11—前行星架；12—超速行星架

⑤后离合器 C_2 的作用是将超速行星排的动力传递到前后太阳轮；

⑥1号制动器 B_1 的作用是固定前后太阳轮；

⑦2号制动器 B_2 的作用是固定1号单向离合器 F_1 的外圈；

⑧1号单向离合器 F_1 的作用是约束前后太阳轮的反转方向，而且在 B_2 工作时才有效；

⑨3号制动器 B_3 的作用是固定前排行星架；

⑩2号单向离合器 F_2 的作用是约束前排行星架反转。

2. 丰田 A43D 自动变速器各挡传动路线

丰田 A43D 自动变速器各个换挡执行元件在不同挡位的工作情况如表 3-1 所示。

表 3-1 A43D 自动变速器换挡执行元件工作规律

变速杆位置	挡位	超速离合器 C_0	超速制动器 B_0	超速单向离合器 F_0	前离合器 C_1	后离合器 C_2 内活塞	后离合器 C_2 外活塞	1号制动器 B_1	2号制动器 B_2	1号单向离合器 F_1	2号单向离合器 F_2	3号制动器 B_3 内活塞	3号制动器 B_3 外活塞	传动比
P	停车	O										O		
R	倒挡	O			O	O	O					O	O	-2.21
N	空挡	O												
D	1	O		O	O						O			2.45
D	2	O		O	O				O	O				1.45
D	3	O		O	O	O	O		O					1
D	4		O		O	O	O		O					0.68
2	1	O		O	O						O			2.45
2	2	O		O	O			⊗	O					1.45
L	1	O		O	O						O	⊗	⊗	2.45

注：⊗利用发动机制动时起作用。

(1) D—1挡。

当操纵杆处于D—1挡时工作的换挡执行元件是C_0、F_0、C_1、F_2。在超速行星排，由于C_0的接合，使超速太阳轮和超速行星架连接在一起，整个超速行星齿轮机构连成一个整体，传动比为1，使超速输入轴的动力直接传给前离合器C_1。由于前离合器C_1工作，动力由C_1再传到后行量排齿圈，此时后齿圈正转（从前向后看），前后太阳轮（前后行星排太阳轮共用）将反转，前行星架也将反转，但2号单向离合器F_2正好约束前行星架反转，因此前行星架被固定，所以前后行星排的自由度数是1，有动力输出。图3-18是D—1挡传动路线示意图，其动力传动的路线为：

输入轴 → 超速行星架 → C_0结合，直接传动，超速齿圈 → 前离合器C_1结合 → 中间轴
→ 后行星排齿圈 ┬ 后行星齿轮 → 后行星架 ─────────────────────────────────┐
               └ 太阳轮 → 前行星齿轮，F_2作用，前行星架固定 → 前齿圈 ──┴→ 输出轴

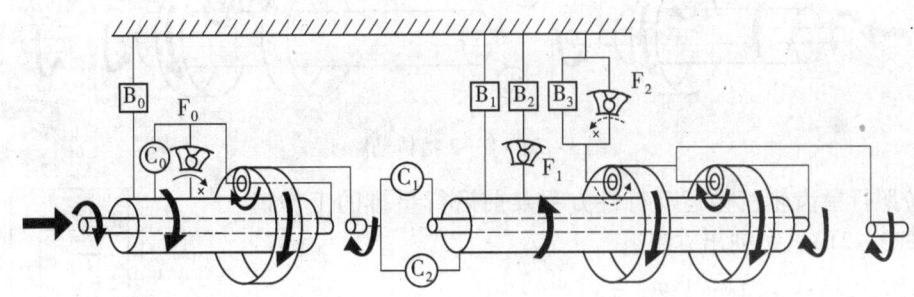

图3-18 D—1挡传动路线

根据D—1传动方式，可绘出如图3-19的双排行星齿轮机构工作情况示意图。按行星轮机构运动特性方程和各元件的连接情况，可列出方程组

$$\begin{cases} n_{11} + a n_{12} = (1+a) n_{13} \\ n_{21} + a n_{22} = (1+a) n_{23} \\ n_{11} = n_{21} \\ n_{12} = n_{23} \\ n_{13} = 0 \end{cases}$$

丰田A43D自动变速器的行星齿轮比 $a = \dfrac{Z_2}{Z_1} = \dfrac{77}{33}$ ≈2.2，故其传动比为

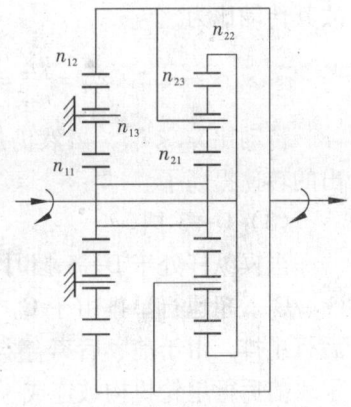

图3-19 D—1挡前后行星齿轮机构工作情况

$$i_{D1} = \frac{n_{22}}{n_{12}} = \frac{1+2a}{a} = 2.45$$

可见，是低速增扭同向传动的低速挡。由于传动扭矩较大，因此用两个行星排来传动，可以减轻行星排齿轮的负载，防止齿轮损伤。

(2) D—2挡。

当操纵杆处于D—2挡时工作的换挡执行元件是C_0、F_0、C_1、B_2、F_1。超速行星排的动力传动与D—1挡的相同，传动比仍为1。在前后行星排，由于B_2、F_1工作，太阳

轮受反转的趋势被制止，因此太阳轮被固定，前后行星排的自由度数为1，故有动力输出。又由于太阳轮被固定，因此切断了前行星排的输入动力，前行星排没有动力输出，此时只有后行星排有动力输出。图3-20是D—2挡传动路线示意图，其动力传动的路线为：

输入轴→超速行星架→C_0接合，直接传动，超速行星齿圈→前离合器C_1接合→中间轴→后行星排的齿圈→后行星齿轮→B_2、F_1共同作用太阳轮固定不动，后行星架→输出轴

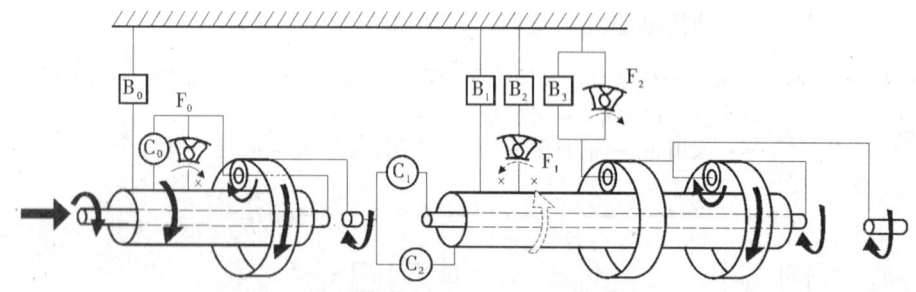

图3-20　D—2挡传动路线

按照行星齿轮机构运动特性方程及前后行星排的工作情况（图3-21），可列出方程组

$$\begin{cases} n_{21} + an_{22} = (1+a)n_{23} \\ n_{21} = 0 \end{cases}$$

故其传动比为

$$i_{D2} = \frac{n_{22}}{n_{23}} = \frac{1+a}{a} = 1.45$$

传动比$i_{D2} < i_{D1}$，虽然仍是减速增扭同方向运动，但其输出的转速提高了。

（3）D—3挡。

当操纵杆处于D—3挡时工作的换挡执行元件是C_0、F_0、C_1、C_2。超速行星排由于C_0工作其传动比仍然为1；对于前后行星排，由于前、后离合器都工作，使得中间轴、太阳轮和后排齿圈都连接在一起了，前后行星轮机构被连成一个整体转动（图3-22），传动比为1，是直接传动，所以又称D—3挡为直接挡。其动力传动的路线是：

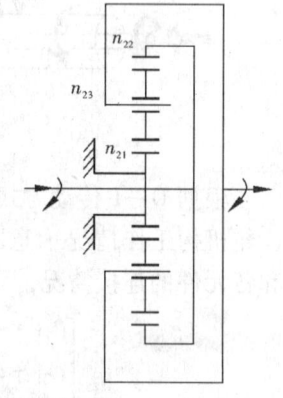

图3-21　D—2挡时后行星齿轮机构工作情况

输入轴→超速行星架→C_0结合，直接传动，超速行星齿圈
┌→前离合器C_1→中间轴→后齿圈┐
└→后离合器C_2→太阳轮────┴→后行星架→输出轴

（4）D—4挡（O/D挡，超速挡）。

当操纵杆处于D—4挡时工作的换挡执行元件是B_0、C_1、C_2。在超速行星排，由于超速制动器B_0工作，所以超速太阳轮被固定，也使得超速行星排的自由度数是1，有

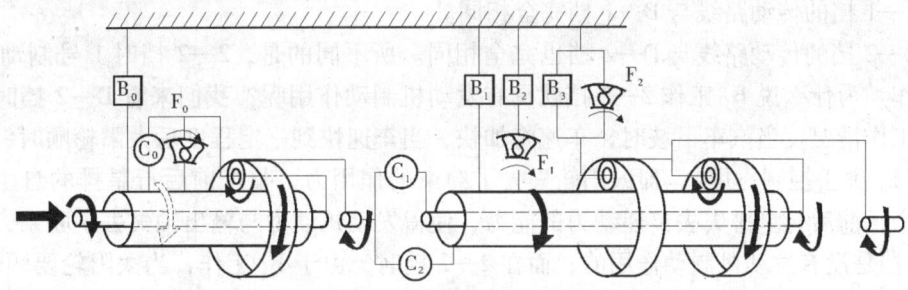

图 3-22　D—3 挡传动路线

动力输出，动力由超速行星架输入，超速齿圈输出；对于前后行星排，由于 C_1、C_2 仍然工作，故其传动比仍然是 1。图 3-23 是其传动路线示意图，它的传动路线是：

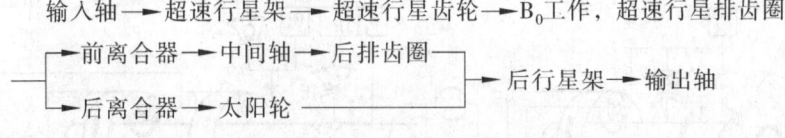

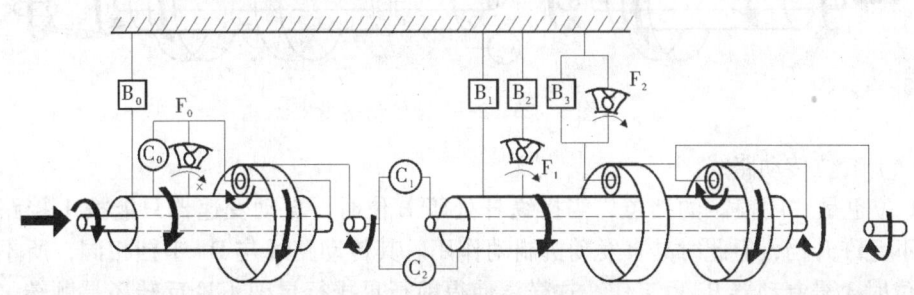

图 3-23　D—4 挡传动路线

根据 D—4 传动方式，可绘出如图 3-24 所示 D—4 挡时超速行星排的工作情况，再按照行星齿轮机构运动特性方程，可列出方程组

$$\begin{cases} n_{01} + an_{02} = (1+a)n_{03} \\ n_{01} = 0 \end{cases}$$

故其传动比为

$$i_{D_4} = \frac{n_{03}}{n_{02}} = \frac{a}{1+a} = 0.68$$

传动比 $i_{D_4} < 1$，说明输出转速大于输入转速，因此 D—4 挡为超速挡，它的前后行星排的工作情况与直接挡 D—3 挡相同。

(5) 2 位传动路线。

2 位是"闭锁"的挡位，当手动杆处于 2 位时，变速器被锁定在 1⇌2 挡范围内，即 1 挡可以升 2 挡，但 2 挡不允许升 3 挡，并且 2 挡要具有发动机制动的作用。

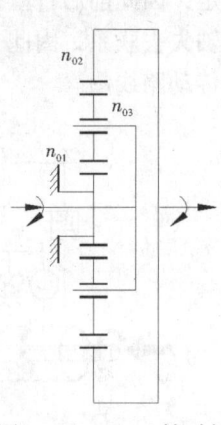

图 3-24　D—4 挡时超速行星齿轮机构工作情况

2—1挡的传动路线与D—1挡完全相同。

2—2挡的传动路线与D—2挡也完全相同。所不同的是，2—2挡时1号制动器B_1也工作。为什么说B_1工作2—2挡就具有发动机制动作用呢？我们来看D—2挡时太阳轮的工作情况，当汽车下坡时，车速将加快，当车速快到一定程度后太阳轮顺时针旋转（B_2、F_1失去控制作用），即太阳轮失去了约束的作用力，整个前后行星排的自由度数为2个，前后行星排失去传递动力的能力，使得发动机动力与输出轴失去了联系，因此D—2挡是没有发动机制动作用的；而在2—2挡时，由于B_1工作，当太阳轮要顺转时，B_1的工作仍然使太阳轮固定不动，前后行星排仍然有动力输出，因此2—2挡是具有发动机制动作用。其传动路线如图3-25所示。

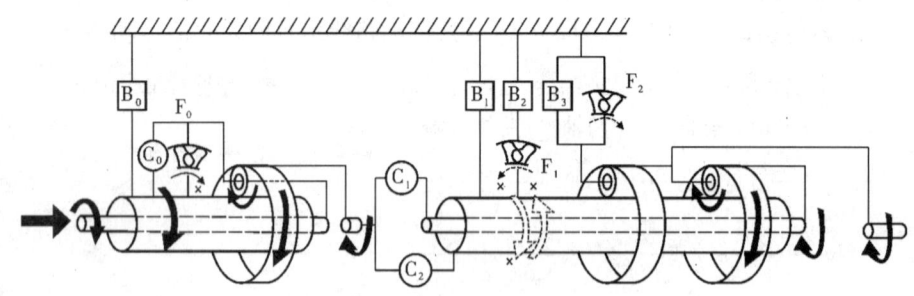

图3-25 2—2挡传动路线

（6）L位传动路线。

L位也是"闭锁"的挡位，当操纵杆处于L位时，自动变速器只能按1挡路线工作，不允许升挡，但此时具有发动机制动作用。其传动路线与D—1挡相同，所不同的是L位时3号制动器B_3也工作，这样，使得前行星排行星架不论反转还是顺转，都被固定，因此前后行星排的自由度数一直都是1，发动机的动力不会因车速的加快而与输出轴失去联系，因此L位是具有发动机制动的作用，图3-26是闭锁1挡（即L位）的传动路线图。

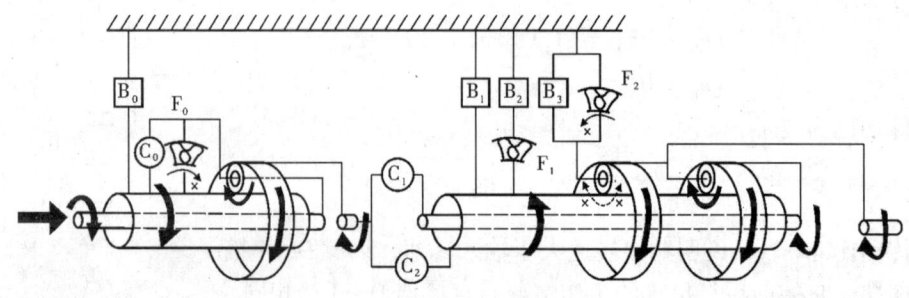

图3-26 L位传动路线

（7）R位（倒挡）。

当操纵杆处于R位时工作的换挡执行元件是C_0、F_0、C_2、B_3。超速行星排由于C_0工作，其传动比仍然为1。但由于后离合器接合，使得前、后行星排的公共太阳轮顺时针方向旋转，由于 B_3 固定前行星架，因此前行星架不能转动，太阳轮的动力经行星轮传递到前齿圈，并使前齿圈向逆时针方向转动，带动输出轴也按逆时针方向转动，即倒挡。后行星排由于后齿圈没有约束力，因此没有动力输出。图 3-27 是 R 挡的动力传动路线图。R 挡传动的路线是：

输入轴——超速行星架——超速齿圈——后离合器——太阳轮——B_3 工作，固定前行星架，前行星齿轮——前齿圈——输出轴

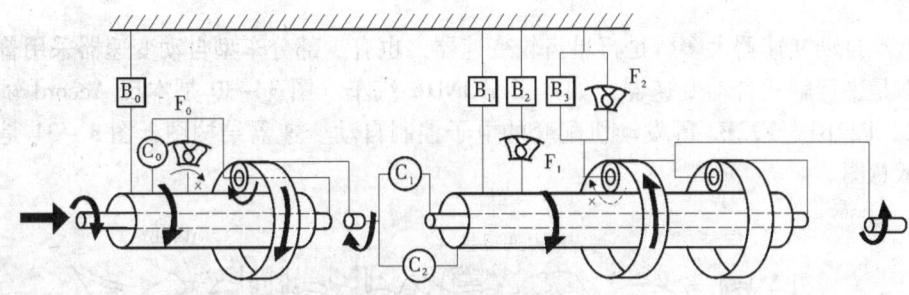

图 3-27 倒挡传动路线

R 挡的工作情况如图 3-28 所示。按行星齿轮机构运动特性方程及行星排的工作情况，可列出方程组

$$\begin{cases} n_{11} + an_{12} = (1+a)n_{13} \\ n_{13} = 0 \end{cases}$$

故传动比为

$$i_R = \frac{n_{11}}{n_{12}} = -a = -2.2$$

因此是减速增扭反方向传动，即倒挡。

(8) N 位（空挡）和 P 位（停车挡）。

当操纵杆在 N 位或 P 位时，尽管超速离合器 C_0 仍然是接合的，但前离合器 C_1 和后离合器 C_2 均已分离，因此自动变速器没有动力输出，也即空挡。但在 P 位时可以利用锁止机构对变速器输出轴进行锁止，使汽车驱动轮不能转动，以保证可靠停车，如图 3-29 所示。

从丰田 A43D 自动变速器各挡的挡位分析过程中可以看出，超速离合器 C_0 除 D—4 挡外其他挡位都是工作的，只有进入 D—4 挡时才用超速制动器 B_0 代替超速离合器 C_0；前离合器 C_1 在所有的前进挡都是工作的；后离合器 C_2 只有在 D—3 挡、D—4 挡和倒挡时才工作，并且在倒挡时 C_2 工作则 C_1 不工作；3 号制动器 B_3 只有

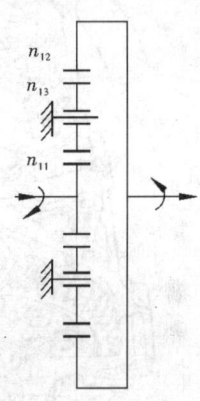

图 3-28 R 位时前行星齿轮工作情况

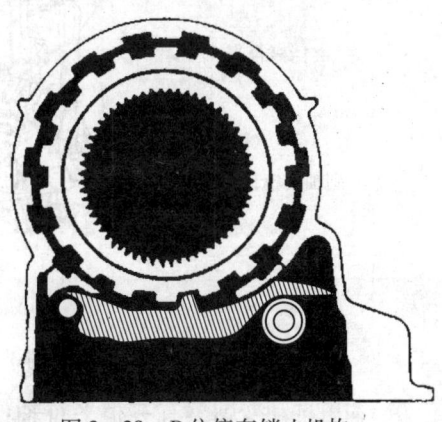

图 3-29 P 位停车锁止机构

在 L 位和 R 位时才工作，又称为低挡、倒挡制动器；1 号制动器 B_1 只有在 2—2 挡位时才起作用，又称为 2 挡制动器。一般地，当自动变速器允许继续升挡时，最好用单向离合器约束元件的旋转方向；当是闭锁挡并且不允许升挡时，此时要求具有发动机制动作用，就要用制动器代替单向离合器来约束元件的旋转方向。从换挡的平顺性和提高换挡的品质来考虑，换挡的执行元件越少越好，不但易于控制，而且减少了换挡冲击。

六、平行轴式自动变速器

汽车自动变速器大多数是行星齿轮变速器，也有少部分车型自动变速器采用普通齿轮，即是平行轴式自动变速器，如本田 HONDA 汽车。图 3-30 是本田 Accord 轿车与 F20B2、F22B1、F22B2 等发动机配套的电子控制自动变速器结构图，图 3-31 是它的传动示意图。

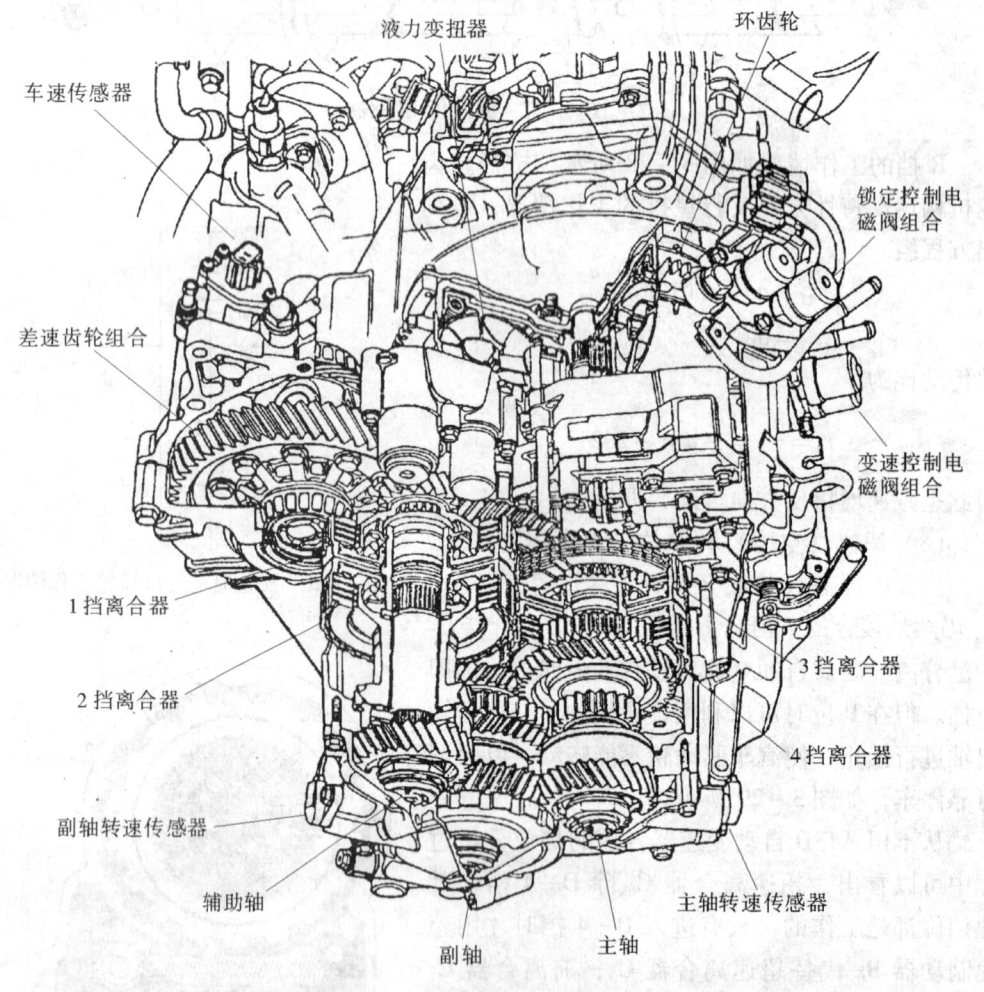

图 3-30 本田自动变速器

本田自动变速器有三根平行轴：主轴、副轴及辅助轴。其中主轴与液力变扭器相连。在主轴上装有 3 挡及 4 挡离合器、3 挡及 4 挡齿轮、倒挡齿轮及惰轮，其中 4 挡齿

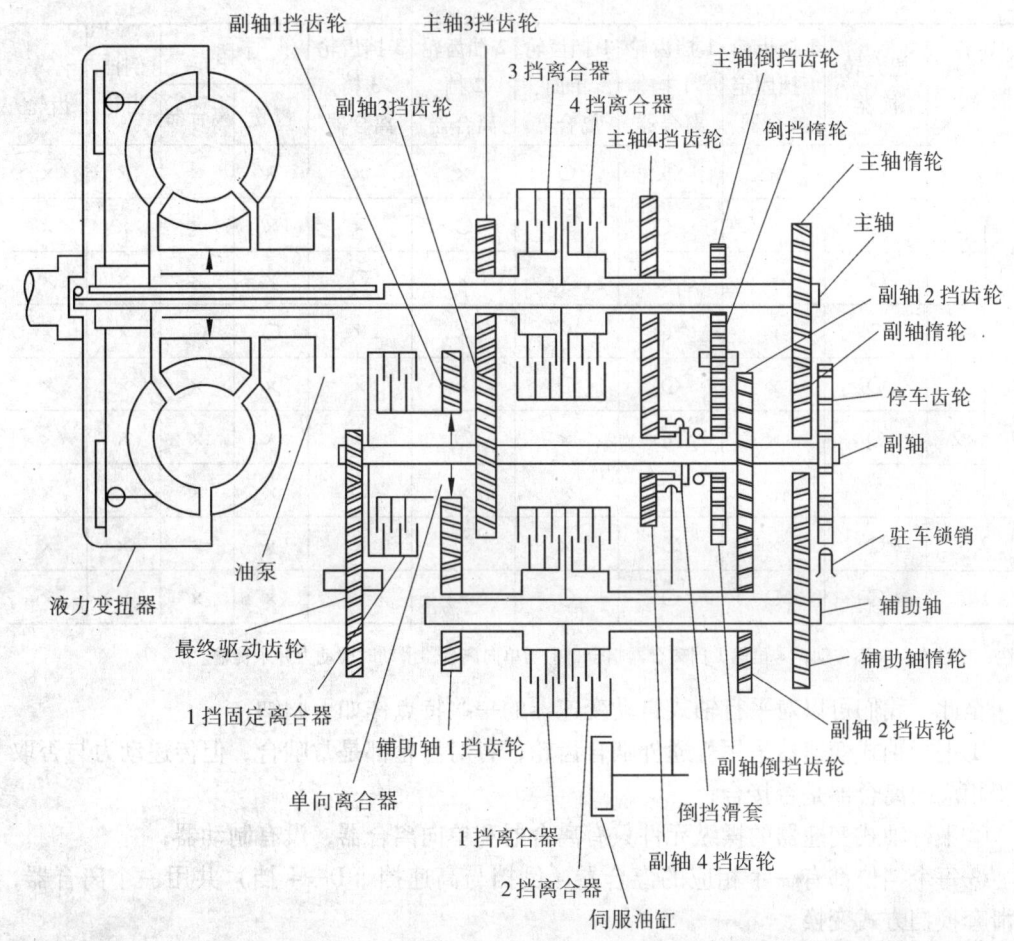

图 3-31 本田 Accord 自动变速器传动示意图

轮与倒挡齿轮为一体。在副轴上装有 1 挡固定离合器以及 2 挡、3 挡、4 挡、1 挡齿轮及惰轮。辅助轴上装有 1 挡、2 挡离合器，1 挡、2 挡齿轮及惰轮。主轴上的齿轮与副轴及辅助轴上的齿轮是常啮合的，但各挡齿轮能否传递动力取决于相应挡位的离合器是否接合，离合器的接合和分离由电液控制系统控制。伺服油缸控制倒挡滑套选择 4 挡齿轮或倒挡齿轮与副轴相连接，从而获得 4 挡或倒挡。本田 Accord 自动变速器各个挡位时换挡执行元件的工作情况如表 3-2 所示。

表 3-2 本田 Accord 自动变速器换挡执行元件工作规律

零件 排挡 位置	扭力转换器	1挡齿轮 1挡固定 离合器	1挡齿轮 1挡 离合器	1挡齿轮 单向 离合器	2挡齿轮 2挡 离合器	3挡齿轮 3挡 离合器	4挡		倒挡 齿轮	停车 齿轮
							齿轮	离合器		
P	○	×	×	×	×	×	×	×	×	○
R	○	×	×	×	×	×	×	○	○	×
N	○	×	×	×	×	×	×	×	×	×

续表

零件 排挡位置	扭力转换器	1挡齿轮1挡固定离合器	1挡齿轮1挡离合器	1挡齿轮单向离合器	2挡齿轮2挡离合器	3挡齿轮3挡离合器	4挡		倒挡齿轮	停车齿轮
							齿轮	离合器		
D₄ 1	○	×	○	○	×	×	×	×	×	×
D₄ 2	○	×	*○	×	○	×	×	×	×	×
D₄ 3	○	×	*○	×	×	○	×	×	×	×
D₄ 4	○	×	*○	×	×	×	○	○	×	×
D₃ 1	○	×	○	○	×	×	×	×	×	×
D₃ 2	○	×	*○	×	○	×	×	×	×	×
D₃ 3	○	×	*○	×	×	○	×	×	×	×
2	○	×	○	×	○	×	×	×	×	×
1	○	○	○	○	×	×	×	×	×	×

注：○动作；×不作动；*虽然1挡离合器啮合，但当单向离合器滑动时驱动力并未传输。

至此，我们可以对平行轴式自动变速器的一些特点作如下归纳：

①平行轴式变速器采用普通外啮合齿轮，各对齿轮都是常啮合，但传递动力与否取决于相应的离合器是否接合；

②平行轴式变速器的操纵元件只有离合器和单向离合器，没有制动器；

③每个挡位都有一个相应的离合器，倒挡与高速挡（D—4挡）共用一个离合器，由滑套换挡方式变换。

七、拉维奈尔赫式自动变速器

（一）单排双行星齿轮式行星齿轮机构运动特性方程

要想对拉维奈尔赫式自动变速齿轮机构进行挡位分析，就必须找出它一般运动规律的特性方程。图3-32是拉维奈尔赫式自动变速器行星齿轮机构示意图，由图可知，该结构是由2个行星排组成，前行星排是一个单行星轮式行星排，后行星排是一个双行星轮式行星排；它的后排有一个小太阳轮，它与短行星轮外啮合，短行星轮除与小太阳轮外啮合后，还与另一长行星轮外啮合，然后长行星轮再与前后排公用的齿圈相啮合；该自动变速器的后排有两级行星轮，它的前排由大太阳轮与前后排公用的长行星轮相啮合，长行星轮与前后排

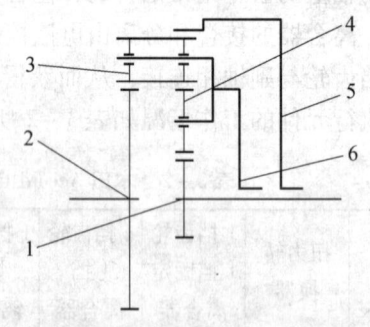

图3-32 拉维奈尔赫式行星齿轮机构示意图
1—小太阳轮；2—大太阳轮；3—长行星轮；4—短行星轮；5—齿圈；6—行星架

公用的齿圈内啮合，前后行星排的行星轮，装在同一个行星架上，可见前后两排共用一个长行星轮、齿圈、行星架。

下面，我们来推导拉维奈尔赫式行星齿轮机构一般运动规律的特性方程。

我们已知，对于单行星式行星排来讲，它的齿轮机构一般运动规律的特性方程为

$$n_1 + a_1 n_2 = (1 + a) n_3$$

那么，只要知道了拉维奈尔赫式行星齿轮机构双行星式行星排一般运动规律的特性方程，使它与单行星式行星齿轮的运动方程组合，便可得出拉维奈尔赫式行星齿轮机构一般运动规律的特性方程。

双行星式行星排的受力情况分析如图3-33所示。

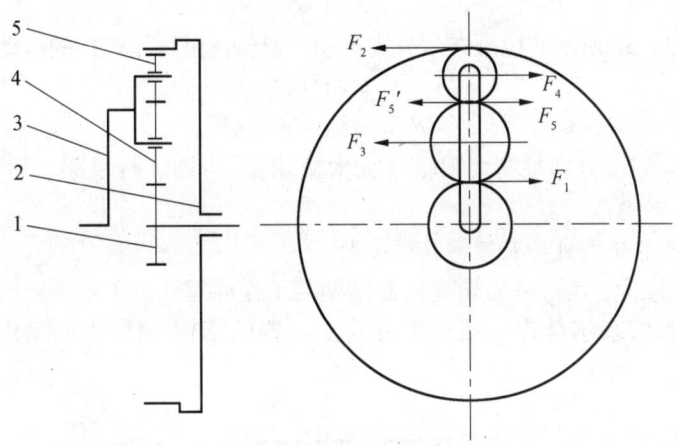

图3-33 单排双行星齿轮式行星齿轮机构示意图
1—太阳轮；2—齿圈；3—行星架；4—短行星轮；5—长行星轮

设太阳轮、齿圈、短行星轮和长行星轮的半径分别是 r_1、r_2、r_3、r_4，短行星轮4所受到的作用力分别为 F_1、F_3、F_5，长行星轮5所受到的作用力分别为 F_2、F_4、F_5'，作用于太阳轮、齿圈、行星架的力矩分别为 M_1、M_2、M_3，如图3-33，则有

$$M_1 = F_1 r_1$$
$$M_2 = F_2 r_2$$
$$M_3 = F_4(r_4 + 2r_3 + r_1) + F_3(r_3 + r_1)$$

由力的平衡条件可知：$F_1 = F_5$，$F_2 = F_5'$，$F_3 = -(F_1 + F_5)$，$F_4 = -(F_2 + F_5')$，因此

$$F_3 = -2F_1, \quad F_4 = -2F_2$$

F_5 与 F_5' 是作用力与反作用力，因此，$F_5 = -F_5'$，即 $F_1 = -F_2$

又由单排行星齿轮特性方程知，$a_2 = Z_2/Z_1 = r_2/r_1$，Z_1、Z_2 分别是齿圈和太阳轮的齿数。即

$$r_2 = a_2 r_1$$

而

$$r_3 + r_4 = (r_2 - r_1)/2 = r_1(a_2 - 1)/2$$

因此有方程式

$$M_1 = F_1 r_1$$
$$M_2 = F_2 r_2 = -a_2 F_1 r_1$$
$$M_3 = F_4(r_4 + 2r_3 + r_1) + F_3(r_3 + r_1) = 2F_1(r_4 + 2r_3 + r_1) - 2F_1(r_3 + r_1)$$
$$= 2F_1(r_4 + r_3) = -F_1 r_1(1 - a_2)$$

设太阳轮、齿圈、行星架的转速分别为 n_1、n_2、n_3，那么由能量守恒定律有
$$M_1 n_1 + M_2 n_2 + M_3 n_3 = 0$$

即
$$F_1 r_1 n_1 - a_2 F_1 r_1 n_2 - F_1 r_1 (1 - a_2) n_3 = 0$$

整理即可得到单排双行星式行星排齿轮机构一般运动规律的特性方程
$$n_1 - a_2 n_2 = (1 - a_2) n_3$$

由此可得图 3-32 所示的拉维奈尔赫式自动变速器行星齿轮机构的运动特性方程组
$$n_1 + a_1 n_2 = (1 + a_1) n_3$$
$$n_4 - a_2 n_2 = (1 - a_2) n_3$$

其中，n_1、n_2、n_3、n_4 分别是前太阳轮（大太阳轮）、齿圈、行星架、后太阳轮（小太阳轮）的转速。

(二) 拉维奈尔赫式自动变速器挡位分析

1. 拉维奈尔赫式三挡行星齿轮变速器结构与工作原理

图 3-34 为拉维奈尔赫式三挡行星齿轮变速器的结构。图中，前太阳轮、长行星

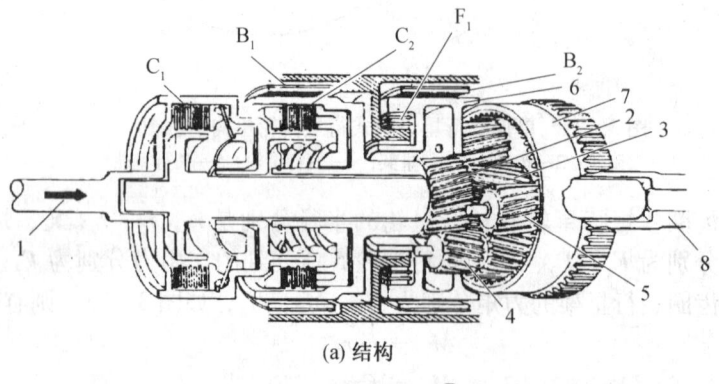

(a) 结构

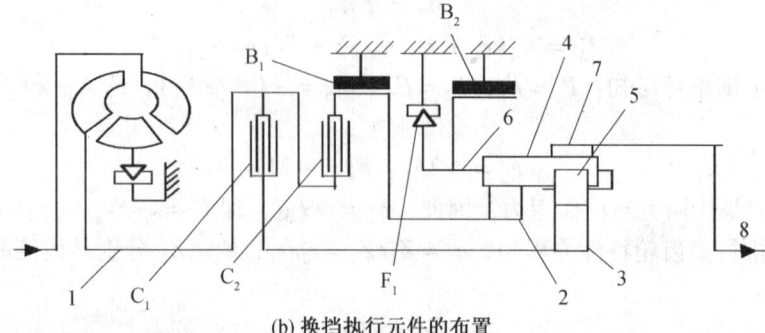

(b) 换挡执行元件的布置

图 3-34 拉维奈尔赫式三挡行星齿轮变速器

1—输入轴；2—前太阳轮；3—后太阳轮；4—长行星轮；5—短行星轮；6—行星架；7—齿圈；8—输出轴；C_1—前进离合器；C_2—倒挡及直接挡离合器；B_1—2 挡制动器；B_2—低挡及倒挡制动器；F_1—1 挡单向离合器

轮、行星架和齿圈组成一个单行星轮式行星排，称为前行星排；后太阳轮、短行星轮、长行星轮、行星架和齿圈组成一个双行星轮式行星排，称为后行星排。在拉维奈尔赫式行星齿轮机构中设置5个换挡执行元件（2个离合器、2个制动器和1个单向超越离合器），即可使之成为一个具有3个前进挡和1个倒挡的三挡行星齿轮变速器。

在5个换挡执行元件中，离合器C_1用于连接输入轴和后太阳轮，它在所有前进挡中都处于接合状态，故称为前进离合器。离合器C_2用于连接输入轴和前太阳轮，它在倒挡和3挡（直接挡）时接合，故称为倒挡及直接挡离合器。制动器B_1用于固定前太阳轮，它在2挡和倒挡时工作，故称为低挡及倒挡制动器。单向离合器F_1在逆时针方向对行星架具有锁止作用，它只在1挡时工作，故称为1挡单向离合器，各换挡执行元件在不同挡位的工作情况见表3-3。

表3-3 拉维奈尔赫式三挡行星齿轮变速器换挡执行元件工作情况

操纵手柄位置	挡位	换挡执行元件				
		C_1	C_2	B_1	B_2	F_1
D	1挡	○				○
	2挡	○		○		
	3挡	○	○			
R	倒挡		○		○	
S、L或2、1	1挡	○			○	
	2挡	○		○		

注：○—接合、制动或锁止。

下面分析拉维奈尔赫式三挡行星齿轮变速器各挡的动力传递路线和传动比。

（1）1挡。

当操纵手柄位于D位1挡时，前进离合器C_1接合，输入轴经前进离合器C_1和后太阳轮连接，使后太阳轮朝顺时针方向转动，并通过短行星轮和长行星轮带动齿圈朝顺时针方向旋转。由于齿圈通过输出轴和驱动轮连接，在汽车起步或1挡行驶时转速很低，长行星轮在带动齿圈朝顺时针方向转动时，对行星架产生一个朝逆时针方向的力矩，而F_1对行星架在逆时针方向具有锁止作用，从而使发动机动力经输入轴、后太阳轮、短行星轮、长行星轮传给齿圈和输出轴（图3-35）。由于此时行星架固定不动，$n_3 = 0$，齿圈和行星架由两行星排公用，因此此时的拉维奈尔赫式自动变速器只有1个自由度，有动力输出。从传动过程知，动力是直接由后行星排输出的，由后行星排特性方程$n_4 - a_2 n_2 = (1-a)n_3$，可求它的传动比$i_1 = n_4/n_2 = a_2$。

当汽车滑行、输出轴反向驱动行星齿轮变速器时，齿圈通过长行星轮对行星架产生朝顺时针方向的力矩，此时1挡单向离合器F_1脱离锁止状态，使行星架朝顺时针方向自由转动，行星齿轮机构因此失去传递动力的能力，无法实现发动机制动。

为了使1挡能产生发动机制动作用，可将操纵手柄拨入前进低挡（S、L或2、1）位置，使得前进离合器C_1和低挡及倒挡制动器B_2同时工作，行星架由低挡及倒挡制动器B_2固定，此时动力传递路线及传动比和前述1挡时完全相同（图3-36），由于行星

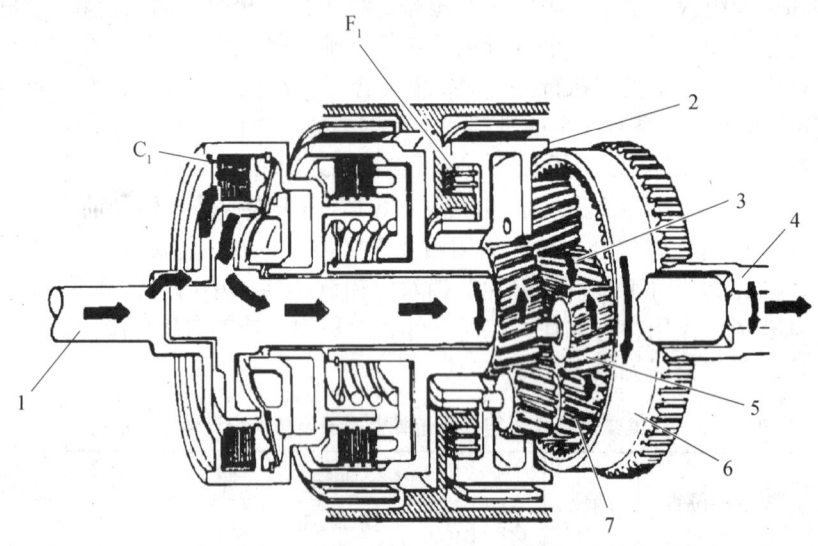

图3-35 拉维奈尔赫式三挡行星齿轮变速器1挡动力传递路线
1—输入轴；2—行星架；3—后太阳轮；4—输出轴；5—短行星轮；
6—齿圈；7—长行星轮；C_1—前进离合器；F_1—1挡单向离合器

架被固定不动，在汽车下坡或滑行时，驱动轮可以通过行星齿轮变速器反向制动发动机，利用发动机运转阻力实现发动机制动作用。

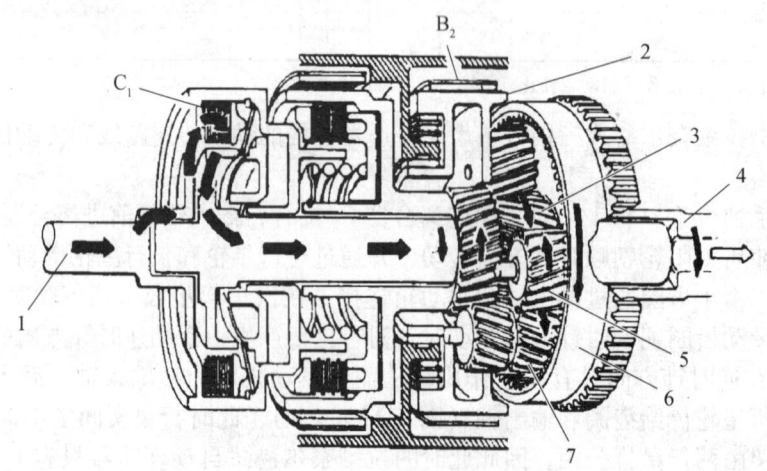

图3-36 有发动机制动作用的1挡动力传递路线
1—输入轴；2—行星架；3—后太阳轮；4—输出轴；5—短行星轮；
6—齿圈；7—长行星轮；C_1—前进离合器；B_2—低挡及倒挡制动器

(2) 2挡。

2挡时，前进离合器 C_1 和2挡制动器 B_1 一起工作。发动机动力经输入轴和前进离合器 C_1 传至后太阳轮，使后太阳轮朝顺时针方向转动，并通过短行星轮带动长行星轮朝顺时针方向转动。由于前太阳轮被2挡制动器 B_1 固定，因此长行星轮在做顺时针自转时，还将朝顺时针方向作公转，从而带动齿圈和输出轴以较快转速朝顺时针方向转动。此时发动机动力是由后太阳轮经短行星轮、长行星轮传至前行星排，再由前行星排传至齿圈和输出轴（图3-37）。

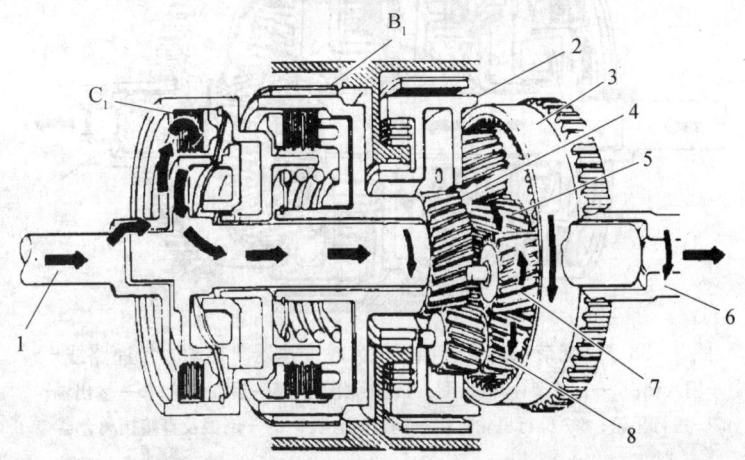

图3-37 拉维奈尔赫式三挡行星齿轮变速器2挡动力传递路线
1—输入轴；2—行星架；3—齿圈；4—前太阳轮；5—后太阳轮；6—输出轴；
7—短行星轮；8—长行星轮；C_1—前进离合器；B_1—2挡制动器

根据分析，前太阳轮转速 $n_1=0$，因此行星排只有1个自由度，有动力输出。从传动过程看，主动件是后太阳轮，被动件是后齿圈，对前行星排来讲，可列特性方程

$$n_1 + a_1 n_2 = (1 + a_1) n_3$$

由于 $n_1 = 0$，所以

$$a_1 n_2 = (1 + a_1) n_3，即 n_3 = a_1 n_2 / (1 + a_1)$$

对后行星排来讲，可列特性方程

$$n_4 = (1 - a_2) n_3 + a_2 n_2$$

将 n_3 代入，可求它的传动比为

$$i_2 = n_1 / n_2 = (a_1 + a_2) / (1 + a_1)$$

这种拉维奈尔赫式三挡行星齿轮变速器在2挡时具有反向传递动力的能力，在汽车滑行时能产生发动机制动作用。

(3) 3挡。

3挡时，前进离合器 C_1 和倒挡及直接挡离合器 C_2 同时接合，使输入轴同时和前后太阳轮连接。由于前后太阳轮成为一个整体，两者以相同的转速随输入轴转动，因此短行星轮和长行星轮不作自转，只能同前后太阳轮一起作公转，同时带动行星架以相同的转速随前后太阳轮转动，从而导致齿圈及前后行星排所有组件作为一个整体一起转动（图3-38）。发动机动力由前后太阳轮经前后行星排传至齿圈和输出轴，明显地，此时传动比 $i_3=1$，因此3挡是直接挡。

该行星齿轮变速器在3挡时具有反向传递动力的能力，即在汽车滑行时会产生发动机制动作用。

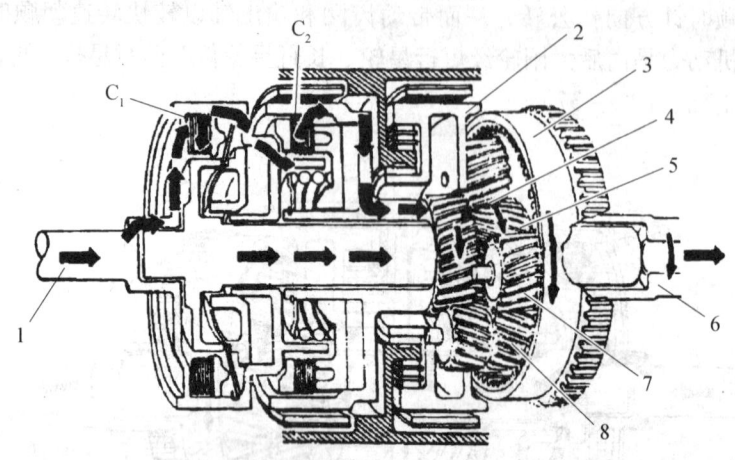

图 3-38 拉维奈尔赫式三挡行星齿轮变速器 3 挡动力传递路线
1—输入轴；2—行星架；3—齿圈；4—前太阳轮；5—后太阳轮；6—输出轴；
7—短行星轮；8—长行星轮；C_1—前进离合器；C_2—倒挡及直接挡离合器

(4) 倒挡。

倒挡时，倒挡及直接挡离合器 C_2 接合，使输入轴同前太阳轮连接，同时低挡及倒挡制动器 B_2 产生制动，将行星架固定。发动机动力经输入轴传给前太阳轮，使前太阳轮朝顺时针方向转动，并带动长行星轮朝逆时针方向转动。由于行星架固定不动，长行星轮只能作自转，从而带动齿圈和输出轴逆时针方向转动（图 3-39）。明显地，此时的传动比 $i = -a_1$。在倒挡时，该行星齿轮变速器也能实现发动机制动作用。

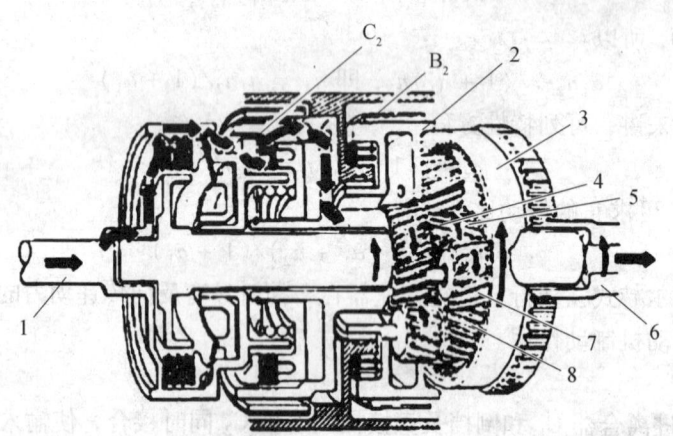

图 3-39 拉维奈尔赫式三挡行星齿轮变速器倒挡动力传递路线
1—输入轴；2—行星架；3—齿圈；4—前太阳轮；5—后太阳轮；6—输出轴；
7—短行星轮；8—长行星轮；C_2—倒挡及直接挡离合器；B_2—低挡及倒挡制动器

2. 改进后的拉维奈尔赫式三挡行星齿轮变速器结构与工作原理

改进后的拉维奈尔赫式三挡行星齿轮变速器，在输入轴和太阳轮之间增加了一个离合器和一个单向离合器，使 2 挡和 3 挡也有两种状态，即通过操纵手柄的位置可以选择具有发动机制动或没有发动机制动。图 3-40 为改进后的拉维奈尔赫式三挡行星齿轮变速器结构，在前进离合器 C_1 和后太阳轮之间串联了一个前进单向超越离合器 F_2。由于前进单向离合器 F_2 的单向传递动力的作用，输入轴上的发动机动力可以通过它传给后太阳轮，而后太阳轮上的反向驱动力则不能经过它传给输入轴。在输入轴和后太阳轮之间另外又设置了一个前进强制离合器 C_3。改进后的拉维奈尔赫式三挡行星齿轮变速器的工作特点是：

(1) 当操纵手柄位于 D 位时，前进离合器 C_1 接合，前进强制离合器 C_3 分离。这样，发动机动力经 C_1 和 F_2 传给后太阳轮，虽然传动比和传动路线与前述一致，但是，在汽车滑行时，由于 F_2 已脱离锁止状态，使后太阳轮可以自由转动，行星齿轮变速器失去反向传递动力的能力，不能产生发动机制动作用。

(2) 当操纵手柄位于前进低挡（S、L 或 2、1）位置时，前进强制离合器 C_3 接合，输入轴通过它直接和后太阳轮连接。此时该行星齿轮变速器各前进挡都能实现发动机制动作用。

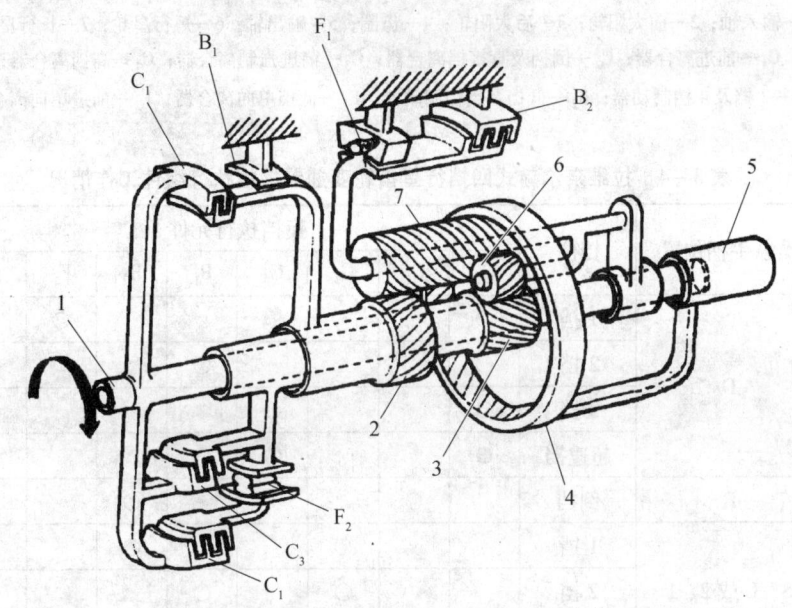

图 3-40　改进后的拉维奈尔赫式三挡行星齿轮变速器

1—输入轴；2—前太阳轮；3—后太阳轮；4—齿圈；5—输出轴；6—短行星轮；7—长行星轮；
C_1—前进离合器；C_2—倒挡及直接挡离合器；C_3—前进强制离合器；B_2—低挡及倒挡制动器；
F_1—低挡单向离合器；F_2—前进单向离合器

3. 拉维奈尔赫式四挡行星齿轮变速器与工作原理

在拉维奈尔赫式三挡行星齿轮变速器的输入轴和行星架之间增加一个离合器，就可以使之成为具有超速挡的四挡行星齿轮变速器。图 3-41 为拉维奈尔赫式四挡行星齿轮变速器结构。与拉维奈尔赫式三挡行星齿轮变速器相比，它仅仅在输入轴和行星架之间增加了一个高挡离合器 C_4。这种行星齿轮变速器在不同挡位下各换挡执行元件的工作情况如表 3-4 所示。

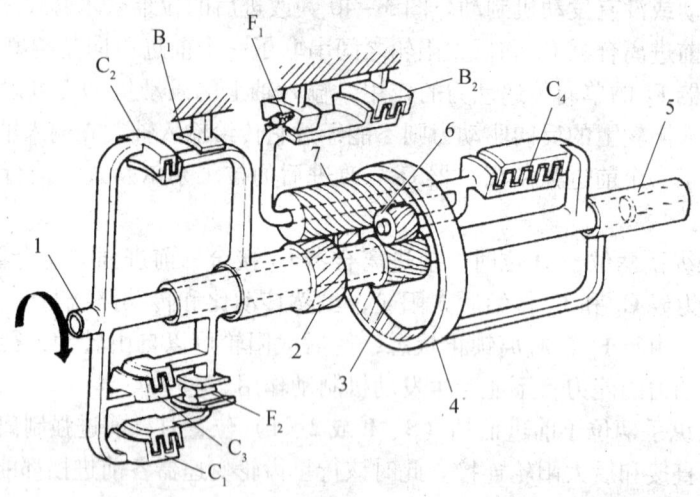

图 3-41 拉维奈尔赫式四挡行星齿轮变速器

1—输入轴；2—前太阳轮；3—后太阳轮；4—齿圈；5—输出轴；6—短行星轮；7—长行星轮；
C_1—前进离合器；C_2—倒挡及直接挡合器；C_3—前进强制离合器；C_4—高挡离合器；
B_1—2挡及4挡制动器；B_2—低挡及倒挡制动器；F_1—低挡单向离合器；F_2—前进单向离合器

表 3-4 拉维奈尔赫式四挡行星齿轮变速器换挡执行组件工作情况

操纵手柄位置	挡位	换挡执行元件						
		C_1	C_2	C_3	C_4	B_1	B_2	F_1	F_2
D	1挡	○						○	○
	2挡	○				○			○
	3挡	○			○				○
	超速挡	●			○	○			
R	倒挡		○				○		
S、L或2、1	1挡			○			○		
	2挡			○		○			
	3挡			○	○				

注：○—接合、制动或锁止；●—接合或制动，但不传递动力。

由表 3-4 可知，这种行星齿轮变速器的工作特点是：

(1) 在1挡、2挡及倒挡的工作情况和拉维奈尔赫式三挡行星齿轮变速器完全相同。

(2) 在3挡工作时，高挡离合器 C_4 和前进离合器 C_1 同时工作，使后行星排有2个基本组件互相连接，形成直接挡。

(3) 4挡时，高挡离合器 C_4 和2挡及4挡制动器 B_1 同时工作，使输入轴与行星架连接，同时前太阳轮被固定。发动机动力经 C_4 传至行星架，行星架带动长行星轮朝顺时针方向一边自转一边公转，并带动齿圈和输出轴朝顺时针方向转动；由此可知，动力由前行星排输出，当前太阳轮被固定，行星架输入，齿圈输出时，其传动比为 $i=$

$a_1/(1+a_1)$。由于其值小于1，所以4挡为超速挡。

采用这种自动变速器的有福特、马自达、奥迪等轿车。

第四节 几种常见轿车自动变速器

下面介绍几种常见轿车自动变速器，目的是为了更好地了解不同车型的自动变速器结构和更加熟练掌握挡位分析的方法，为今后快速维修、准确判断故障打下良好的基础。

一、通用轿车 Turbo Hydra-matifc 400 自动变速器

Turbo Hydra-matifc 400 自动变速器是由美国通用汽车公司生产的一种具有3个前进挡的液力控制自动变速器，用于凯迪拉克、雪佛兰、奥斯莫比尔等轿车。这种自动变速器采用3元件单级2相液力变扭器和由2个行星排组成的辛普森式三挡行星齿轮变速器。它的行星齿轮变速器中有7个换挡执行元件，即2个离合器、3个制动器（2个带式制动器和1个片式制动器）、2个单向离合器。其行星排和换挡执行元件的布置方式如图3-42所示。

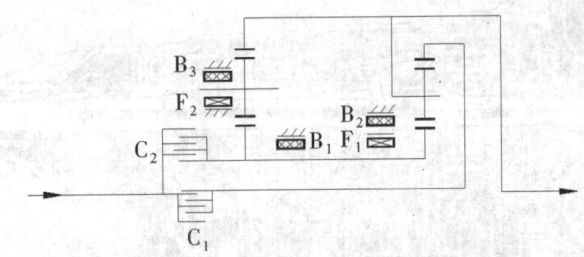

图3-42 Turbo Hydra-matfic 400 自动变速器

C_1—前进离合器；C_2—倒挡及高挡离合器；B_1—2挡强制制动带；B_2—2挡制动带

B_3—低挡及倒挡制动器；F_1—2挡单向离合器；F_2—低挡单向离合器

其换挡执行元件工作规律如表3-5所示。

表3-5 Turbo Hydra-matfic 400 自动变速器换挡执行元件工作规律

操纵手柄位置	挡位	换挡执行元件						
		C_1	C_2	B_1	B_2	B_3	F_1	F_2
D	1挡	○						○
	2挡	○			○		○	
	3挡	○	○					
L_2	1挡	○						○
	2挡	○		○	○			
L	1挡	○				○		
R	倒挡		○			○		

注：○接合、制动或锁止。

由表3-5可知，这种自动变速器的前进低挡位置有2个，即L_2和L。当操作手柄位于L_2位时，自动变速器只能在1挡、2挡范围内工作，其中2挡具有发动机制动作用；当操纵手柄位于L位时，自动变速器只能保持在1挡，并具有发动机制动作用；操纵手柄位于D位时，1挡、2挡、3挡都没有发动机制动作用。

二、丰田CROWN3.0轿车A340E自动变速器

丰田CROWN3.0（皇冠）轿车（2JZ—GE发动机）所用的A340E自动变速器是一种具有4个前进挡的电子控制自动变速器（图3-43）。A340E自动变速器的行星齿轮机构与装备在LEXUS LS400G型高级轿车上的A341E和A342E自动变速器完全一样。这种自动变速器采用了带锁止离合器的3元件单级2相式液力变扭器，由3个行星排组成的辛普森式四挡行星齿轮变速器，它的行星齿轮变速器中有10个换挡执行元件（图3-44）。其中行星排的结构、换挡执行元件的布置方式与A43D自动变速器基本相同，只是它的前后行星排的位置作了调换，2挡强制制动器采用带式制动器。

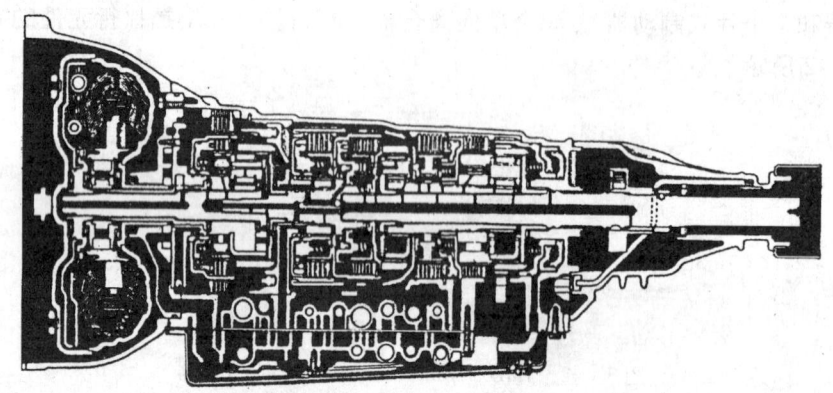

图3-43 A340E自动变速器

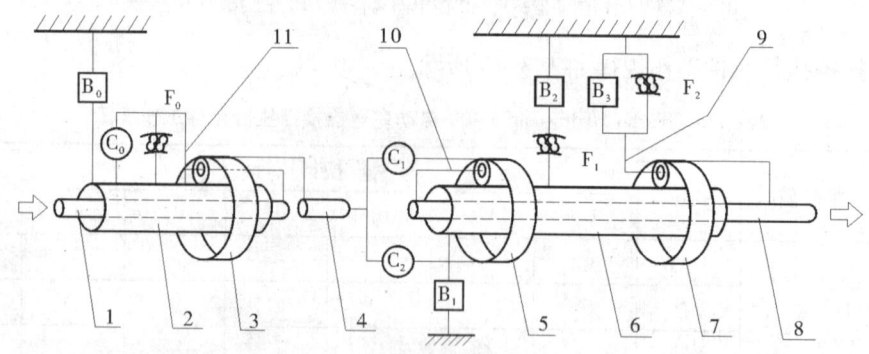

图3-44 丰田A340E自动变速器的结构示意图

1—超速输入轴；2—超速太阳齿轮；3—超速行星齿圈；4—中间轴；5—前行星齿圈；6—太阳齿轮；
7—后行星齿圈；8—输出轴；9—后行星架；10—前行星架；11—超速行星架；
C_0—超速离合器；B_0—超速制动器；F_0—单向离合器；C_1—前进离合器；C_2—直接离合器；
B_1—2挡强制制动带；B_2—2挡制动器；B_3—低挡、倒挡制动器；F_1—1号单向离合器；F_2—2号单向离合器

其换挡执行元件的工作规律如表3-6所示。

表 3-6　A340E 自动变速器换挡执行元件工作规律

操纵手柄位置	挡位	C₁	C₂	B₁	B₂	B₃	F₁	F₂	C₀	B₀	F₀
P	停车挡				○				○		○
R	倒挡		○			○			○		○
N	空挡								○		○
D	1挡	○						○	○		○
D	2挡	○			○		○		○		○
D	3挡	○	○		●				○		○
D	超速挡	○	○		●					○	
2	1挡	○						○	○		○
2	2挡	○		○	●		○		○		○
2	3挡	○	○	○	●				○		○
L	1挡	○				○			○		○
L	2挡	○		○	●				○		○

注：○接合、制动或锁止；●接合、制动，但不传递动力。

三、丰田 CAMRY 轿车 A540E 自动变速器

A540E 自动变速器是丰田汽车公司研制的一种前驱动四挡电子控制自动变速器，用于装有 3 VZ—FE 型电子控制汽油喷射式发动机的 CAMRY3.0（佳美）轿车。该自动变速器由带有锁止离合器的液力变扭器、3 个行星排辛普森式四挡行星齿轮变速器、电液式控制系统（与发动机控制系统共用一个电脑）、主减速器和差速器组成（图 3-45）。

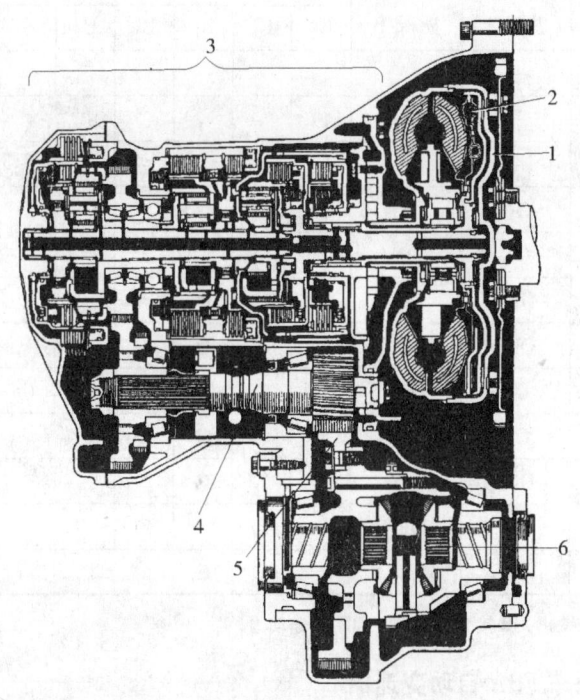

图 3-45　A540E 自动变速器
1—液力变扭器；2—锁止离合器；3—行星齿轮变速器；4—主减速器主动轴；5—主减速器从动齿轮；6—差速器

这种自动变速器的特点是超速行星排布置在变速器的后方,且行星齿轮变速器的动力由超速行星排齿圈上的输出齿轮传给主减速器主动轴。主减速器、差速器和变速器连成一体。图3-46是A540E自动变速器的3个行星排和10个换挡执行元件布置结构示意图。

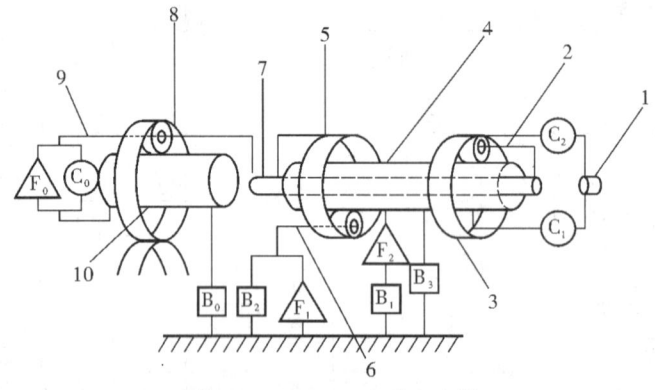

图3-46 A540E自动变速器

1—输入轴;2—前行星架;3—前齿圈;4—前后太阳轮组件;5—后齿圈;6—后行星架;7—中间轴;8—超速齿轮及输出齿轮;9—超速行星架;10—超速太阳轮;C_0—直接离合器;C_1—倒挡及高挡离合器;C_2—前进离合器;B_0—超速制动器;B_1—2挡制动器;B_2—低挡及倒挡制动器;B_3—2挡强制制动器;F_0—直接单向超越离合器;F_1—低挡单向超越离合器;F_2—2挡单向超越离合器

A540E自动变速器各部件的工作情况如表3-7所示。

表3-7 A540E自动变速器换挡执行元件工作规律

操纵手柄位置	挡位	换挡电磁阀A	换挡电磁阀B	C_1	C_2	B_1	B_2	B_3	F_1	F_2	C_0	B_0	F_0
P	停车挡	—	—								○		○
R	倒挡	—	—	○			○				○		○
N	空挡	—	—								○		○
D	1挡	ON	OFF		○				○		○		○
D	2挡	ON	ON		○	○				○	○		○
D	3挡	OFF	ON	○	○	●					○		○
D	超速挡	OFF	OFF		○	●						○	
2	1挡	ON	OFF		○				○		○		○
2	2挡	ON	ON		○	●			○	○	○		○
2	3挡	OFF	ON	○	○	●					○		○
L	1挡	ON	OFF		○		○				○		○
L	2挡	ON	ON		○	●		○			○		○

注:○接合、制动或锁止;●接合、制动,但不传递动力。

四、马自达轿车F3A自动变速器

F3A自动变速器是一种前驱动三挡液力控制自动变速器,用于马自达626等前轮驱动轿车。这种自动变速器由 3 元件单级 2 相液力变扭器、辛普森式三挡行星齿轮变速器、液力式控制系统、前桥主减速器、差速器等组成（图 3-47）。它的行星齿轮变速器和变扭器及输入轴布置在同一条轴线上。油泵位于行星齿轮变速器后端，输出齿轮位于行星齿轮变速器前端，主减速器和差速器位于另外两条与行星齿轮变速器平行的轴线上。行星齿轮变速器有 2 个行星排和 5 个换挡执行元件。换挡执行元件和行星排的布置方式见图 3-48。各换挡元件在不同挡位的工作情况见表 3-8。

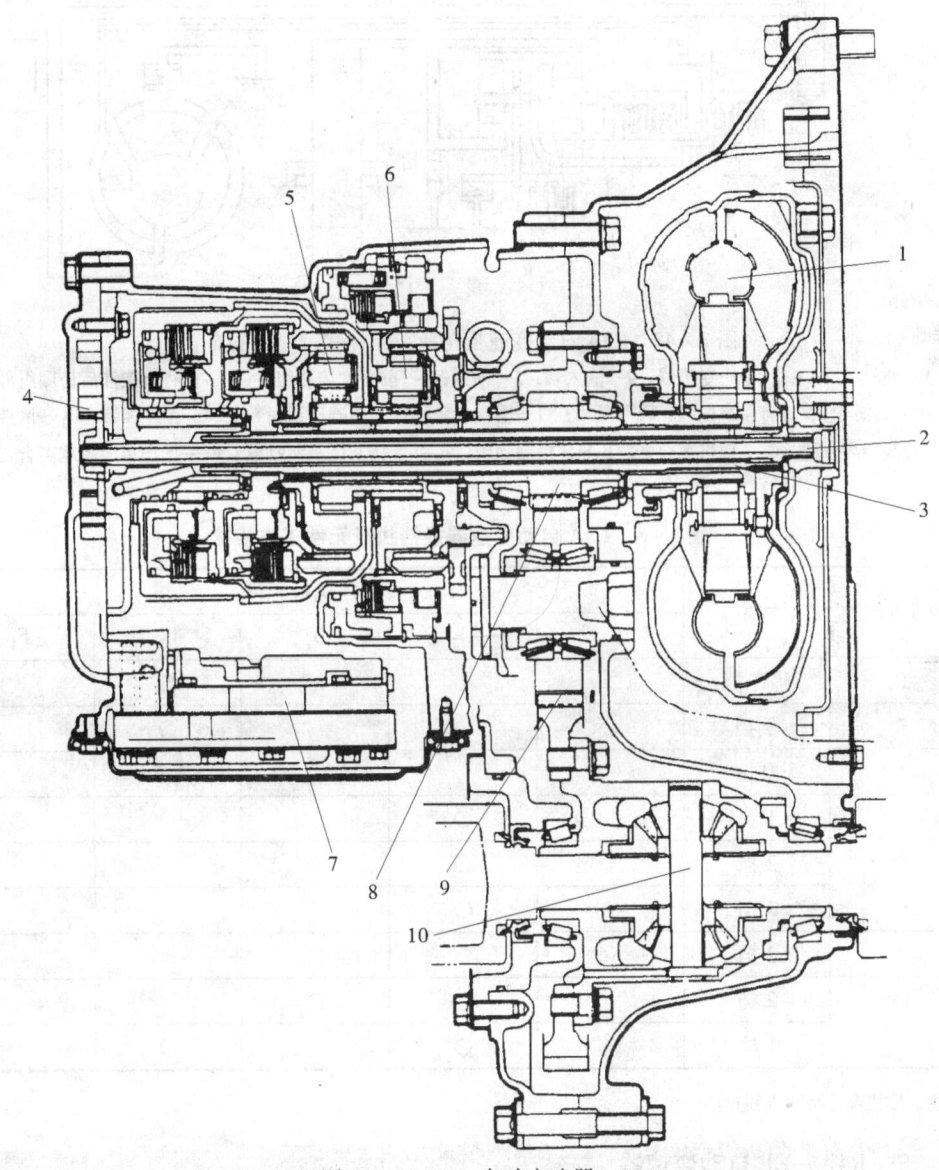

图 3-47 F3A 自动变速器
1—变扭器；2—油泵驱动轴；3—输入轴；4—油泵；5,6—行星排；7—阀板；8—输出齿轮；9—主减速器；10—差速器

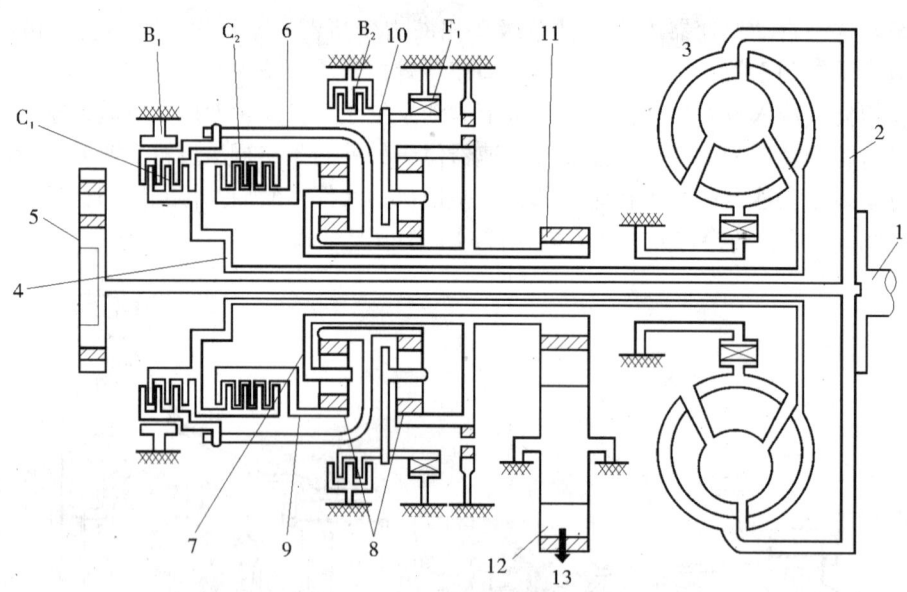

图3-48 F3A自动变速换挡执行元件和行星排的布置

1—曲轴；2—飞轮；3—变扭器；4—输入轴；5—油泵；6—前后太阳轮组件；7—前行星架和后齿圈组件；8—行星轮；9—前齿圈；10—后行星架；11—输出齿轮；12—主减速器齿轮；13—至差速器；C_1—倒挡及高挡离合器；C_2—前进离合器；B_1—2挡制动带；B_2—低挡及倒挡制动器；F_1—低挡单向超越离合器

表3-8 F3A自动变速器换挡执行元件工作规律

操纵手柄位置	挡位	换挡执行元件				
		C_1	C_2	B_1	B_2	F_1
P	停车挡				○	
R	倒挡	○			○	
N	空挡					
D	1挡		○			○
	2挡		○	○		
	3挡	○	○			
2	2挡		○	○		
1	2挡		○	○		
	1挡				○	

注：○接合、制动或锁止。

五、R4A—EL自动变速器

R4A—EL自动变速器是由日本自动变速器公司（JATCO）生产的一种新型的后驱动四挡电子控制自动变速器，用于尼桑、马自达、福特等轿车。这种自动变速器采用带有锁止离合器和减振弹簧的液力变扭器，由2个行星排和8个换挡执行元件组成的双行星排辛普森式四挡行星齿轮变速器、电液式控制系统及独立的控制电脑（图3-49）。它的行星排和换挡执行元件的布置方式如图3-50所示。

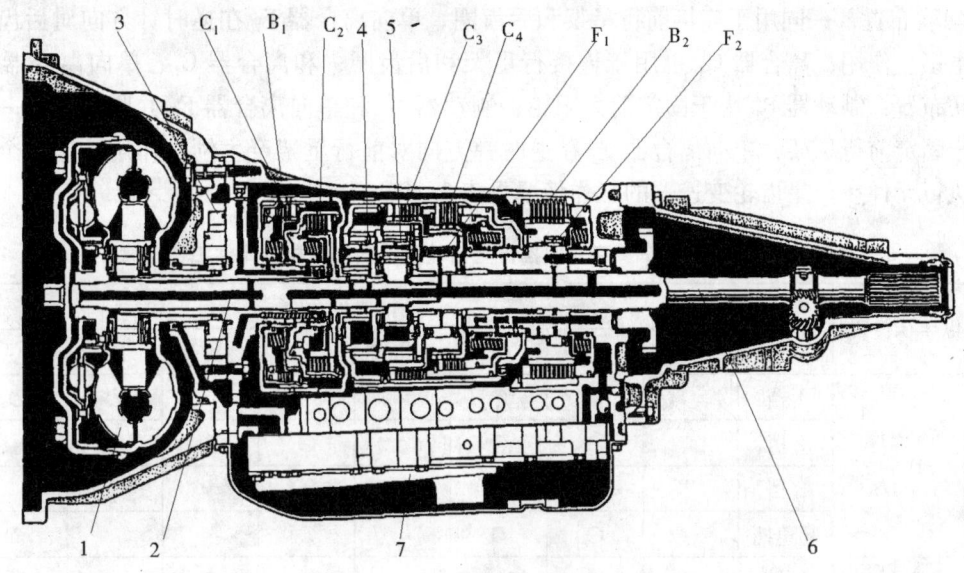

图3-49　R4A—EL自动变速器
1—变扭器；2—输入轴；3—油泵；4—前行星排；5—后行星排；6—输出轴；7—阀板；
C_1—倒挡离合器；C_2—高挡离合器；C_3—前进挡离合器；C_4—前进强制离合器；
B_1—2挡及4挡制动带；B_2—低挡及倒挡制动器；F_1—前进单向超越离合器；F_2—低挡单向超越离合器

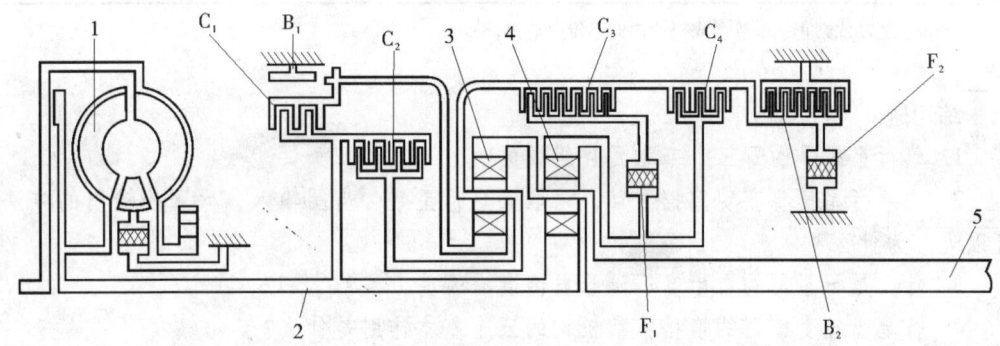

图3-50　R4A—EL自动变速器行星排和换挡执行元件的布置
1—变扭器；2—输入轴；3—前行星排；4—后行星排；5—输出轴；C_1—倒挡离合器；
C_2—高挡离合器；C_3—前进离合器；C_4—前进强制离合器；B_1—2挡及4挡制动带；
B_2—低挡及倒挡制动器；F_1—前进单向超越离合器；F_2—低挡单向超越离合器

这种辛普森式行星齿轮机构除了前齿圈和后行星架仍互相连接为一体之外，前行星排和后行星排的其他基本元件均是独立元件，因此，这两排行星齿轮机的自由度是3。

在这种辛普森式行星齿轮机构中，后太阳轮始终和输入轴连接，输出轴则与前齿圈和后行星架组件连接。该变速器设置4个离合器、2个制动器及2个单向离合器，就能使之成为具有4个前进挡和1个倒挡的四挡行星齿轮变速器，并且1挡、2挡、3挡都有两种工作状态，即有发动机制动和无发动机制动。在图3-49中，离合器C_1用于连接输入轴和前太阳轮；离合器C_2用于连接输入轴与前行星架；离合器C_3和单向离合器F_1串联布置，一同用于连接前行星架和后齿圈，单向离合器F_1在逆时针方向对后齿圈产生锁止作用；离合器C_4也用于连接行星架和后齿圈，和离合器C_3、单向离合器F_1并联布置；制动器B_1用于固定前太阳轮；制动器B_2和单向离合器F_2并联布置，一同用于固定前行星架，单向离合器F_2在逆时针方向对前行星架产生锁止作用。这8个换挡执行元件在行星齿轮变速器的工作情况见表3-9。

表3-9 双行星排辛普森式四挡行星齿轮变速器换挡执行元件工作规律

操纵手柄位置	挡位	换挡执行元件							
		C_1	C_2	C_3	C_4	B_1	B_2	F_1	F_2
D	1挡			○				○	○
	2挡			○		○			○
	3挡		○	○					
	超速挡		○	●		○			
R	倒挡	○					○		
S、L或2、1	1挡			●	○		○		
	2挡			●	○	○			
	3挡		○	●					

注：○接合、制动或锁止；●接合或制动，但不传递动力。

练习题

1. 单行星排是由哪三个基本元件组成的？
2. 一单行星排要实现倒挡传动，采取固定行星架、齿圈输入、太阳轮输出的方法，可以吗？为什么？
3. 什么是行星排的自由度？消除自由度有哪些方法？
4. 行星齿轮变速器的换挡执行机构的三个基本作用是什么？
5. 离合器有什么作用？它由什么组成？
6. 制动器有什么作用？它由什么组成？
7. 行星齿轮变速器的换挡执行机构采用单向超越离合器有什么好处？
8. 自动变速器操纵手柄有哪些？位置如何？各个位置的含义是什么？
9. 自动变速器的控制开关有哪些？各开关有什么作用？
10. 请画出红旗CA7560轿车行星齿轮变速机构传动简图，并进行挡位分析（即分析其动力路线和计算传动比）。
11. 请画出典型的辛普森式行星齿轮机构的传动简图，并作挡位分析。
12. 请分析本田ACCORD自动变速器各挡位的动力传递路线。
13. 请分析丰田A340E自动变速器各挡的动力传递路线。

14. 请分析丰田 A540E 自动变速器各挡的动力传递路线。
15. 请画出 F3A 自动变速器的结构简图，并作挡位分析。
16. 请画出 R4A—EL 自动变速器的结构简图，并作挡位分析。

第四章　控制系统结构与工作原理

自动变速器仅有液力变扭器、行星齿轮机构是不行的，液力变扭器要正常工作和行星齿轮机构自动换挡必须满足两个条件：①有向有关元件提供稳定的工作液压；②能够按照一定的换挡规律自动控制换挡执行元件工作的液压。因此，自动变速器的变扭器和行星齿轮机构只起到动力传递的作用，但是能否进行挡位的变换就需要控制系统了。控制系统的作用是根据自动变速器操纵手柄的位置以及汽车行驶状态（车速、负荷等因素），按照设定的换挡规律，在汽车行驶过程中自动选择挡位，并通过控制换挡执行元件的工作改变齿轮变速器的传动比，从而实现挡位的变换，同时又可以提供稳定的工作液压。

第一节　控制系统的组成

汽车自动变速器的控制系统按自动变速器的类型可分为液力式控制系统和电液式控制系统两大类。液力式控制系统是完全利用液压自动控制原理来实现各类控制的。在这种控制系统中，汽车的主要运转参数——节气门开度和车速，是以机械能转为液压能（信号）的方式传入控制系统，再由控制系统根据这两个信号自动控制变速器工作（图4-1）；电液式控制系统是利用电子控制的原理来完成各类控制的。在这种控制系统中，有将发动机及汽车运转的各种参数转为电信号的传感器，也有按照电脑发出的指令执行任务的执行器（主要是电磁阀）（图4-2）。

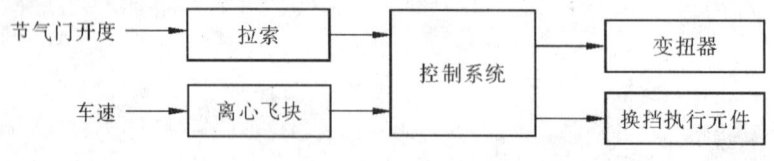

图4-1　液力式控制系统工作过程示意图

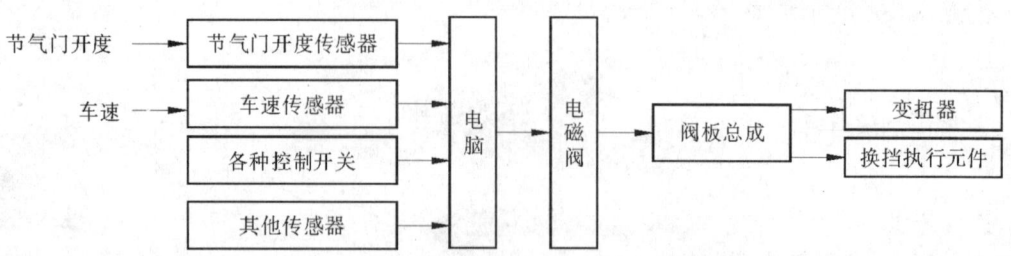

图4-2　电液式控制系统工作过程示意图

不论是电液式控制系统还是液力式控制系统，它们的自动变速器中的变扭器、油泵、行星齿轮机构三个部分的结构及工作原理都是相同的,要完成的主要任务也是相同的。其主要任务是:①控制油泵的泵油压力,使之符合自动变速器的各系统的工作要求;②根据操纵手柄的位置和汽车行驶的状态实现自动换挡;③控制变扭器中液压油的循环和冷却,以及控制变扭器中锁止离合器的工作。

由上述可知,自动变速器的控制系统应包含油泵、控制阀的阀板总成、液压控制管路、各种电磁阀、操纵手柄、控制开关、控制电路等(电子控制自动变速器的控制系统还包括各种传感器、执行器、电脑等)(图4-3)。

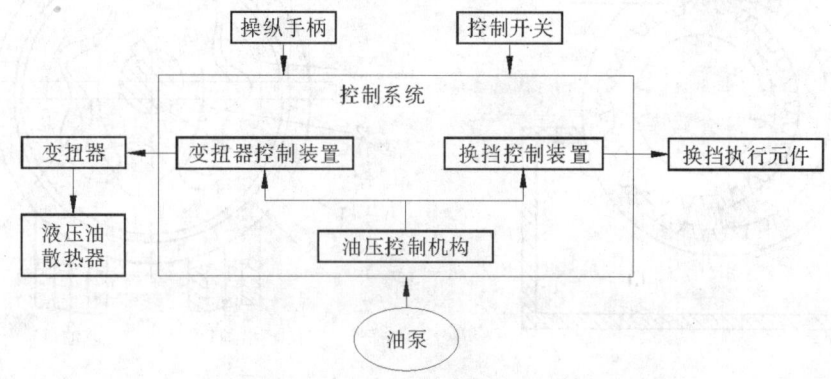

图4-3 自动变速器控制系统的组成

第二节 液力式控制系统的结构与工作原理

液力式控制系统应用于液力式自动变速器,这种控制系统的大部分控制阀都位于阀板总成中,经变速器壳体和变速器轴上的油道与油泵、变扭器及各个换挡执行元件相通。按各个控制阀的作用不同,可分为供油和调节部分,控制参数信号转换、换挡控制及各挡油路以及换挡品质的控制。

一、供油和调节部分

(一) 油泵及其辅助装置

1. 油泵

油泵是自动变速最重要的总成之一,一般安装于变扭器的后方,由变扭器壳后端的轴套驱动。只要发动机运转,油泵都是运转的。油泵的作用就是为自动变速器的变扭器、换挡执行机构、液压控制阀等部分提供所需一定压力的液压油,以保证其正常工作。油泵的类型有内啮合齿轮泵、转子泵和叶片泵三种,一般内啮合齿轮泵较多用。

(1) 齿轮泵。齿轮泵分为内啮合与外啮合两种,内啮合齿轮泵是自动变速器中应用最多的一种油泵,日本丰田汽车自动变速器都采用内啮合齿轮泵。内啮合齿轮泵主要由小齿轮、内齿轮、月牙形隔板、泵壳、泵盖等组成,小齿轮为主动齿轮,内齿轮为从动齿轮,两者都为渐开线齿轮。月牙形隔板的作用是将小齿轮和内齿轮之间不啮合部分隔开,分成吸油腔和压油腔,泵壳上有进油口和出油口(图4-4)。

当油泵转动时，变扭器壳体后端的轴套带动小齿轮和内齿轮一起朝圈中的顺时针方向转动，在齿轮脱离啮合的一端，容积由小变大，产生吸力，将液压油从进油口吸入，在齿轮进入啮合的一端，容积由大变小，将液压油从出油口排出。

（2）转子泵。转子泵又称摆线泵。马自达626轿车的自动变速器就是采用这种油泵。

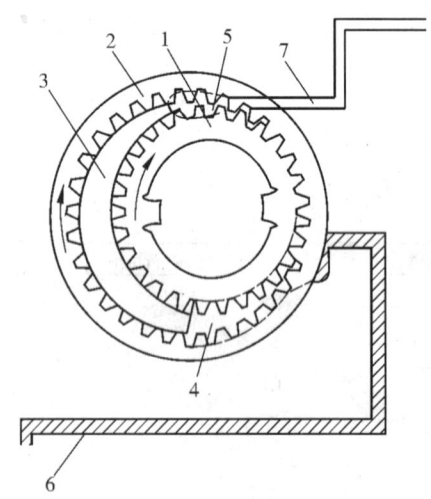

图4-4 内啮合齿轮泵

1—小齿轮；2—内齿轮；3—月牙形隔板；
4—吸油腔；5—压油腔；6—进油道；7—出油道

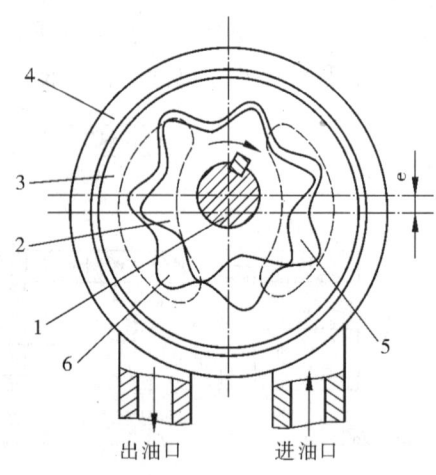

图4-5 转子泵

1—驱动轴；2—内转子；3—外转子；
4—泵壳；5—进油腔；6—出油腔

转子泵是由一对内啮合的转子及泵壳、泵盖等组成（图4-5）。内转子为外齿轮，齿廓曲线是外摆线；外转子为内齿轮，齿廓曲线为圆弧曲线。内外转子的旋转中心不同，两者之间有偏心距e。一般内转子的齿数可为4、6、8、10等，而外转子比内转子多1个齿。

发动机运转时，带动油泵内外转子朝相同方向旋转。内转子为主动齿轮，外转子的转速比内转子每圈慢1个齿。内转子的齿廓和外转子的齿廓是一对共轭曲线，它能保证在油泵运转时，不论内外转子转到什么位置，各齿均处于啮合状态，即内转子每个齿的齿廓曲线总有一点和外转子的齿廓曲线相接触，从而在内转子、外转子之间形成与内转子齿数相同的工作腔。这些工作腔的容积随着转子的旋转而不断变化，当转子朝顺时针方向旋转时，内转子、外转子中心线的右侧的各个工作腔的容积由小变大，将液压油从进油口吸入；在内转子、外转子中心线的左侧的各个工作腔的容积由大变小，将液压油从出油口排出。内转子的齿数越多，出油脉动就越小。通常自动变速器上所用的转子泵的内转子都是10个齿。

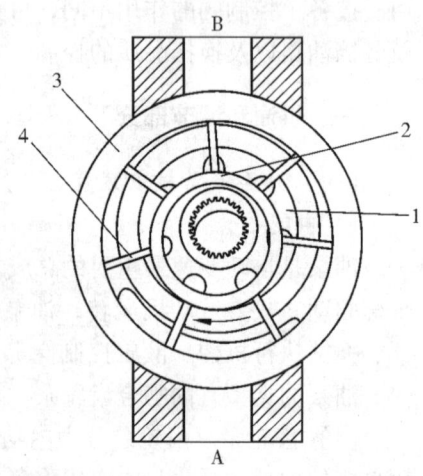

图4-6 叶片泵

1—转子；2—定位环；3—定子；4—叶片；
A—进油口；B—出油口

(3) 叶片泵。叶片泵由定子、转子、叶片及壳体、泵盖等组成（图4-6），具有运转平衡、噪音小、泵油流量均匀、容积效率高等优点。但叶片泵结构复杂，制造精度要求高，对液压油的污染较敏感。在自动变速器中应用较少。

转子由变扭器壳后端的轴套带动，绕其中心旋转；定子是固定不动的，转子与定子不同心，二者之间有一定的偏心距。

当转子旋转时，叶片在离心力或叶片底部的液压油压力的作用下向外张开，紧靠在定子的内表面上，并随转子一起转动，在转子叶片槽内作往复运动。这样在相邻的两叶片间便形成密封的工作腔。设转子朝顺时针方向旋转，在转子与定子中心连线的右半部的工作腔容积由小变大，将液压油从进油口吸入；在中心连线左半部的工作腔容积由大变小，将液压油从出油口压出。

(4) 变量泵。齿轮泵、转子泵、叶片泵的泵油量是随转速的增大而增大的，但它们的排量是不变的，故称为定量泵。定量泵的缺点是当发动机转速一定大时，在它的泵油量增大的同时，其运转阻力也增大，因此发动机负荷和油耗也增大，造成了一定的能量损失。为了改变这种状态，设计了一种变量泵，这种泵的泵油量能在发动机转速超过某一数值后就不再增加，从而减少了油泵在高速运转时的阻力。实际上变量泵是由叶片泵改变而成的，将叶片泵的定子不固定，可以绕一个销轴作一定的摆动，以改变定子与转子的偏心距（图4-7），从而改变油泵的排量。

在油泵运转时，定子的位置由定子侧面控制腔内来自油压调节阀的反馈油压来控制。当油泵转速较低时，泵油量小，油压调节阀将反馈油路关小，反馈压力下降，定子在回位弹簧的作用下绕销轴向顺时针方向摆动一个角度，使定子与转子的偏心距加大，油泵的排量也随之增大；当油泵的泵油量随转速的升高而增大时，油压调节阀使反馈油路开大，反馈油压上升，推动定子绕销

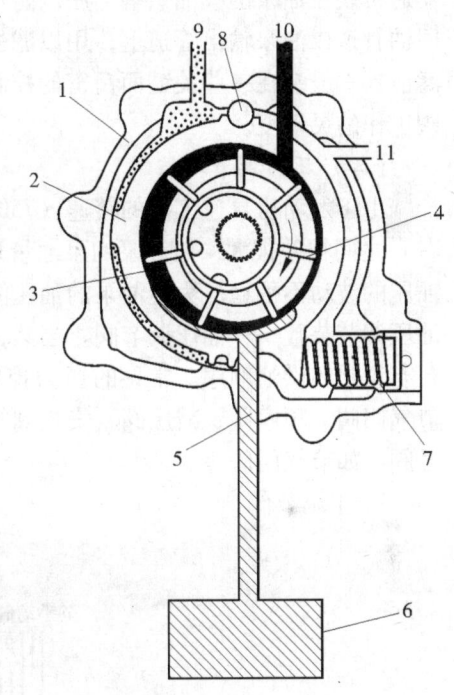

图4-7 变量泵
1—泵壳；2—定子；3—转子；4—叶片；
5—进油口；6—滤网；7—回位弹簧；8—销轴；
9—反馈油道；10—出油口；11—卸压口

轴逆时针方向摆动，定子与转子的偏心距减小，油泵的排油量也减小，从而降低了油泵的泵油量，直到出油压力降到原来的数值。

采用变量泵的车型有福特、马自达、大宇等轿车。

2. 辅助装置

供油部分的辅助装置一般有油箱和滤清器等。

(1) 油箱。油箱的作用是储存工作液，便于油泵的吸送，它的型式有整体式和分离式两种。整体式的把变速器的油底壳作为油箱，分离式的油箱则与变速器分开，由油管与变速器连通。

通常，油箱必须具有可靠的密封性，防止漏油或杂质进入，但一般油箱也有通气孔，以保证油箱内正常的大气压。在油箱的底部一般有磁铁，以吸收金属粉屑等杂质，可防止油道的堵塞和有关阀体的损伤。油箱在使用过程中还应注意液面的高度，当液面过低时，油液不足，油泵容易吸入空气，造成工作压力过低，并且使换挡过程中出现打滑或接合延迟，相关机件润滑不良而出现发热、损坏等现象；当液面过高时，则由于齿轮机构的旋转而使油液产生泡沫层，同样也会因吸入气泡而产生过热和打滑等现象。正确的油面高度应在油尺刻度的标度范围之内，油泵的吸口应低于油面的最低高度，以防吸入空气。

（2）滤清器。滤清器的作用就是对自动变速器内的工作油液进行过滤，以除去油液里面的金属颗粒、尘埃等杂质。它的型式有粗滤器、精滤器和专用滤清器三种。粗滤器通常装在油泵的吸油口端，用以防止较大颗粒或杂物进入供油系统；细滤器通常装在回油管道或油泵输出管道上，用以滤去油液的各种微小颗粒，提高油液的清洁度；专用滤清器一般装在一些关键而精密的控制阀前，以防止细微的杂物进入控制阀而影响控制阀工作的灵敏度。

(二) 压力调节与控制

由于发动机怠速工况的转速（750 r/min 左右）和发动机最高转速（6 000 r/min 左右）之间相差很大，而油泵的泵油量理论上又和发动机的转速成正比，因此容易造成油压的波动不平稳。为使油泵的油压能够稳定在一定范围内，就必须在油路中设置一个油压调节装置——油压调节阀。当然，在供油系统中，不但要保证正常的供油压力，也要有正常的供油顺序。常见的压力控制阀有：主调节阀（初级）、副调节阀（次级）、节气门阀、顺序阀、减压阀、安全阀等。其中有些阀虽然具有压力调节功能，但也是信号阀，如节气门阀等。

1. 主调节阀

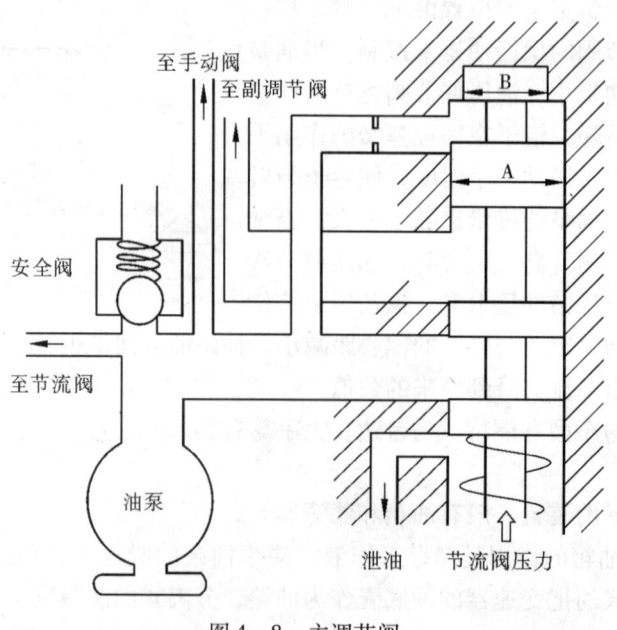

图 4-8 主调节阀

主调节阀又叫初级调节阀，由调节阀体、调节柱塞、弹簧等组成。它的作用是根据发动机转速和发动机负荷的变化，将油泵输出来的油压调节到规定值，形成稳定的工作液压，是最基本、最重要的压力。其构造如图4-8所示。在调节阀的上端有一节流孔，形成一反馈油压使柱塞下移；在柱塞下端作用有弹簧的弹力和节流阀压力，它们使阀体上移；在柱塞下端的旁边开有泄油口，用来泄流减压。其工作过程如下：

（1）当汽车在高速挡（3挡或4挡）以较高车速行驶时，油泵的转速也加快，泵油压力上升，柱塞上端的反馈油压加大，迫使柱塞克服弹簧、节流阀压力而下移，使得泄油口变大。此时油泵输出的油压有所降低，基本上保持了稳定，同时也可以减少油泵的运转阻力，省油。

（2）当油门开度较大时，由于负荷的增大而使节流阀压力升高，使得柱塞上移，泄油口变小，油泵输出的油压就有所上升。这要符合油门开度较大时，发动机输出功率和自动变速器所传递的扭矩都较大，离合器、制动器的接合要更加有力的要求。

（3）当倒挡时，手动阀打开一条油路到调节柱塞下方，使柱塞上移，泄油口变小，主油路油压升高，这符合倒挡时油压的要求。因为倒挡时汽车使用过程所占的时间很少，为了减小自动变速器的尺寸，倒挡离合器或倒挡制动器在设计上采用较少的摩擦片，因此工作时需要较高的油压，以防止其接合时打滑。倒挡的油压通常可达1～1.5 MPa，而一般前进挡时的主油路油压只有0.5～1 MPa。

2. 副调节阀

副调节阀又称次级调节阀，它的作用是根据节气门开度（即发动机的负荷）大小，自动调节液力变扭器和润滑油路的油压。其构造如图4-9所示。实际上它与主调节阀的控制原理基本相同，只不过控制对象不同罢了。当发动机转速很低或油门开度很小时，阀体在弹簧作用下上移，切断了通向冷却器的油路；当发动机转速较高时，来自主

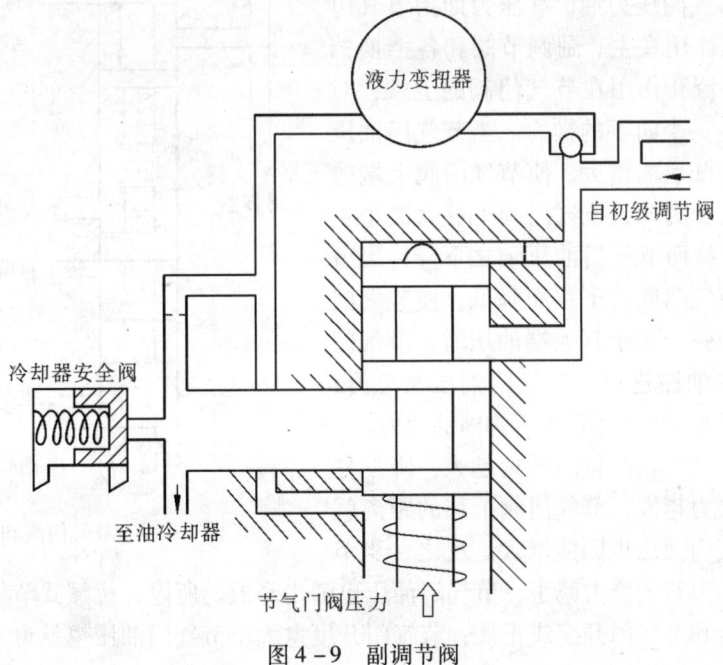

图4-9 副调节阀

调节阀的油压较大，阀体下移，接通了至冷却器的油路。冷却器安全阀的作用是防止冷却器油压过大，起到安全保护的目的；液力变扭器单向阀的作用是当发动机停转时，及时关闭变扭器油路，使变扭器贮存一定的油液，有利于下次快速起步。

二、控制参数信号转换

我们知道，自动变速器换挡的依据有三个主要的信号：节气门的开度、汽车的车速以及变速杆的位置。当变速杆的位置选定之后，控制是否换挡就以节气门开度和车速的大小作为主要的参数。因此，我们必须知道相关的信号是如何转变从而使换挡阀控制相应的挡位的。

（一）节气门阀结构与工作原理

节气门阀的作用是将发动机节气门开度的大小转变为液压信号，作用在主调节阀、副调节阀、各个换挡阀，使液压系统各路油压、变扭器内的油压以及各换挡阀的动作都与发动机负荷有关。

节气门阀的工作由节气门开度控制。根据控制方式的不同，节气门阀可分为机械式节气门阀和真空式节气门阀两种。

1. 机械式节气门阀

节气门阀和降挡柱塞安装在同一阀孔中。节气门阀上下两端都有弹簧，降挡柱塞下端有一滚轮，滚轮与节气门阀凸轮接触，凸轮由节气门拉索与节气门相连，油门踏板的动作带动降挡柱塞和节气门阀一起动作。如图4-10所示。来自油泵的主油路压力油经节气门阀节流减压后成为节气门压力油，其压力即为节气门油压。该油压作用在主、副调节阀和各挡换挡阀，经一个节流孔作用在节气门阀的上端，对节气门阀产生一个向下的推力。当节气门油压随节气门阀的开启而增大，使节气门阀上端的油压大于弹簧弹力时，节气门阀下移而关小主油路的进口，从而节气门油压随之下降；当节气门油压随节气门阀的下移而降低，使节气门阀下端弹簧的弹力大于其上端油压时，节气门阀上移开大主油路进口，节气门油压又上升，可见，节气门油压的大小取决于弹簧的弹力。

油门开度越大，凸轮的转角越大，降挡柱塞压缩弹簧的力越大，节气门阀上移的距离就大，输出节气门油压也因此增大。反之，当节

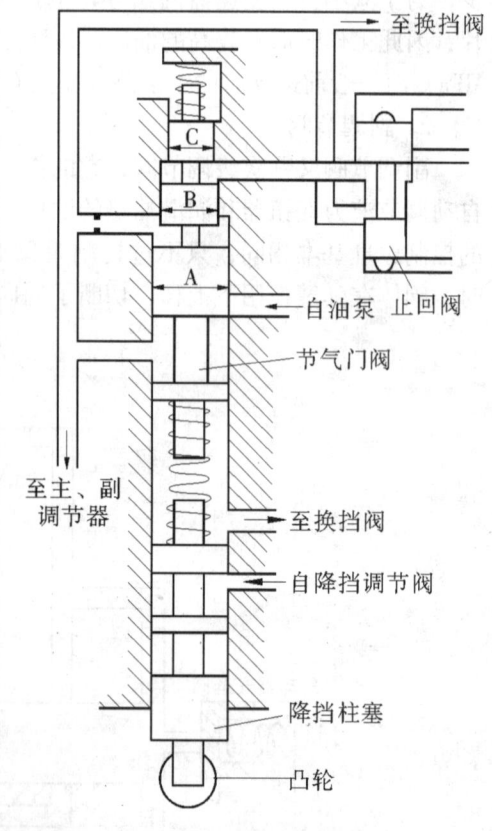

图4-10 节气门阀和止回阀

气门关小时，弹簧的弹力减小，节气门油压也随之降低。所以，机械式节气门阀所产生的节气门油压和节气门开度成正比：节气门开度愈大，节气门油压也就愈大。

另外，当节气门开度达到86%以上时，降挡柱塞就打开一条来自降挡调节阀与换挡阀之间的油路，使相应挡位的换挡阀移动，实行强制降挡。

在节气门阀附近还装有一止回阀。止回阀的位置是由节气门阀压力和调速器调节阀压力决定的。止回阀的作用是根据变速器的工况，调节节气门阀输出压力。当变速器操纵杆位于P、R和N位置时，止回阀处于上端，节气门阀最上一环带泄油，节气门阀容易处于上端，输出节气门压力增大，其作用于主调节阀的油压也增大，使得主油路油压也增大，这样对汽车起步或倒车都是有利的。当变速器操纵杆在D、2、L位时，止回阀在调速器调节阀压力的作用下处于下端，使节气门阀输出压力油作用在节气门阀最上一环带，增大了节气门阀复位的作用力，使输出节气门油压减少。这样，一方面使主油路压力减少，有利于汽车起步后的升挡，另一方面，减少油泵的功率损耗。

2. 真空式节气门阀

真空式节气门阀由真空膜盒、推杆、膜片、阀体等组成（图4-11）。真空膜片将膜盒分成上下两个气室，上气室经D孔与发动机送气歧管相通，下气室通大气。主油路压力油由A油口入，然后产生的节气门油压由B油口出。并且在阀体的下端也作用一个节气门油压，对阀体产生一个向上的推力。油口C与泄油道相通。当发动机节气门开度较小时，在膜片上方产生的真空度较大，膜片克服弹簧的作用力而上凸，阀体下端受节气门油压的作用而上移，关小了主油路的进口，故产生的节气门油压较小；反之，当发动机节气门的开度较大时，膜盒上气室的真空度较小，膜片在弹簧的作用下而下凹，当推杆对阀体上端的作用力大于节气门油压对阀体下端的作用力时，阀体下移，开大了主油路进油口，输出的节气门油压也增大。当节气门油压等于膜片对阀体的推力时，阀体保持平衡。因此，真空式节气门阀所调节的节气门油压也随节气门开度的增大而增大。

（二）调速器

调速器的作用是将车速的大小转换为液压信号，与节气门油压一起，共同控制换挡阀的工作。一般安装在自动变速器输出轴上，与输出轴一起转动；或安装在自动变速器壳体上，通过齿轮与输出轴连接。按其工作原理，调速器又可分为泄压式和节流式两种。

1. 泄压式调速器结构与工作原理

泄压式调速器的工作原理如图4-12所示，主油路压力油经节流孔后进入调速器，

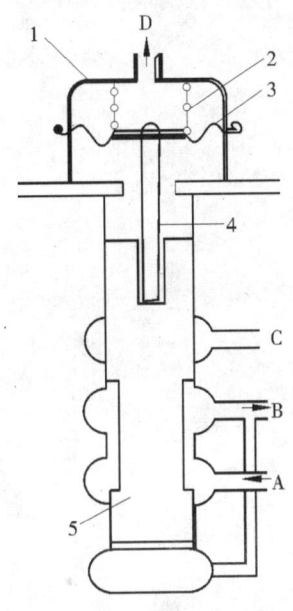

图4-11 真空式节气门阀
1—真空膜盒；2—膜片弹簧；
3—膜片；4—推杆；5—阀体

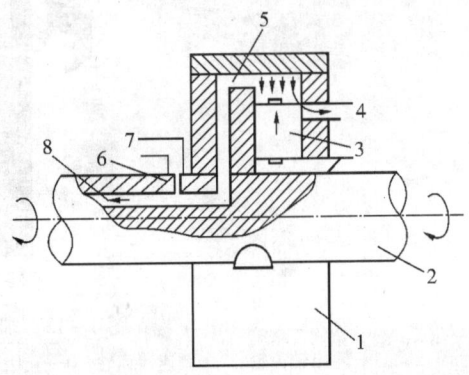

图4-12 泄压式调速器的工作原理示意图
1—调速器；2—输出轴；3—滑阀；4—泄油孔；
5—调速器油路；6—节流孔；7—主油路；8—至换挡阀

经调速器调压后产生调速器油压,作用至换挡阀。当输出轴转速较低时,滑阀处于下端,泄油孔的开口较大,泄油量较多,调速器输出的油压也较低。相反,当输出轴转速较高时,滑阀在离心力作用下外移,克服油压的作用而关小泄油孔,从而使调速器输出油压较高。总之,调速器输出的油压随车速的升高而增大。

我们知道,调速器输出的油压越大,自动变速器越容易升上更高一挡。因此,为了使这种特性能够满足汽车实际使用要求,并使汽车获得最佳的油耗,要求调速器在低速和高速应有不同的工作特性。因此,在实际使用中的调速器都是双级调速器,如图4-13所示。

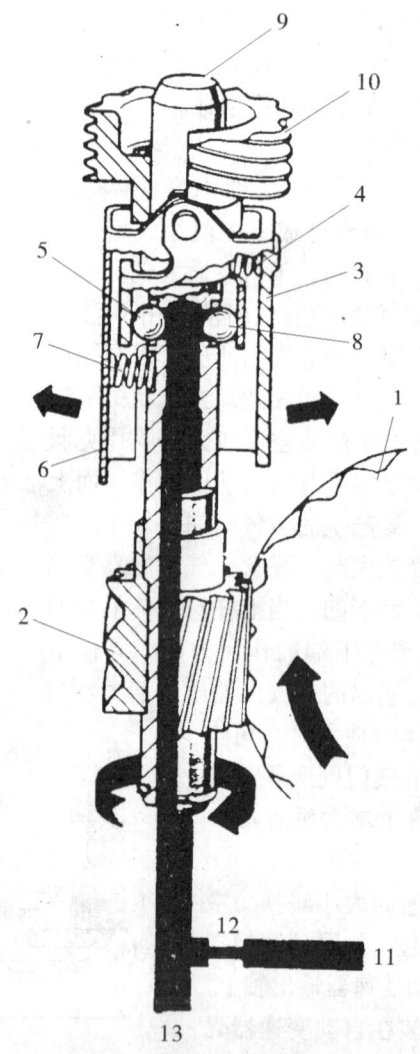

图4-13 泄压式双级调速器
1—输出轴齿轮;2—调速器齿轮;3—初级飞块;4—初级调速弹簧;5—初级泄油孔钢球;
6—次级飞块;7—次级调速弹簧;8—次级泄油孔钢球;9—调速器轴;
10—车速表驱动齿轮;11—主油路压力油;12—节流孔;13—调速器压力油

双级调速器安装在自动变速器的壳体上,有两个离心飞块,初级飞块的质量比次级飞块的大，它们都是经过两个钢球控制泄油孔的开度。当输出轴转动时，飞块在离心力和弹簧力的共同作用下张开，将泄油孔上的钢球内压，泄油孔开口减小，调速器输出油压上升。初级飞块的调速弹簧的弹力较次级飞块调速弹簧的弹力小。故在低速区工作时，次级飞块在弹簧力作用下将次级泄油孔关闭，初级飞块质量较大，离心力增大较快，使调速器输出油压随车速增大而较快升高。在高速区，初级飞块由于在离心力作用下外甩而将初级泄油孔关死。当调速器油压继续升高时，将推开次级泄油孔的钢球，从而使调速器的油压由次级飞块来控制。但次级飞块质量较轻，因此，在高速区，调速器油压升高缓慢。

这种调速器在低速区，调速器油压随车速变化较大，从而使汽车起步后自动变速器及时地由低速挡升至中速挡，防止因升挡过迟而使发动机转速过高，增加油耗；在高速区，调速器油压随车速变化较小，从而使汽车由中速升到高速之前有足够的加速时间，防止过早升挡而影响汽车动力性。

2. 节流式调速器结构与工作原理

图4-14所示是节流式双级调速器，由滑阀、重块、销轴、壳体和弹簧等组成。滑阀的重量较小，重块的质量较大。在汽车前进行驶中，当在低速区工作时，重块与滑阀在离心力作用下一起外移，打开进油孔。主油路压力油经进油孔节流减压后成为调速器压力油作用在各个换挡阀。当作用在滑阀上的油压等于滑阀与重块离心力之和时，重块和滑阀停止外移。当车速继续升高时，重块带动销轴外移，直至销轴内端平面靠在调速器外壳的台阶为止。此后，即使车速再高，重块也不外移。当车速进一步升高时，滑阀在离心力作用下外移，由于滑阀的质量较小，其离心力随转速的提高而增大较慢，因而使调速器的油压随车速升高而缓慢增大。

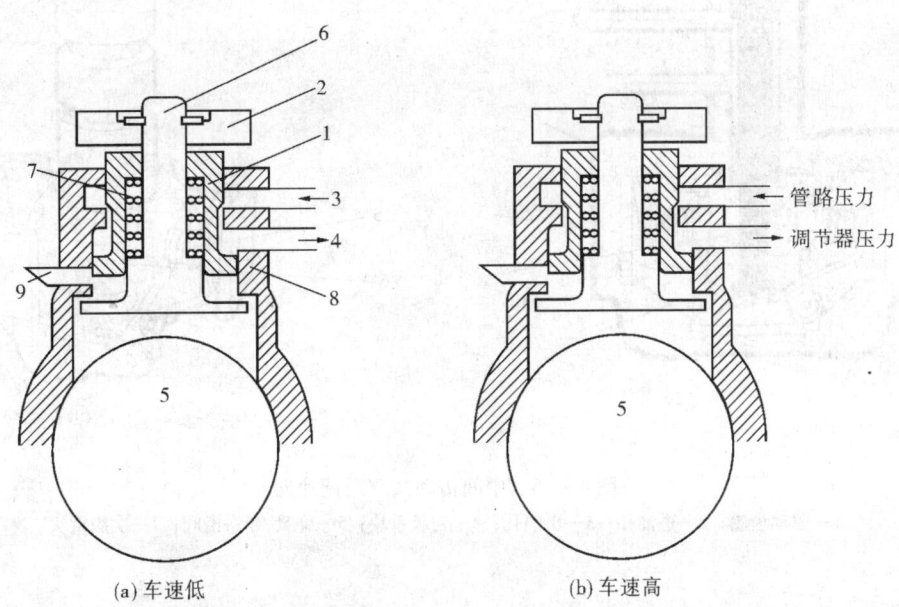

图4-14 节流式双级调速器
1—滑阀；2—重块；3—进油孔；4—出油孔；5—输出轴；6—销轴；7—弹簧；8—调速器外壳；9—泄油孔

节流式双级调速器的工作特性如图 4-15 所示。在低速区，由于调速器油压随车速变化较大，从而使汽车起步后自动变速器及时地由低挡升至中挡，防止因升挡过迟而使发动机转速过高，增加油耗。在高速区，由于调速器油压随车速变化较小，从而使汽车由中速挡升到高速挡之前有足够的加速时间，防止过早升挡而影响汽车的动力性。

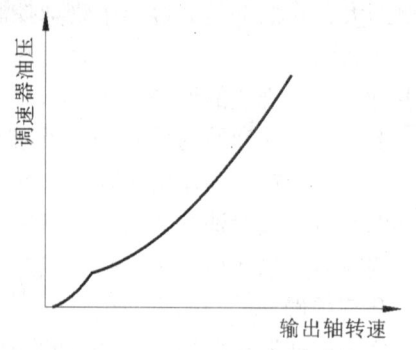

图 4-15 双级式调速器工作特性

安装在输出轴上的调速器结构简单、工作可靠。发动机前置、后轮驱动的自动变速器都是采用这种布置方式的调速器。前轮驱动汽车的自动变速器由于结构布置上的特点，通常将调速器安装在自动变速器壳体上，通过齿轮和输出轴连接。这种调速器称为中间传动式调速器。它的特点是拆装方便，在使用中出现故障时，不必拆卸变速器总成就能从壳体上将调速器整个取下。图 4-16 为中间传动式双级调速器，它与节流式双级调速器的原理相同，同样具有低速区和高速区不同的工作特性，使得自动变速器在低速区和高速区具有不同的换挡规律。

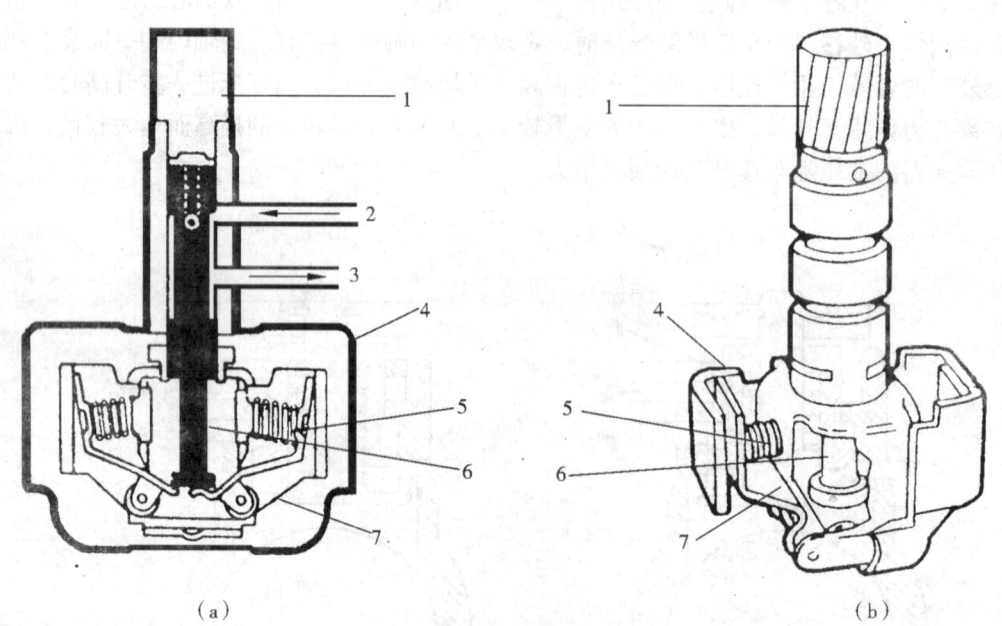

图 4-16 中间传动式双级调速器
1—驱动齿轮；2—进油孔；3—出油孔；4—初级重块；5—弹簧；6—滑阀；7—次级重块

（三）手动阀

手动阀实际上是一种多路换向阀，位于控制系统的阀板总成中，由驾驶员经和机械传动机构连接的操纵手柄进行控制，实现自动变速器挡位油路的切换（图 4-17）。操纵手柄的位置不同，进入手动阀的主油路与不同的控制油路接通，或直接将主油路的压力油送入相应的换挡执行元件（如 C_1、C_2 等），并让不参加工作的控制油路与泄油孔接通，使这些油路中的压力油泄空，从而使控制系统及自动变速器处于不同的挡位及工作状态。

图 4-18 是丰田 A43D 自动变速器的手动阀。

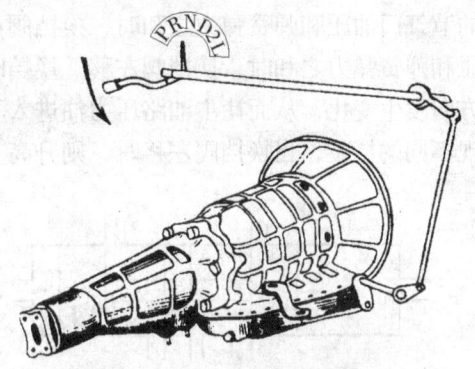

图 4-17　操纵手柄与手动阀的连接

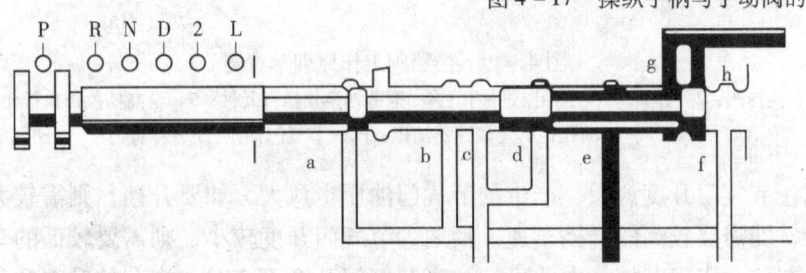

图 4-18　丰田 A43D 自动变速器手动阀

油道 a 和 b——通到 2—3 换挡阀阻止其升挡动作，并通到制动器 B_1；

油道 c 和 d——前进挡油道；油道 e——从油泵来；油道 f——通到倒挡执行元件；

油道 g 和 h——通到 1—2 换挡阀阻止其升挡动作，并通到倒挡和低挡制动器

手动阀在各个位置时自动变速器自动换挡范围和手动阀油路如表 4-1 所示。

表 4-1　丰田 A43D 自动变速器自动换挡范围和手动阀油路

操纵手柄位置	自动换挡范围	与主油路 e 相通的油道
P	停车	——
R	倒挡	f、g、h
N	空挡	
D	1～4 挡自动换挡	c、d
2	不能由 2 挡升 3 挡	a、b、c、d
L	只能在 1 挡行驶	a、b、c、d、g、h

各种车型自动变速器手动阀的型式和结构往往有很大的不同，但它们利用改变油路来实现换挡的工作原理是相同的。

（四）换挡阀

当汽车自动变速器的操纵手柄的位置确定，汽车处于前进挡行驶并允许继续升挡时，自动变速器升挡或降挡取决于换挡阀所处的工作位置。换挡阀所处的工作位置一般受两个信号的控制，一个是节气门油压，它表征负荷的大小；另一个是调速器油压，它表征车速的快慢。图 4-19 是换挡阀基本工作原理示意图。当右端的调速器油压小于左端

的节气门油压和弹簧弹力之和时,换挡阀右移;当右端的调速器油压大于左端的节气门油压和弹簧弹力之和时,换挡阀左移。换挡阀方向的改变,开启或关闭主油路,使主油路的方向发生变化,从而让主油路压力油进入不同的换挡执行元件,使之处于工作状态,以实现不同的挡位,当换挡阀左移时,则升高1个挡位,右移时,则降低1个挡位。

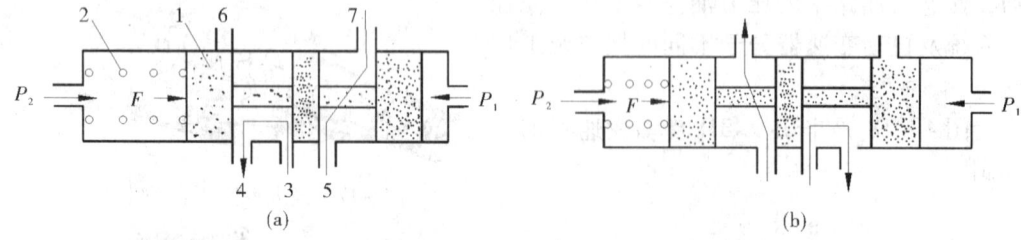

图 4-19 换挡阀工作原理示意图
1—换挡阀;2—弹簧;3—主油路进油孔;4—至低挡换挡执行元件;5—至高挡换挡执行元件;
6、7—泄油孔;P_1—调速器油压;P_2—节气门油压;F—弹簧力

因此,节气门开度愈大,产生的节气门油压也愈大,如要升挡,则需较大的调速器油压才行,即需要较高的升挡车速。反之,节气门开度较小,则需要较低的车速,换挡阀就可以左移,实现升挡。由此可知,当节气门开度不变时,汽车的升挡和降挡时刻完全取决于车速。这种换挡车速随节气门开度变化的规律是符合汽车的实际使用要求的。比如当汽车行驶阻力较大时(如爬坡),驾驶员必须将油门保持在较大的开度才能保证汽车加速,此时汽车的升挡车速也较高,以防止过早换挡而导致"拖挡"现象。相反,当汽车平路行驶或载重较轻时,油门开度较小,换挡车速也较低,以节省燃油。

有些自动变速器用主油路油压代替节气门油压来控制换挡阀的工作,由于主油路的油压在一定程度上也是随节气门开度增大而升高的,因此其控制原理是相同的。

实际的换挡阀结构比图 4-19 所示要复杂得多,下面以丰田 A43D 自动变速器 1—2 换挡阀来加以说明(图 4-20)。1—2 换挡阀是控制自动变速器 1—2 挡的升降,由低挡滑行换挡阀、弹簧以及阀体等组成。当驾驶员将挡位选择杆置于 D 位,车速较低时,未达到 1—2 挡的换挡点时,作用在 1—2 换挡阀下端的调速器油压 P_V 较小,阀体在节气门阀控制液压 P_a 和弹簧弹力的作用下处于下端,切断了手动阀通向 2 挡制动器 B_2 的油路,由于在前进挡位时前进离合器 C_1 始终处于接合状态(手动阀将主油路油压直接送入 C_1),自动变速器处于 1 挡;当车速升高到 1—2 挡的换挡点时,P_V 增大。P_V 产生的力大于 P_a 产生的力和弹簧张力总和时,阀体上移,打开了 2 挡制动器 B_2 的油路,B_2 工作进入 2 挡,同时,也打开一条油路到 2—3 换挡阀(即 1—2 挡不工作时,2—3 挡是没有工作油压的),以便控制直接离合器 C_2 的工作。

在换挡阀移至 2 挡位置的同时,关闭了节气门信号油压 P_a,而且原作用在上端的 P_a 与泄油道相通,从而卸除了作用在上端的压力 P_a。这时,作用在换挡阀上端的仅有弹簧的弹力。它的作用有两个:第一,可使换挡阀迅速上移,以防止换挡过程过分缓慢,引起离合器片或制动带的烧损;第二,在相同的油门开度下,若阀体要下移换入 1 挡,则 P_V 产生的力要小于弹簧的张力,即降挡时的 P_V 要小于升挡时的 P_V,也就是降挡时的车速要比升挡时车速低,从而造成升降挡速差,避免汽车在行驶中频繁跳挡,减

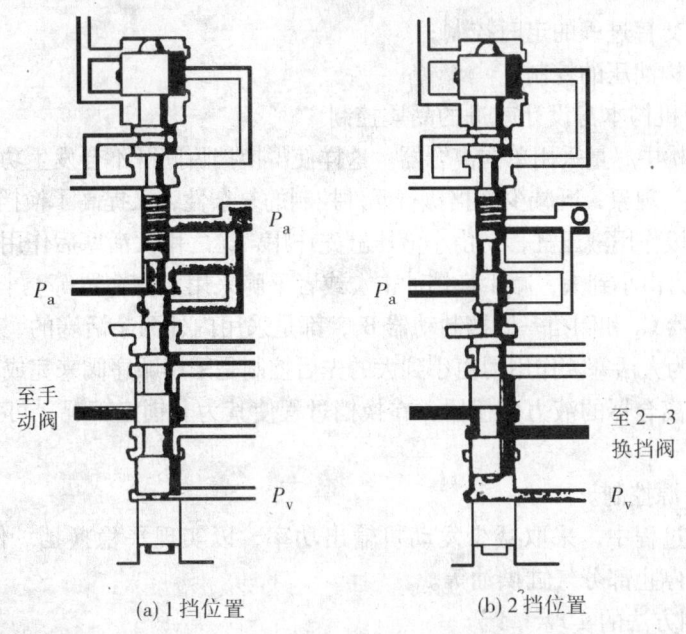

图 4-20 丰田 A43D 1—2 换挡阀

少换挡执行元件的磨损。

当节气门开度超过 86% 时，来自降挡柱塞的液压作用于阀体，使阀体下移，实现强制降入 1 挡。

当变速杆在闭锁挡 L 位置时，手动阀打开一条油路作用于低挡滑行换挡阀上端，使阀体下移到 1 挡位置，同时，这一油路通低挡——倒挡制动器 B_3，B_3 工作，自动变速器进入闭锁 1 挡。

同理，当变速杆在闭锁 2 位时，手动阀打开一条油路到 2—3 换挡阀，使阀体不能上移，使自动变速器只能在 1—2 挡间工作。

当挂倒挡时，手动阀打开一条油路通过低挡滑行阀使阀体下移，并连通低挡——倒挡制动器 B_3，同时手动阀也打开一条油路给直接离合器 C_2，撤销了前进离合器 C_1 的油路，因此，自动变速器处于倒挡。

由于每个换挡阀只有两个位置，因此它只能控制相邻两个挡位的升挡和降挡过程，这样，3 挡自动变速器就有 2 个换挡阀，分别用于控制 1—2 挡的升降挡和 2—3 挡的升降挡。4 挡自动变速器则应有 3 个换挡阀，分别控制 1—2 挡、2—3 挡、3—4 挡的升降挡。

虽然各种自动变速器换挡阀对换挡执行元件的控制方式不完全相同，但其工作原理是相似的。

(五) 改善换挡品质的装置结构与工作原理

各种自动变速器中用于改善换挡品质的装置很多，它们的目的只有一个，即使换挡执行元件的接合更为柔和，使换挡平稳，无冲击。这也是自动变速器的一项重要的指标。

1. 改变换挡品质的控制途径
(1) 从执行机构外部进行品质控制。
①保证执行机构平稳接合的缓冲控制；

②摩擦元件交替过程的定时控制；

③对执行机构油压的控制。

(2) 从执行机构本身设计改进的品质控制。

①在传动机构中尽量采用单向离合器。这样使得换挡瞬间既不会发生功率中断，也不会出现"双锁止"现象，既减少换挡执行元件控制的复杂性，又提高了换挡的平顺性。

②采用分阶段作用液压缸，初由小液压缸先作用，继之由大活塞后作用，使得离合器或制动器的作用力由小到大，减少换挡冲击。或者干脆采用双离合器等。丰田A43D自动变速器的后离合器C_2和倒挡—低挡制动器B_3，都是采用内外两个活塞的，一般外活塞为小活塞，内活塞为大活塞。作用力由小到大的先后控制是采用顺序阀来完成的。

③采用锁定离合器的液力变扭器，在换挡过程使其为非锁定工况，可大大改善换挡过程的品质。

(3) 从动力源控制。

在换挡过渡过程中，采取减少发动机输出功率，以实现平稳换挡。例如，减小油门、点火滞后、停止部分气缸供油等。

2. 相关控制方法的实现

(1) 缓冲控制，最常见的采用的控制元件有蓄压器和单向节流阀。

蓄压器（减振器）结构与工作原理：常见的蓄压器是由一个蓄压器活塞和减振弹簧组成（图4-21）。一般在自动变速器中，每个前进挡都有一个相应的蓄压器。它和该挡的换挡阀至换挡执行元件油路相通（一般并联）。当自动变速器换挡时，来自换挡阀的主油路压力油在进入换挡执行元件油缸的同时也进入蓄压器活塞的下端。该路油压使换挡执行元件的活塞迅速克服其自由行程，让换挡执行元件开始接合；当油压增大到一定程度时，蓄压器活塞下方的油压大于活塞上方的弹簧的弹力，

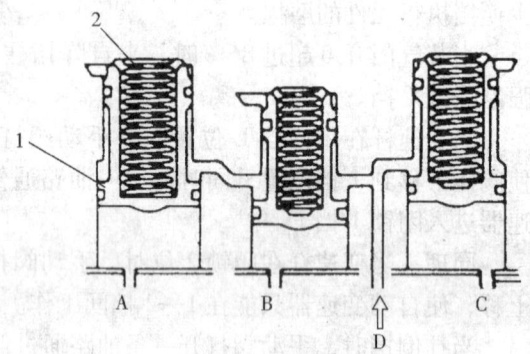

图4-21 蓄压器
1—蓄压器活塞；2—减振弹簧；A、B、C—通换挡执行元件油路；D—节气门油压（主油路油压）

活塞上移，使得油路中的体积增大，从而延长了换挡执行元件液压缸的充油时间，使换挡执行元件的接合也因此按先快后慢的过程进行，执行机构接合平顺，减小了换挡冲击。

在蓄压器活塞的上端还作用有节气门油压或主油路油压，作为蓄压器的背压。随着节气门油压或系统油路油压的增大，活塞背压也增大，从而使执行机构的接合油压上升得较快，这样可防止在传递大动力时换挡执行元件打滑，充分满足了汽车在各种行驶条件下对换挡过程的不同要求。

单向节流阀结构与工作原理：单向节流阀布置在换挡阀至换挡执行元件之间的油路中，其作用是对流向换挡执行元件的液压油产生节流作用，在换挡执行元件接合时使油压缓慢上升，以减小换挡冲击。当换挡执行元件分离时，单向节流阀对换挡执行元件的泄压不产生节流作用，以实现快速降压，使换挡执行元件迅速分离。单向节流阀有两种

型式：一种是弹簧节流式（图4-22a）。在充油时，节流阀关闭，液压油只能从节流阀的节流孔通过，达到节流压力缓慢上升的目的。在回液时，液压油将节流阀推开，实现了快速泄压的目的。另一种节流阀是球阀节流孔式（图4-22b）。在充油时，球阀关闭，液压油只能从旁通的节流孔通过，使执行机构压力缓慢上升；回油时，球阀开启，加快了执行机构压力下降的过程。

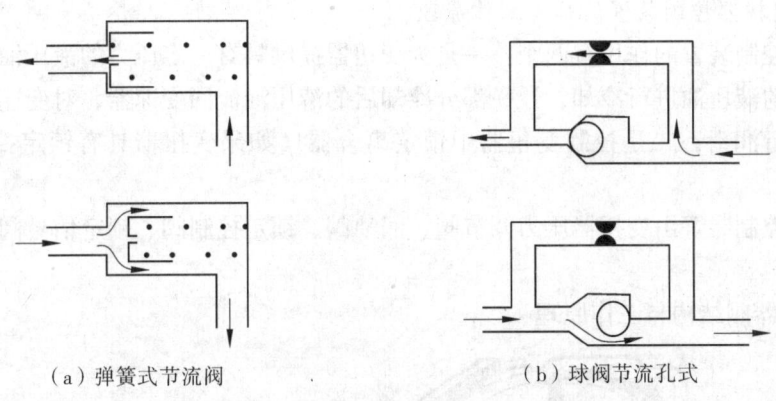

(a) 弹簧式节流阀　　　　(b) 球阀节流孔式

图4-22　单向节流阀

（2）定时控制。为了防止变速器在换挡过程中出现一个挡位未能撤退而另一个挡位又已经工作了或者一个挡位已经撤退而另一个挡位要等待较长的时间才工作，前者容易造成挡位干涉，后者会使变速器输出扭矩下降过多，造成扭矩产生急剧的变动。因此，有必要在换挡时进行定时控制，协调执行元件的作用时间。

图4-23是用于3挡自动变速器的定时阀，油道a与3挡离合器相通，油道b与2挡制动带的释放腔相通。滑阀1右端作用有节气门油压P_a，左端有一弹簧2。

当由2挡升3挡时，经2—3换挡阀来的主油路油压P由油道a进入3挡离合器，并可推开单向阀进入油道b，再由油道b进入2挡制动带的释放腔，使得制动带快速释放，进入3挡，以防止出现空挡间隔而使变速器输入轴在换挡完成前增速。

当由3挡降为2挡时，油道a泄压，单向阀关闭，b油道的油只能通过滑阀中间的环槽和节流小孔4经油道a泄出。如果油门开度较小，那么，滑阀处于右端，油道a、b不能通过滑阀中间环槽相通。因此，2挡制动带释放腔的油只能由节流小孔向油道a泄出，这样可使2挡制动器施压腔压力上升缓慢，换挡过程中出现较大的空挡间隔，使变速器的输入轴增速。而油门开度增大后，滑阀左移，中间环槽口开通，使得2挡制动器释放腔减压迅速，加快了2挡制动器制动时间，从而改善了换挡的平顺性。

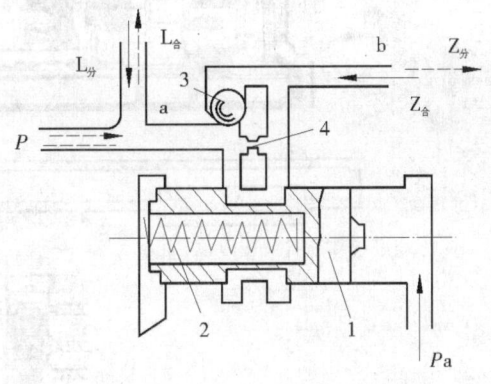

图4-23　3挡自动变速器定时阀
1—滑阀；2—弹簧；3—单向球阀；4—节流小孔

（3）执行油压控制。当系统油压过大，超过了正常传递功率的需要时，将会产生换挡冲击和减少发动机输出功率。因此，应控制系统工作油压，按需调压，改善换挡品质。一般采用的方法有：

①采用压力调节阀，使主油路压力随油门开度、车速大小及挡位变换而自动调节。

②最大执行压力可调，即执行机构的执行压力可按需要进行调整。例如，采用双活塞压缸，需大力用大活塞，小力用小活塞。

（六）变扭器控制装置结构与工作原理

变扭器控制装置的作用有两个：一是为变扭器提供具有一定压力的液压油，并对变扭器受热后的液压油进行冷却，让一部分冷却后的液压油流回变速器，对变速器中的轴承和齿轮进行润滑；二是控制变扭器中锁定离合器（如果变扭器具有锁定控制的话）的工作。

变扭器控制装置由变扭器压力调节阀、回油阀、锁定控制阀、锁定信号阀及相关的油路组成。

1. 变扭器阀结构与工作原理

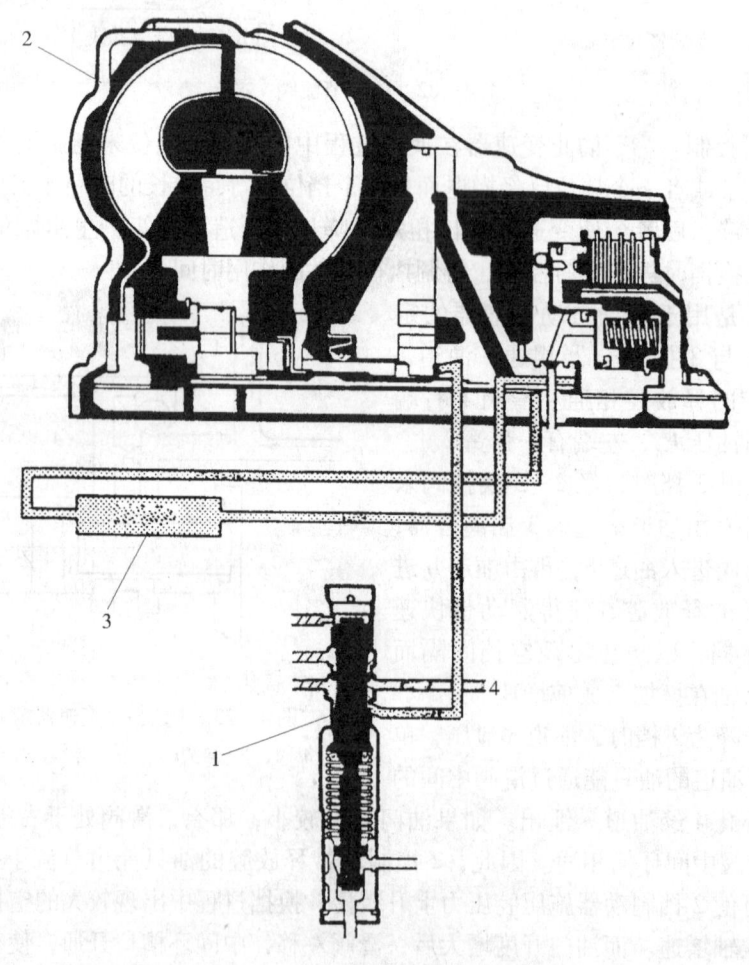

图 4-24 变扭器阀及其油路
1—变扭器阀或调压阀；2—变扭器；3—液压油散热器；4—主油路

一般车型自动变速器都是将主油路主调节阀或副调节阀作为变扭器阀。它的作用是将主油路压力油减压后送入变扭器,使变扭器内的液压油保持在 196～490 kPa。工作受热后的变扭器油再经出油道送至散热器冷却,然后再回到齿轮变速器中,对变速器轴承和齿轮进行润滑(图 4-24)。

有些变扭器在进油道上设置一个限压阀,以防止变扭器内油压过高而导致油管接口、油封的漏油(图 4-25)。另外,在变扭器回油道中也设置一个回油阀,它只有在变扭器内的油压高于一定值时才打开。它一方面可以防止变扭器内的油压过低而影响动力传递,另一方面可以降低液压油散热器内的油压,使之低于 196 kPa,防止了散热器因油压过高而引起的油管漏油或破裂。

2. 锁定控制阀和锁定信号阀结构与工作原理

变扭器内锁定离合器的工作是由锁定信号阀和锁定控制阀一同控制的(图 4-26)。锁定信号阀的上方作用着调速器压力,当车速较低(如低于 45 km/h),调速器压力也较低,锁定信号阀在弹簧的压力下保持在图中上方位置,将通往锁定控制阀下端的主油路切断从而使锁定控制阀在上方弹簧弹力及主油路油压的作用下保持在图中下方位置,让变扭器中锁定离合器压盘左侧的油腔与来自变扭器阀的进油道相通。此时锁定离合器

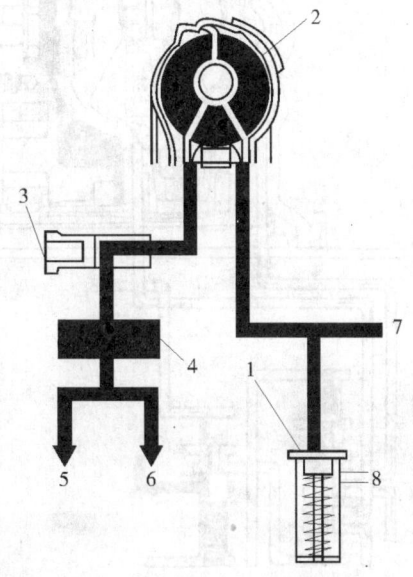

图 4-25 限压阀和回油阀
1—限压阀;2—变扭器;3—回油阀;
4—液压油散热器;5—至前部润滑油道;
6—至后部润滑油道;7—主油路;8—泄油孔

处于分离状态,发动机动力完全由液力来传递(图 4-26a)。当汽车以超速挡行驶,且车速及相应的调速器油压升高到一定数值时(车速超过 45 km/h),锁定信号阀在调速器压力油的作用下被推至图中下方位置,使来自超速挡油路压力油进入锁定控制阀下端。锁定控制阀在下端受主油路油压作用下上升,让锁定离合器左侧的油腔与泄油口相通,使锁定离合器接合,发动机动力经锁定离合器直接传到涡轮输出(图 4-26b)。

(七)液力式控制系统工作过程分析

各种车型的液力控制自动变速器的控制系统的结构和工作过程都不完全相同,但它们的原理都是相同或相似的。下面以丰田 A43D 自动变速器控制系统为例,详细说明液力控制系统的工作过程。

丰田 A43D 自动变速器行星齿轮变速部分在第三章第三节已有介绍。它的控制系统由初级调节阀、次级调节阀、手动阀、3 个换挡阀、节气门阀、降挡柱塞、低挡滑行调节阀、调速器调节阀、倒挡离合器顺序阀、中间调节阀、降挡压力调节阀、中间换挡阀、顺序阀、延时阀等组成。其控制对象是 7 个换挡执行元件和变扭器。油泵输出的液压油进入控制系统,在初级压力调节阀的调节下成为主油路压力油,并经过油路被送至手动阀、节气门阀、延时阀、降挡压力调节阀等。节气门阀产生的节气门压力油经油路作用在初、次级调节阀的下端,调节主油路和变扭器冷却油路的油压。

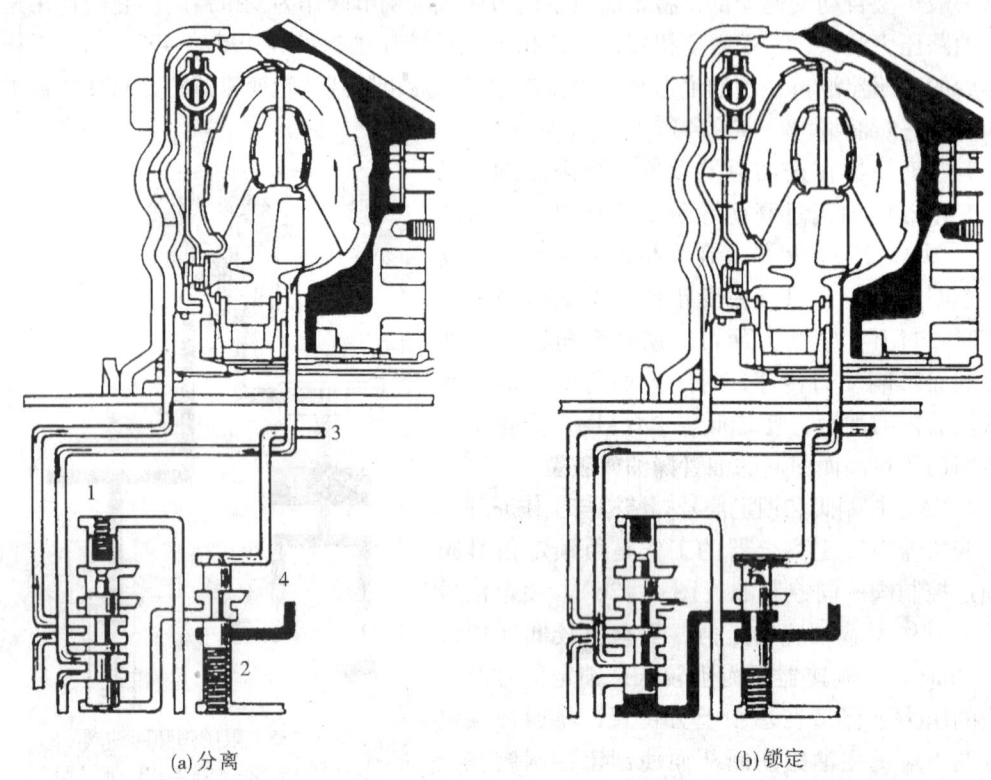

(a) 分离　　　　　　　　　　　　　　(b) 锁定

图 4-26　锁定离合器控制油路
1—锁定控制阀；2—锁定信号阀；3—自调速器来油；4—自 3-4 换挡阀来油

1. 空挡 N 控制油路（图 4-27）

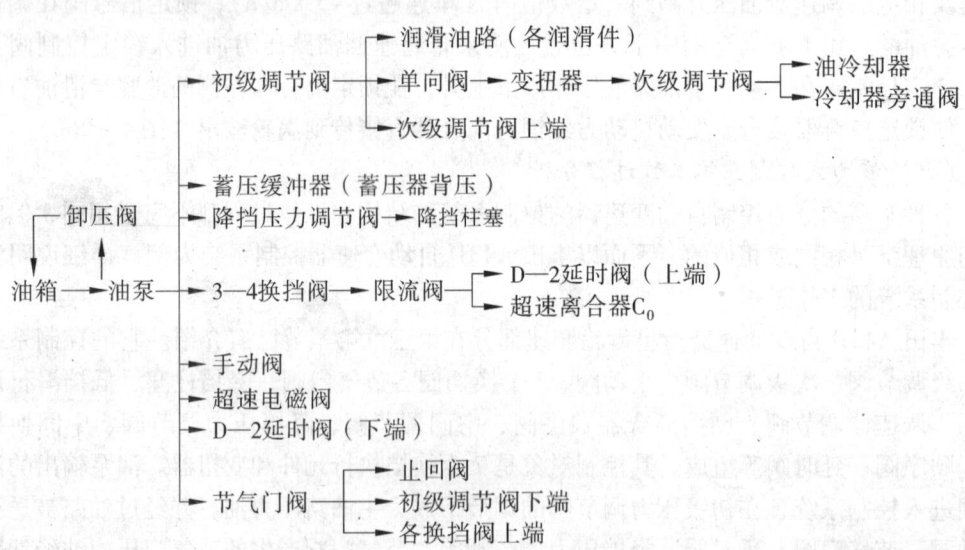

第四章 控制系统结构与工作原理

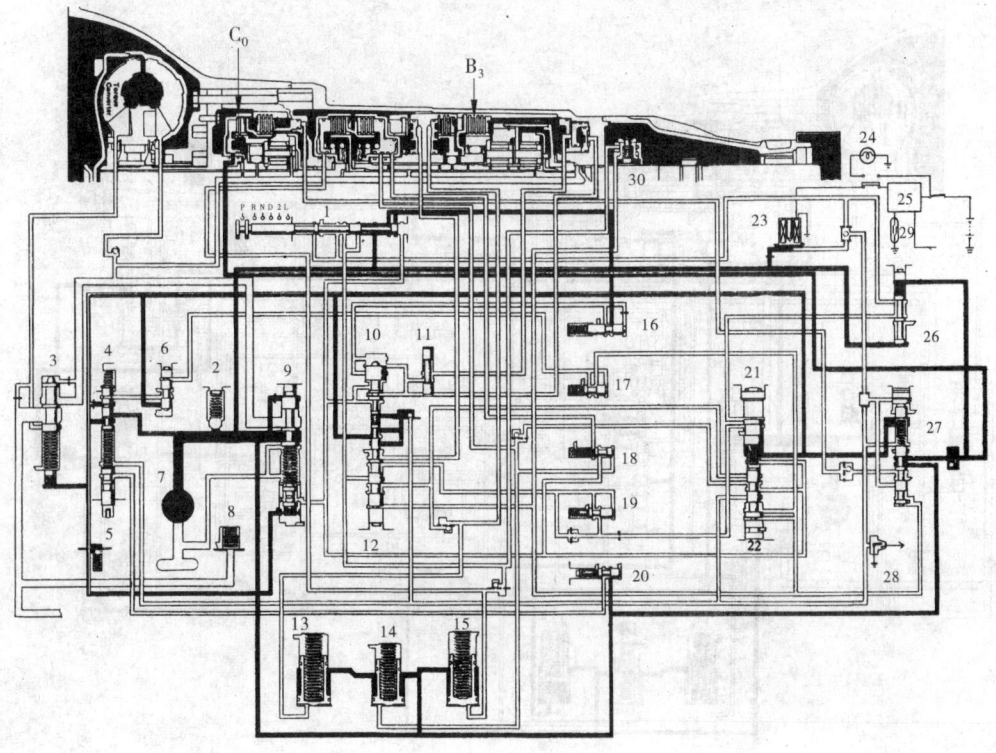

图 4-27 N 挡油路

1—手动阀；2—卸压阀；3—次级调节阀；4—节气门阀；5—降挡柱塞；6—止回阀；7—油泵；8—冷却器旁通阀；9—初级调节阀；10—低挡滑行换挡阀；11—倒挡制动器顺序阀；12—1—2 换挡阀；13—B_2 蓄压缓冲器；14—C_2 蓄压缓冲器；15—C_1 蓄压缓冲器；16—低挡滑行调节阀；17—调速器调节阀；18—倒挡离合器顺序阀；19—中间调节阀；20—降挡压力调节阀；21—中间换挡阀；22—2—3 换挡阀；23—超速电磁阀；24—超速指示灯；25—超速计算机；26—D—2 延时阀；27—3—4 换挡阀；28—降挡开关；29—速度传感器；30—调速器

可以看出，当操纵手柄置于 N（空挡）位，除超速离合器 C_0 接合之外，其他离合器和制动器都不工作，自动变速器的双排前、后行星齿轮机构没有动力输入，当然也就没有动力输出了，此时变速器处于空挡。

2. D—1 挡油路（图 4-28）

当操纵手柄位于前进挡 D 位置时汽车即以 D—1 挡起步，此时手动阀开通的油路如下所示：

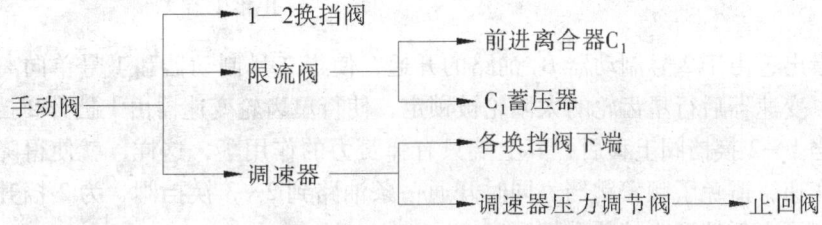

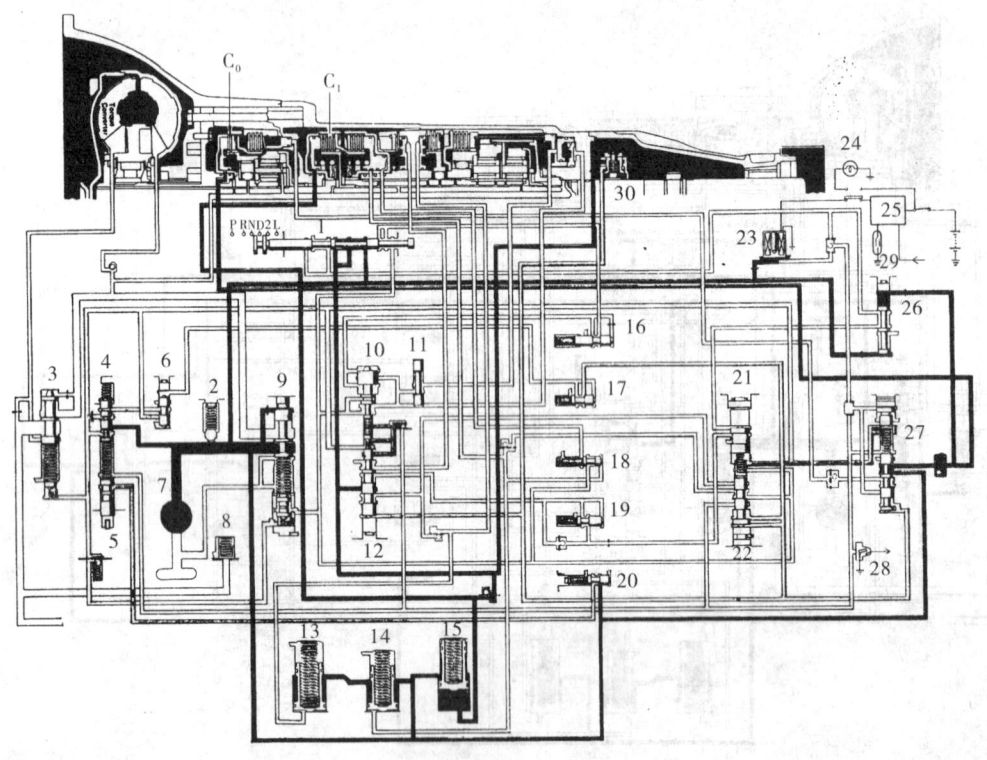

图 4-28 D—1 挡油路

可以看出，这时超速离合器 C_0 和前进离合器 C_1 接合，使行星齿轮变速器处于 1 挡状态。蓄压器的作用是使离合器 C_1 接合更柔和，以避免起步和换挡冲击。当车速较低时，各换挡阀下端作用的调速器油压较低，而将通往换挡执行元件的油路关闭，从而使得行星齿轮机构没有低挡时就不能升高挡，保证了由低挡升到高挡的顺序。调速器压力调节阀的作用是使作用于止回阀一端的压力保持在一定的水平，使止回阀移动，并且开通节气门阀的另一路背压，使汽车起步后，油路压力有所下降，有利于快速升挡，实现经济性的要求。

3. D—2 挡油路（图 4-29）

随着车速的提高，调速器油压不断增大。当车速提高到某一数值时，1—2 换挡阀下端调速器油压大于上端弹簧压力和节气门油压时，1—2 换挡阀上移。此时，手动阀开通的油路如下所示：

可以看出，由于 2 号制动器 B_2 油路的开通，使得 2 号制动器和 1 号单向离合器共同起作用，变速器后行星齿轮的太阳轮被锁定，使行星齿轮变速器由 1 挡升 2 挡。还可以看出，当 1—2 换挡阀上移后，其上端只有弹簧力的作用了，这样，就使得降挡车速低于升挡车速，避免了频繁跳挡。同时开通一条油路到 2—3 换挡阀，为 2 挡升 3 挡做准备，保证了由低挡到高挡的升挡顺序。

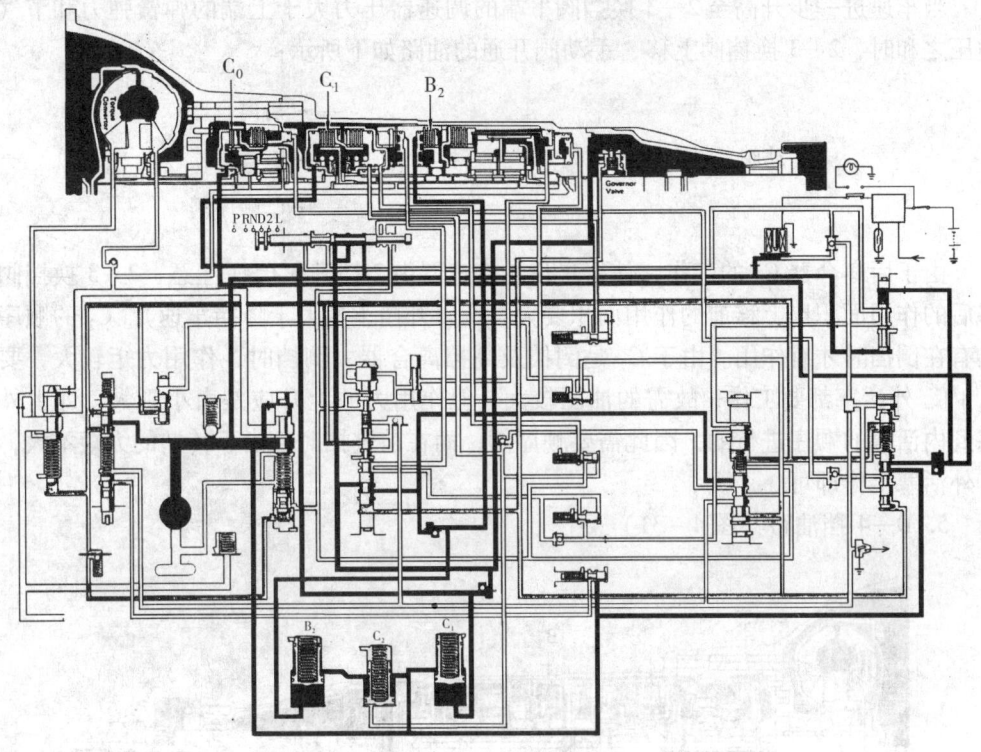

图 4-29 D—2 挡油路

4. D—3 挡油路（图 4-30）

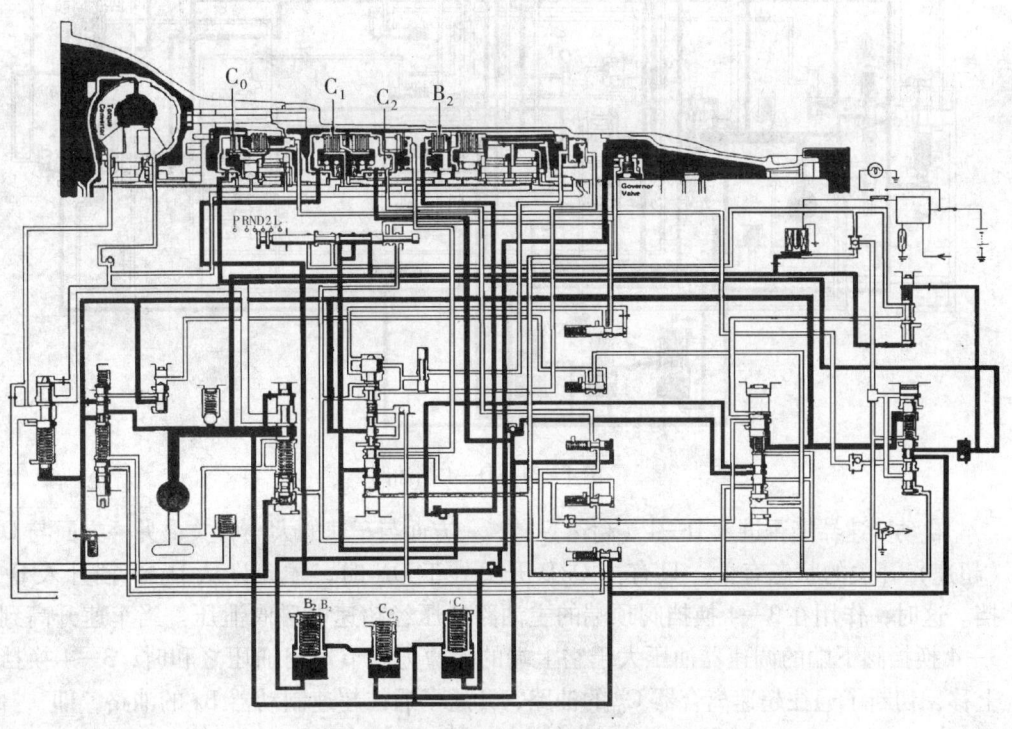

图 4-30 D—3 挡油路

当车速进一步升高至2—3换挡阀下端的调速器压力大于上端的弹簧弹力和节气门油压之和时,2—3换挡阀上移,手动阀开通的油路如下所示:

$$手动阀 \longrightarrow 1—2换挡阀 \longrightarrow 2—3换挡阀 \begin{cases} \longrightarrow 后离合器 C_2 \\ \longrightarrow C_2 蓄压器 \\ \longrightarrow C_2 顺序阀 \end{cases}$$

由于后离合器 C_2 的工作,使行星齿轮变速器由2挡升3挡(注意:2—3换挡阀上移后的作用面积比上移前的作用面积要大,所以升挡车速大于降挡车速)。C_2 的顺序阀只有在倒挡时才有作用。由于 C_2 是倒挡及高挡离合器,倒挡时,作用力矩较大,要求 C_2 内、外活塞都要工作,故需的油压较大,但作用力的上升应是由小到大,即由外活塞到内活塞的顺序进行的,因此需要顺序阀,而在前进挡时,由于传递的力矩不大,故有外活塞工作即可。

5. D—4挡油路(图4-31)

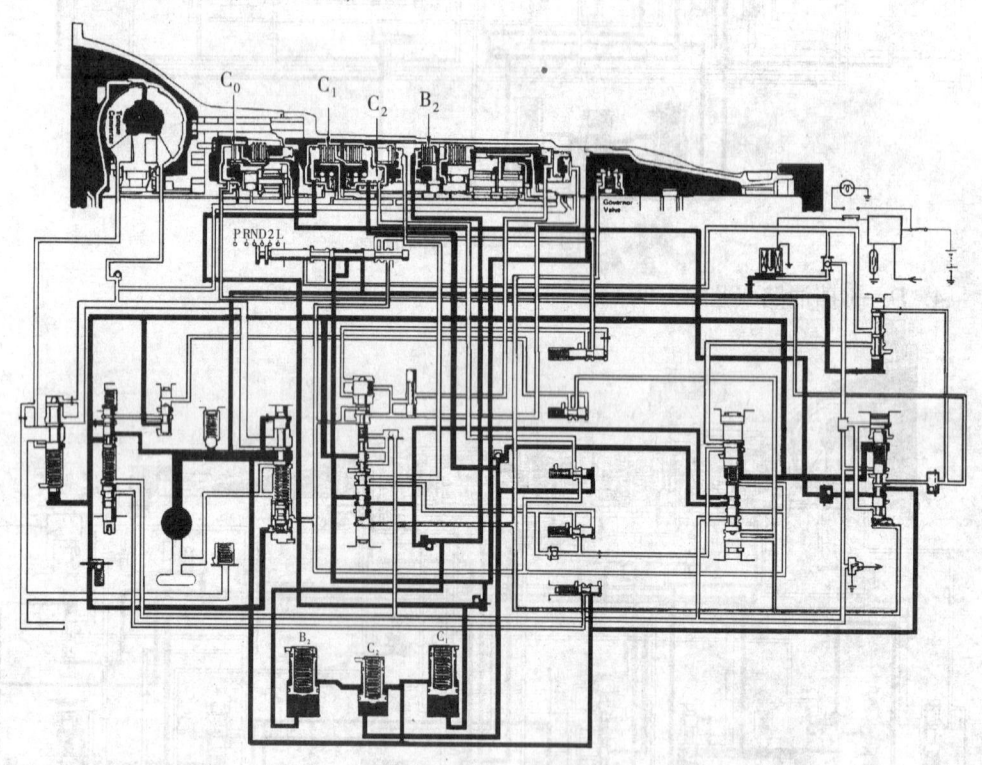

图4-31 D—4挡油路

自动变速器能否进入D—4(超速)挡,一方面与车速的大小有关;另一方面与O/D(超速)开关的状态有关。只有当O/D开关处于ON时,才允许从D—3挡升入D—4挡。这时,作用在3—4换挡阀顶端的主油路油压经超速电磁阀泄压。当车速升高到使3—4换挡阀下端的调速器油压大于它上端的弹簧力和节气门油压之和时,3—4换挡阀上移,切断了通往超速离合器 C_0 的油路,开通了通往超速制动器 B_0 的油路,即

第四章　控制系统结构与工作原理

$$
\text{油泵} \longrightarrow \text{3—4 换挡阀} \begin{array}{l} \longrightarrow \text{切断}C_0 \\ \longrightarrow \text{打开}B_0 \end{array}
$$

由于 B_0 的作用使超速行星齿轮的太阳轮被固定，使超速行星齿轮由直接挡升为超速挡。

当 O/D（超速）开关处于 OFF 时，由于超速电磁阀断电保压的作用，使得 3—4 换挡阀的顶端作用有主油路油压，这样使得调速器压力不管多大都不能使 3—4 换挡阀上移，即自动变速器不可能进入 D—4 挡。顺便说明一下，3—4 换挡阀的调速器压力的有效作用面积在升挡后大于升挡前，即升挡车速大于降挡车速。

6. 强制降挡油路（图 4-32）

当驾驶员突然将油门踏板踩下，使得油门开度大于 86% 时，节气门阀上移，并开通了强制降挡压力的油路，强迫各换挡阀下移。其油路如下：

$$
\text{油泵} \longrightarrow \text{强制降挡压力调节阀} \longrightarrow \text{节气门阀} \begin{array}{l} \longrightarrow \text{3—4 换挡阀} \\ \longrightarrow \text{2—3 换挡阀} \\ \longrightarrow \text{1—2 换挡阀} \end{array}
$$

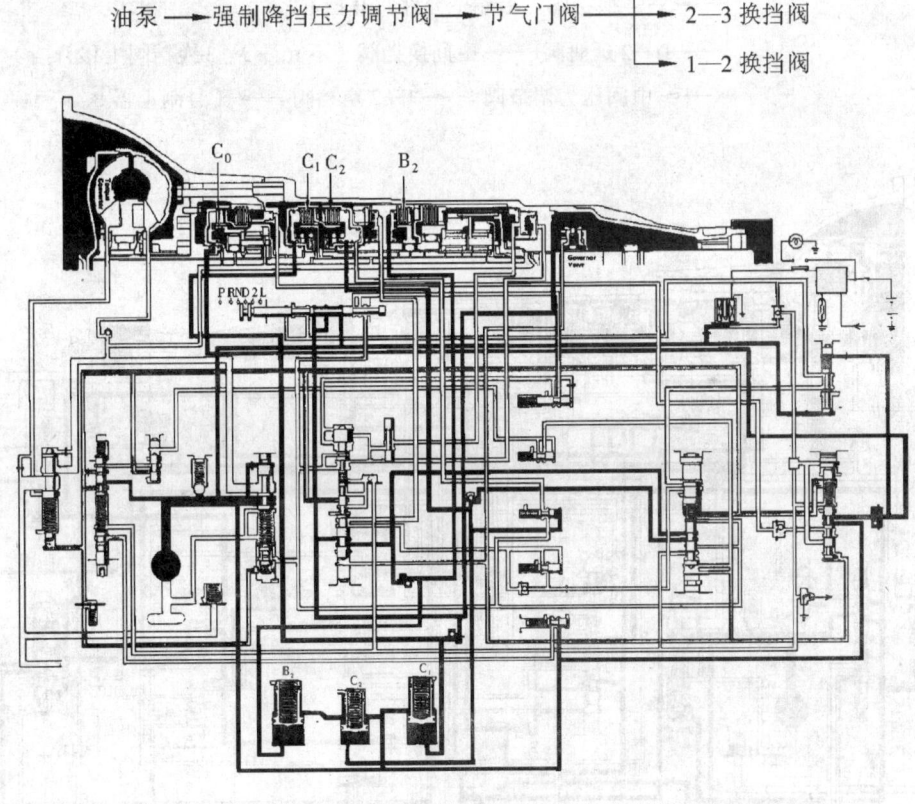

图 4-32　强制降挡油路

比如，当变速器处于 D—4 挡时，3—4 换挡阀上端作用有主油路压力，并且作用面积较大，足以克服下端的调速器油压，使 3—4 换挡阀下移，由 D—4 挡强制降为 D—3 挡。如果此时车速较低，调速器油压也相应地较低，作用在 2—3 换挡阀或 1—2 换挡阀的强制降挡油压（主油路压力）亦可使相应的 2—3 换挡阀或 1—2 换挡阀下移，从而实现了由 3 挡降 2 挡或由 2 挡降 1 挡的强制降挡的目的，即实现 4 → 3 → 2 → 1 的降挡。

7. 2—1、2—2挡油路（图4-33）

当操纵手柄在2位时，则自动变速器不允许升3挡，但可以由2—1挡升2—2挡，2—1挡的传动路线和执行元件与D—1挡完全相同。但在2—2挡，由于是闭锁挡，不但不能升3挡，而且有发动机制动作用，因此，它不能采用单向离合器F_1了，而应该使用1号制动器B_1直接固定前后行星齿轮的太阳轮。在油路控制上，还要确保2—3换挡阀、3—4换挡阀不能因车速升高而上移。由于2—1挡可升到2—2挡，故2—1挡的控制执行元件的油路与D—1挡的是一样的。下面给出2—2挡的油路。

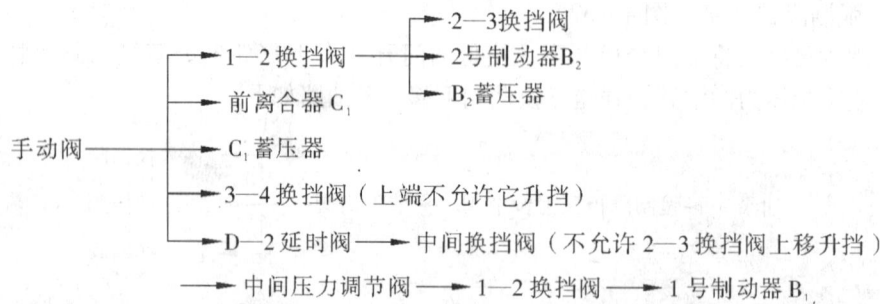

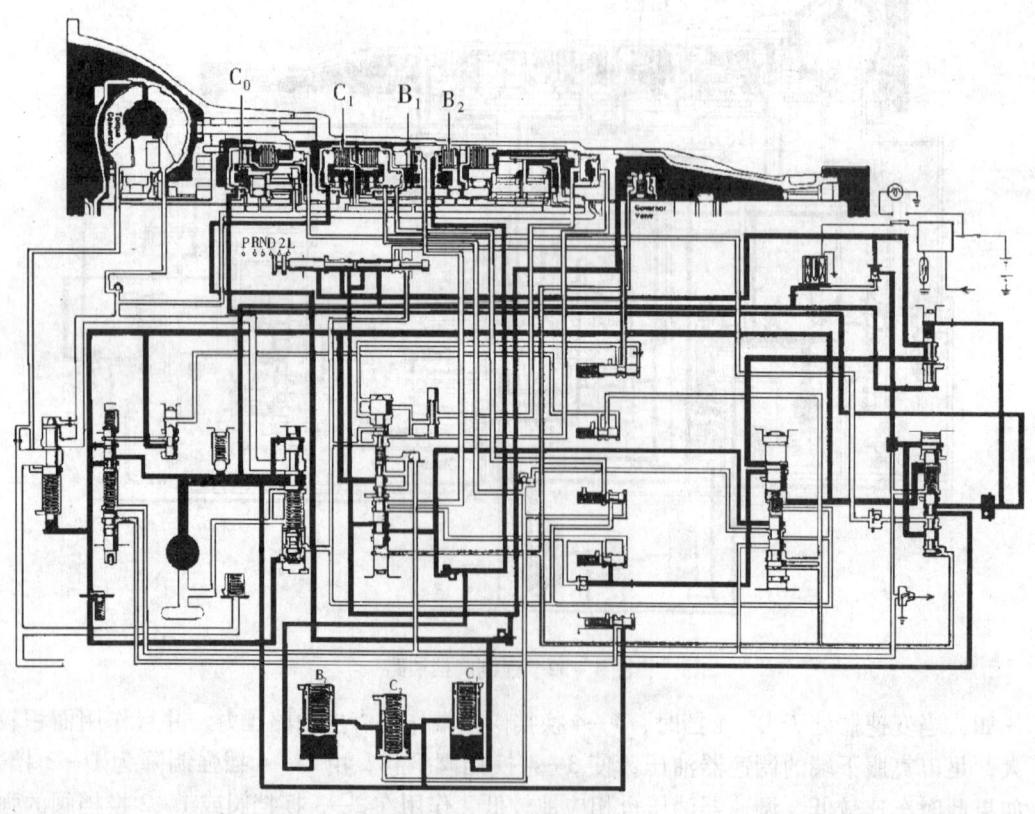

图4-33　2—2挡油路

至此，自动变速器因B_1工作而进入闭锁2挡。

8. L位（前进低挡）油路（图4-34）

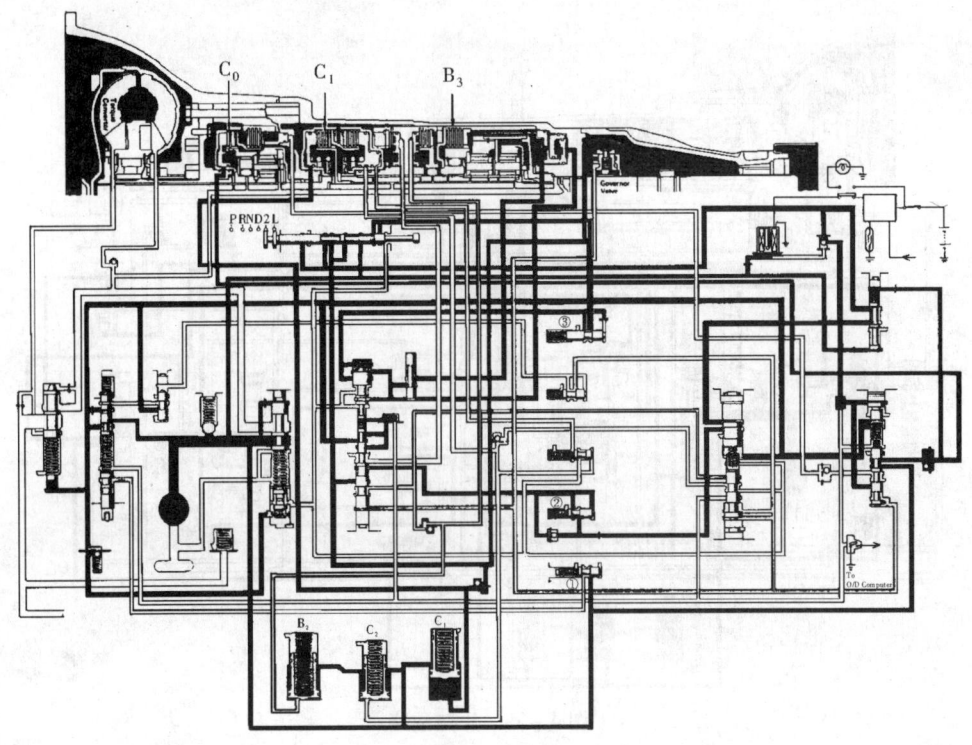

图4-34 L挡油路

当操纵手柄处于前进低挡（L）位置时，自动变速只能在1挡行驶，并具有发动机制动作用。L挡动力传递路线与D—1挡完全相同，但执行元件有所不同，即用3号制动器B_3代替2号单向离合器F_2固定前行星齿轮的行星架。在油路控制上，除要供给油压给B_3工作外，还要使各个换挡阀都不能上移，以确保变速器锁止在1挡行驶。其油路如下所示：

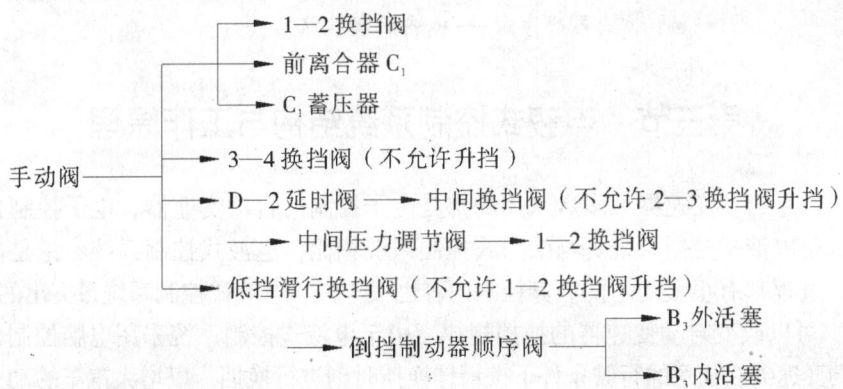

9. R位（倒挡）油路（图4-35）

当操纵手柄位于倒挡（R）位置时，前进离合器C_1和调速器的油路被切断了，而后离合器C_2和3号制动器B_3的油路被接通。自动变速器处于倒挡状态。同时为了满足倒挡时换执行元件的工作需要，主油路油压也应该有所升高。倒挡时的油路如下：

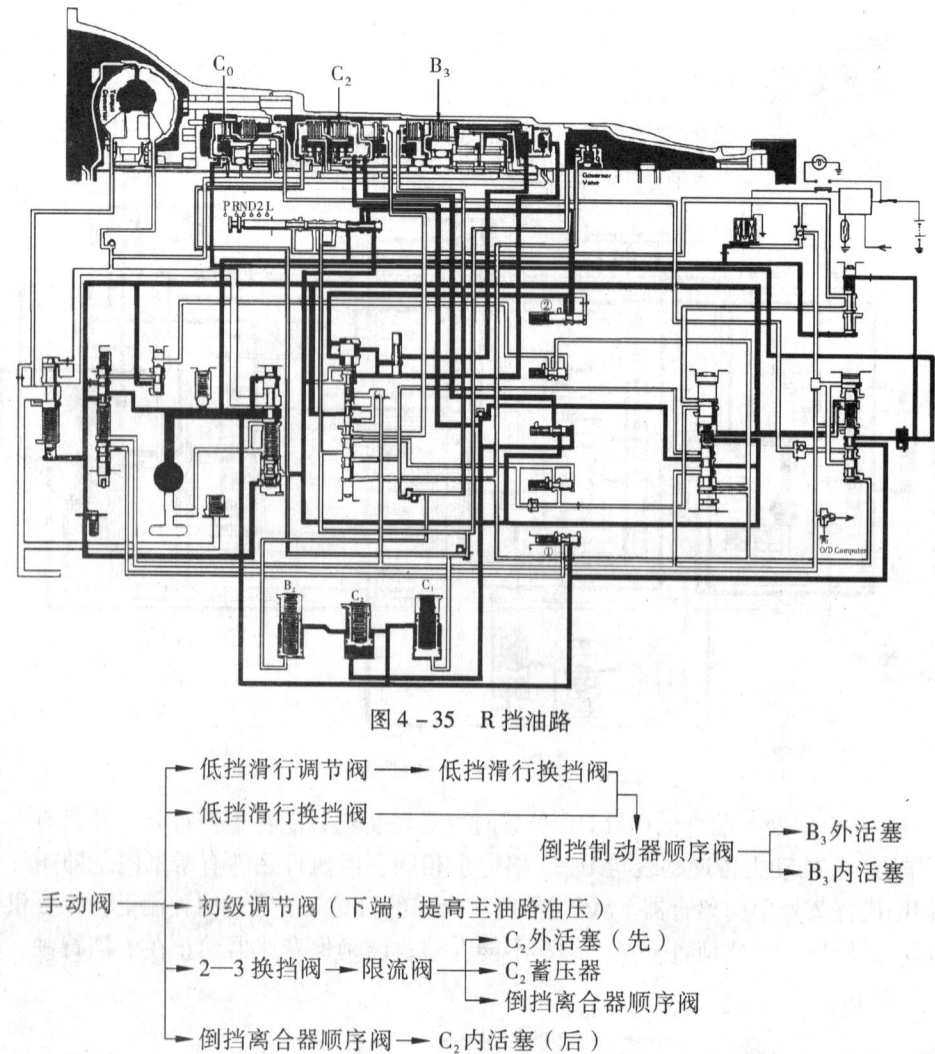

图 4-35 R 挡油路

第三节 电液式控制系统结构与工作原理

现代汽车自动变速器大多数采用的都是电子控制的自动变速器，电子控制自动变速器采用的是电液式控制系统。与液力式控制系统相比，电液式控制系统不论是控制原理还是控制过程都有很大的不同，其控制内容也很丰富。电液式控制系统最突出的优点是：

（1）可以改变自动变速器的换挡规律。由于电液式控制系统采用电脑控制，因此可以使自动变速器在任意的行驶条件下按最佳换挡时刻进行换挡，以增大汽车的动力性和经济性。另外，驾驶员还可以通过模式选择开关、选择不同的模式来改变其换挡规律，一般的模式选择有经济模式（E 或 ECO，Economic 省油）、动力模式（P 或 PWR，Power 动力），普通模式（N 或 NOR，Normal 普通），有些车设有雪地模式（S，Snow 雪地）等。

（2）控制更加精确、结构更加紧密。由于它利用先进的电子手段对自动变速器以及发动机的工作进行检测，并根据检测结果和相应的控制程序来操纵阀板中各种控制阀的工作，以驱动离合器、制动器、锁止离合器等执行元件，因而使它的控制更加全面、精确、迅速。而电脑又可以随时对主油路油压进行修正，使换挡控制更加简单，控制阀板的结构更加紧密、轻便，换挡的感觉更加舒适。

（3）具有故障自动诊断和失效保护功能（参见本节二（三）电脑控制内容）。

一、电液式控制系统的组成

电液式控制系统由电子控制装置和阀板两大部分组成，而电子控制装置是这种控制

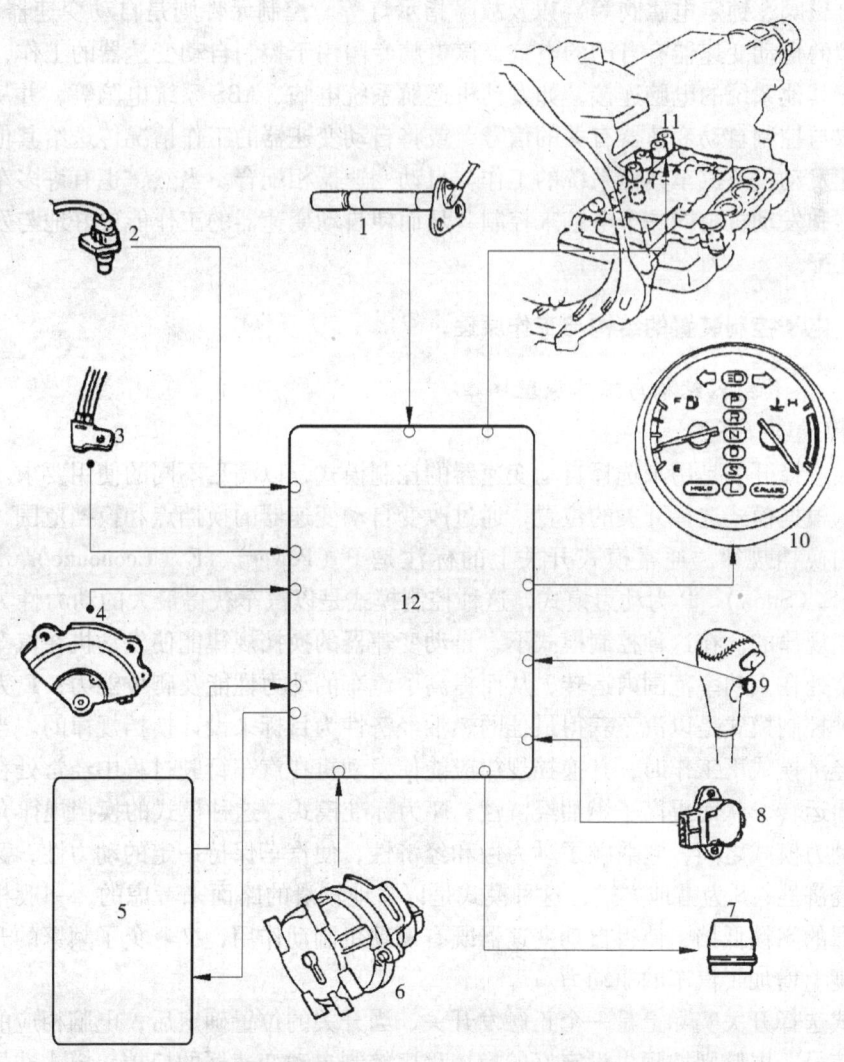

图4－36　电子控制装置的组成
1—输入轴转速传感器；2—车速传感器；3—液压油温度传感器；4—挡位开关；
5—发动机电脑；6—发动机转速传感器；7—故障检测插座；8—节气门位置传感器；
9—模式开关；10—挡位指示灯；11—电磁阀；12—自动变速器电脑

系统的核心，由各种传感器、执行器、控制开关和电脑组成，电脑又是整个控制系统的控制中心，它根据安装在发动机、自动变速器及汽车上的各种传感器，测得发动机转速、车速、节气门开度、液压油油温、发动机水温以及各类开关的状态等各种参数，并通过分析运算，向各个执行元件发出指令信号，以操纵阀板中各种控制阀的工作，从而实现对自动变速器的控制（图4-36）。

传感器部分一般有车速传感器、节气门位置传感器、发动机转速传感器、发动机水温传感器、液压油温度传感器等。信号开关一般有模式选择开关、挡位开关、超速（O/D）开关、刹车灯开关、保持开关、强制降挡开关等，实际上，信号开关也是传感器的一部分。而执行器一般指各种电磁阀（如换挡电磁阀、背压控制电磁阀、油路油压控制电磁阀、锁定电磁阀等）以及故障指示灯等。控制元件则是自动变速器的电脑，有些车型的自动变速器有自己的电脑，该电脑专门用于控制自动变速器的工作，通过电路和汽车其他系统的电脑连接，如发动机巡航系统电脑、ABS系统电脑等，并从这些电脑中获取与控制自动变速器有关的信号，或将自动变速器的工作情况传送给其他系统的电脑，让发动机或汽车其他系统的工作与自动变速器相配合。当然，也有许多车型的自动变速器和发动机由同一个电脑来控制，从而使自动变速器的工作能更好地与发动机的工作相匹配。

二、电子控制装置的结构与工作原理

（一）各传感器结构与工作原理

1. 模式选择开关

模式选择开关是用来选择自动变速器的控制模式，以满足不同的使用要求。自动变速器电脑根据模式选择开关的位置，通过改变自动变速器的换挡点和换挡范围，从而获得不同的换挡规律。通常模式开关上的标注是 P（Power）、E（Economic）、N（Normal）及 S（Snow）。P 为动力模式，这种控制模式是以汽车获得最大的动力性为目标来设计换挡规律的。在这种控制模式下，自动变速器的换挡规律能使发动机在汽车行驶过程中经常处在大功率范围内运转，从而提高了汽车的动力性能及爬坡能力；E 为经济模式，这种控制模式是以汽车获得最佳的燃油经济性为目标来设计换挡规律的。当自动变速器在经济模式下工作时，其换挡规律应能使发动机在汽车行驶过程中经常处在经济转速范围内运转，从而提高了燃油经济性；N 为标准模式，这种模式的换挡规律介于经济模式和动力模式之间，它兼顾了动力性和经济性，使汽车保持一定的动力性，又有较佳的燃油经济性；S 为雪地方式，这种模式是以雪地较滑的路面来考虑的，一般相当于自动变速器的闭锁低挡，使得自动变速器既有发动机制动作用，又避免了频繁的升挡，在一定程度上增加了汽车的驱动力。

模式选择开关实际上是一个正触发开关，当开关的位置确定后，电脑相应的模式触点就有信号，电脑则按预先设定好的换挡程序控制自动变速器的换挡。模式选择开关一般安装于自动变速器操纵杆上或操纵杆旁边，有些车型则安装在仪表盘上，但也有车型不设模式选择开关。

2. 强制降挡开关

强制降挡开关一般是负触发开关,安装在油门踏板下方。当油门开度达到全开位置时,强制降挡开关接通并向电脑发送信号,此时,自动变速器会自动下降1个挡位,获得猛烈的加速效果。当加速的要求获得满足后,应立即松开发动机油门踏板,以防止发动机转速超过极限转速,造成损坏。

3. 超速挡开关(O/D开关)

这一开关用来控制自动变速器的超速挡。当O/D开关处于ON时,表示超速挡控制电路接通,此时若操纵手柄位于D位,自动变速器的挡位随车速的升高,最高允许升入超速挡(一般以4挡为超速挡);当O/D开关处于OFF时,表示不能进入超速挡,并且仪表盘上的"O/D OFF"指示灯随之亮起。该开关一般是负触发开关,安装在操纵手柄上。

4. 保持开关

新型马自达929轿车采用R4A—EL型4速电子控制自动变速器(日本JATCO公司生产),该自动变速器设有保持开关(HOLD)。按下这个开关后,自动变速器便不能自动换挡,其挡位完全取决于操纵手柄的位置,当操纵手柄在D位时保持在3挡,在S位、L位时,则保持在2挡和1挡。因此,保持开关实际上可以改变自动变速器的驱动模式,比如汽车在雪地上行驶时,可以按下这个开关,用操纵手柄选择挡位,以防驱动轮打滑。

5. 挡位开关

挡位开关安装于自动变速器手动阀摇臂轴上或操纵手柄下方(图4-37),它由几个触点组成,当操纵手柄位于不同位置时,相应的触点被接通。挡位开关电触点布置如图4-38所示。

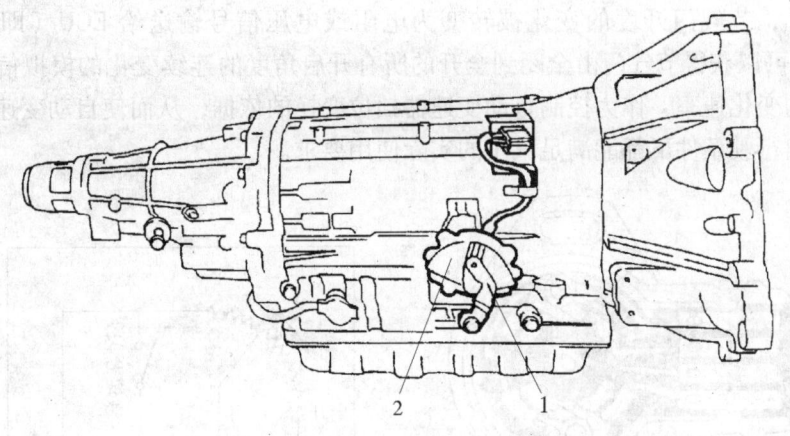

图4-37 挡位开关
1—手动阀摇臂;2—挡位开关

由图4-38可知,挡位开关包括有挡位指示触点、启动开关触点,自动变速器车只有处于P、N位时才能启动发动机。自动变速器电脑根据滑动触点所处的位置来判断自动变速的工作状态、换挡的范围及换挡点。

6. 节气门位置传感器

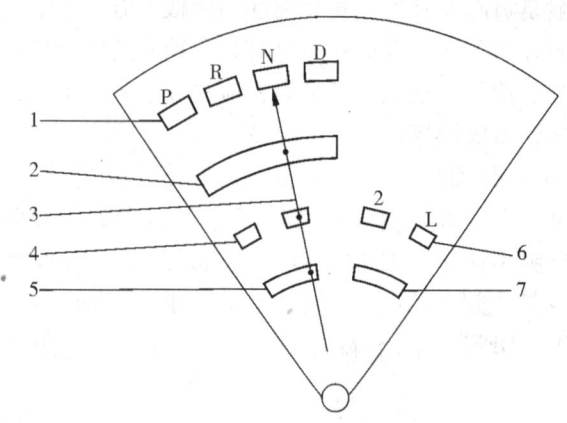

图 4-38 挡位开关电触点布置图
1、7—挡位指示静触点；2、5、6—电源静触点；3—滑动触点；4—启动开关触点

节气门位置传感器安装在发动机的节气门体上的，它一方面可以检测节气门的开度大小，表征发动机的负荷的大小；另一方面它可以反映节气门开度变化的速率，反映驾驶员的操纵意图。对于电喷发动机来说，节气门位置传感器的信号是控制喷油量的一个重要的信号。

节气门位置传感器主要有线性输出和开关量输出两种型式。装用自动变速器的汽车通常采用线性输出型的节气门位置传感器。这种节气门位置传感器由一个线性电位计和一个怠速开关组成（图 4-39）。节气门处于不同开度时，电位计的电阻也不同。节气门轴转动，滑动触头也转动；节气门关闭时，怠速开关接通；节气门开启时，怠速开关断开。这样，节气门开度的变化被转变为电阻或电压信号输送给 ECU（即变速器电脑），ECU 可以获得节气门由全闭到全开的所有开启角度的连续变化的模拟信号以及节气门开度的变化速率，作为控制自动变速器挡位变换的依据，从而使自动变速器的换挡规律在任何行驶条件下都能满足汽车的实际使用要求。

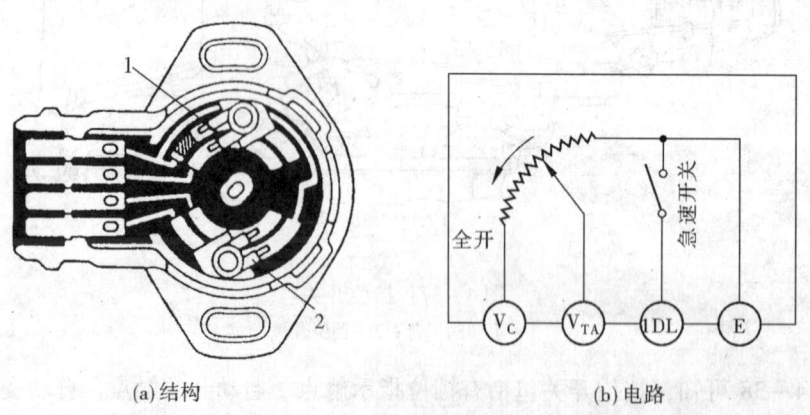

(a) 结构　　(b) 电路

图 4-39 节气门位置传感器
1—怠速开关滑动触点；2—线性电位计滑动触点
V_C—基准电压（+5V）；V_{TA}—节气门开度信号；IDL—怠速信号；E—搭铁

7. 车速传感器

车速传感器用于检测自动变速器输出轴转速，电脑根据车速传感器的信号计算出车速，作为其换挡控制的依据。它的型式一般有笛簧开关式、磁阻元件式、磁电脉冲式和光电式等四种。

（1）笛簧开关式车速传感器。

图4-40是笛簧开关式车速传感器的结构图。笛簧开关式车速传感器一般与车速里程表组合成一整体，在它上部是车速里程表的指针和游丝，中间是笛簧开关式传感器，由两片舌簧开关和带4极的磁铁组成，通过车速里程表的软轴驱动，一般作为自动变速器的车速传感器1号传感器。

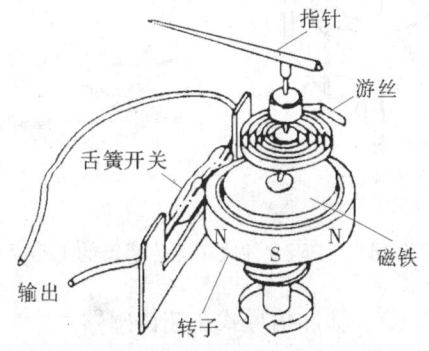

图4-40 笛簧开关式车速传感器的结构

图4-41是笛簧开关式车速传感器的工作原理示意图。当有4个磁极的转子受软轴驱动而旋转时，磁场也被旋转，这样，使得两片舌簧开关一会儿同极，一会儿异极，同极相斥，异极相吸。转速越快，通、断率越高。电脑按照舌簧的通断频率就可以计算出车速的大小。

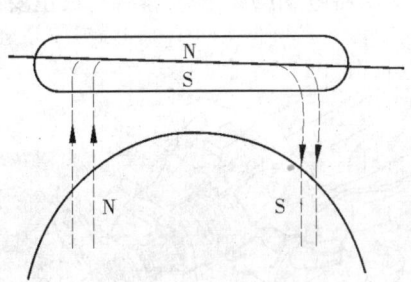 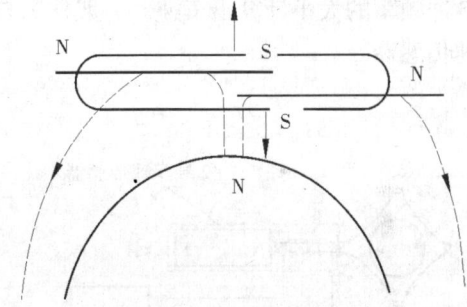

(a) 笛簧开关式的吸引状态　　(b) 笛簧开关式的相斥状态

图4-41 笛簧开关式车速传感器的工作原理

（2）磁阻元件式车速传感器。

图4-42是磁阻元件式车速传感器的结构图，它由多极磁环和混合集成电路组成，这种车速传感器可以直接安装在变速器上。

图4-43和图4-44分别是磁阻元件式车速传感器的工作原理图和内部电路图。当齿轮带动磁环旋转时，磁环旋转引起磁通的变化，使集成电路内的磁敏元件MRE的阻值发生变化。阻值的变化引起输出端A、B电压的变化，将变化的电压送到比较器中进行比较，再由比较器输出信号控制晶体管T_r的导

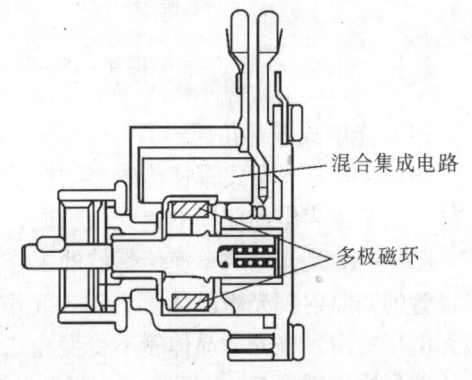

图4-42 磁阻元件式车速传感器的结构

通与截止。转速越高,脉冲信号输出频率越大。

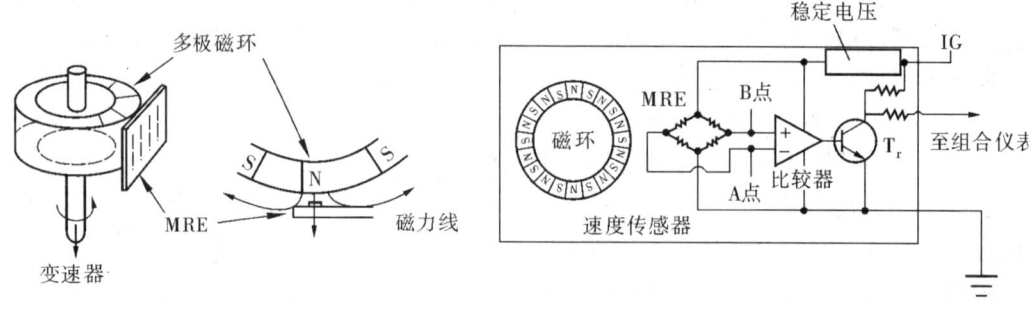

图 4-43 磁阻元件式车速传感器的工作原理　　图 4-44 磁阻元件式车速传感器的电路

(3) 脉冲信号式车速传感器。

图 4-45 是脉冲信号式车速传感器的工作原理示意图和安装位置图。脉冲信号式车速传感器由永久磁铁和电磁感应线圈组成,固定在自动变速器输出轴附近的壳体上,靠近安装在输出轴上的停车锁止齿轮或感应转子。当输出轴转动时,停车锁止齿轮或转子的凸齿不断靠近或离开车速传感器,使感应线圈内的磁通量发生变化,从而产生交流感应电压。车速愈高,输出轴的转速也愈高,感应电压的脉冲频率也愈大,电脑根据感应电压脉冲频率的大小计算出车速。一般作为自动变速器电脑的 2 号传感器是最主要的一个车速传感器。

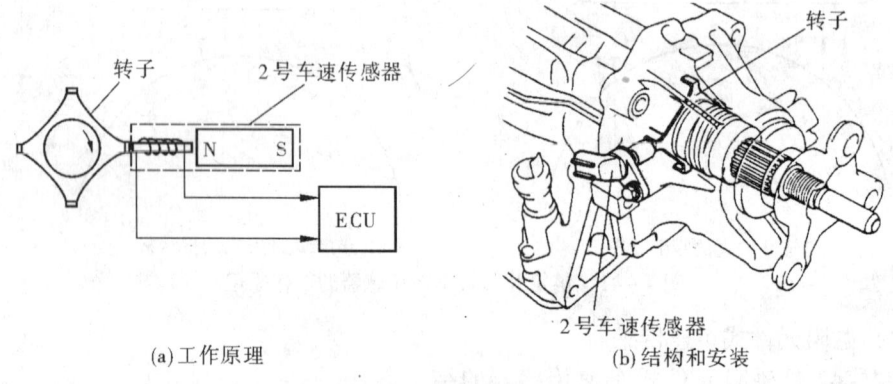

图 4-45 脉冲信号式车速传感器

(4) 光电式车速传感器。

图 4-46 是光电式车速传感器结构示意图。光电式车速传感器由发光二极管、光敏元件以及车速表电缆驱动的遮光板组成,通常安装在组合仪表内。

图 4-47 是光电式车速传感器的工作原理示意图,遮光盘上有 20 个切槽,当发光二极管的光照射到光敏晶体管上时,光敏晶体管导通,晶体管 T_{r1} 也导通,传感器输出端无电压输出。当光敏晶体管不受发光二极管的光照射时,则截止,晶体管也截止,从而传感器输出端有 5V 电压输出。遮光盘转动 1 圈,传感器就有 20 个脉冲输出。

第四章 控制系统结构与工作原理

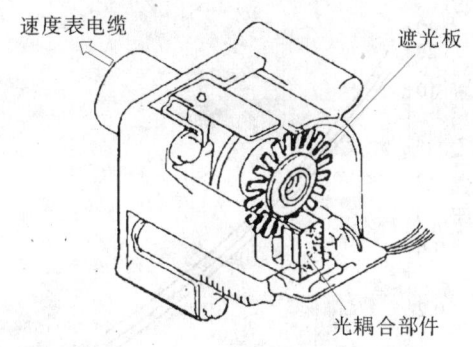

图 4-46 光电式车速传感器的结构

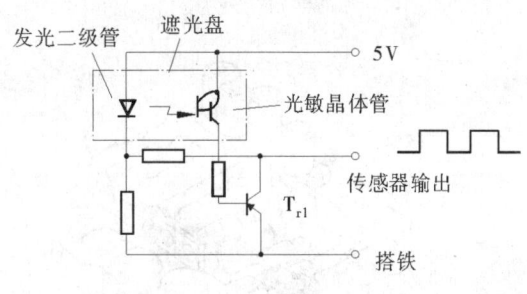

图 4-47 光电式车速传感器的工作原理

8. 输入轴转速传感器

输入轴转速传感器的结构、工作原理与车速传感器相同。它安装在自动变速器的输入轴或与输入轴连接的离合器鼓附近的壳体上（图4-48），用于检测输入轴转速，并将信号送给ECU，使ECU更精确地控制换挡过程。此外，ECU还可以将该信号和发动机的转速信号相比较，计算出变扭器的传动比，使油路压力控制过程和锁止离合器的控制过程更加柔和，以改善换挡的感觉，提高了自动变速器的品质。

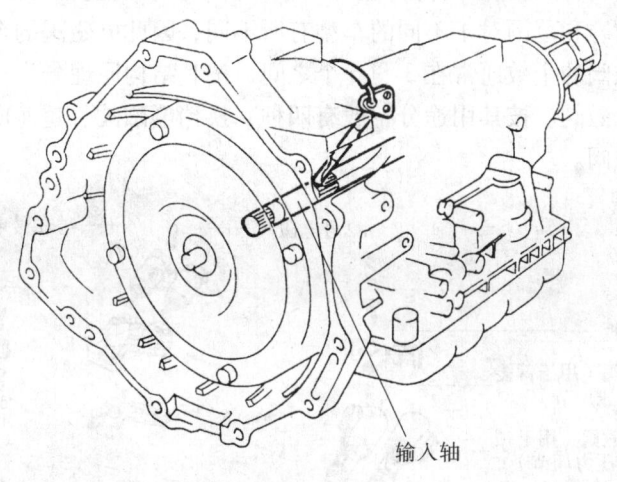

图 4-48 输入轴传感器

9. 液压油温度传感器结构与工作原理

液压油温度传感器安装在自动变速器油底壳内的阀板上，用于检测自动变速器液压油的温度，以作为电脑进行换挡控制、油压控制和锁止离合器控制的依据。

实际上液压油温度传感器就是一个负温度系数的热敏电阻。它的电阻值随油温的升高而降低。图4-49是液压油温度传感器的安装位置图和电阻变化曲线图。

除了上述各种传感器（开关）外，自动变速器的控制系统还将发动机控制系统中的一些信号，如发动机转速信号、发动机水温信号、大气压力信号、进气温度信号等作

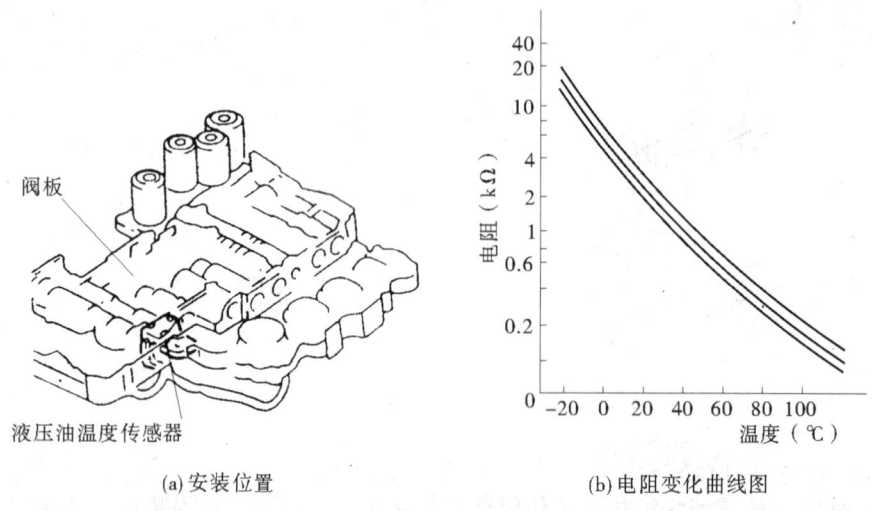

(a) 安装位置　　　　　　　(b) 电阻变化曲线图

图 4-49　液压油温度传感器

为自动变速器的参考信号。

(二) 各执行器结构与工作原理

电子控制装置中的执行器是各种电磁阀。它通常安装在阀体上，如图 4-50 和图 4-51 所示，也有安装在变速器的壳体上，如本田轿车自动变速器 (图 3-30)。自动变速器电子控制的内容和范围对于不同的车型有所不同，因此电磁阀的个数和电磁阀的作用都不相同。电磁阀的个数通常在 3～6 个之间，按其结构原理分为三种：开关型、负载循环型和线性电磁阀。按其用途分一般有四种：换挡电磁阀、超速电磁阀、锁定电磁阀和油压控制电磁阀。

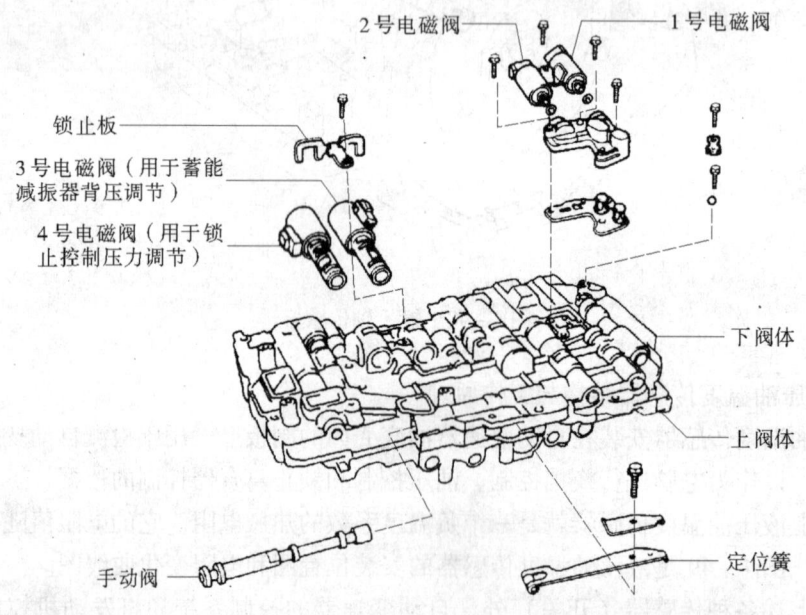

图 4-50　A341E 自动变速器阀体

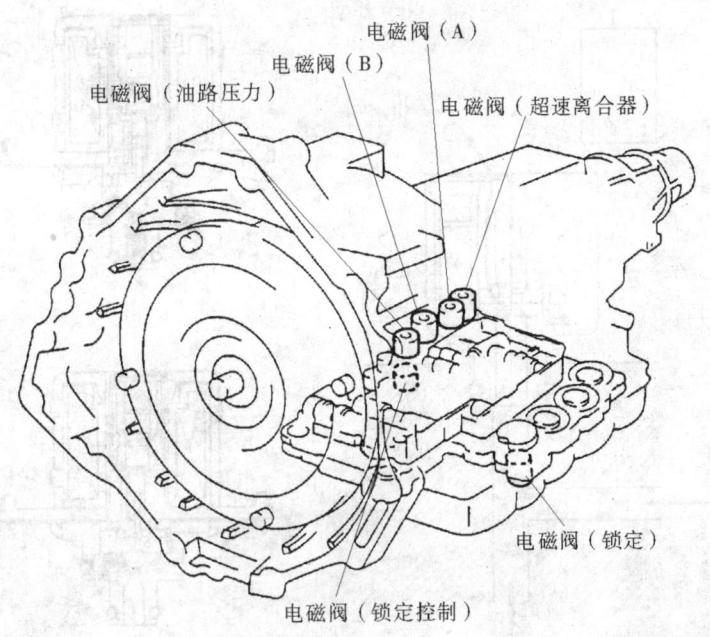

图4-51　R4A-EL自动变速器的电磁阀

1. 开关型电磁阀的结构与工作原理

开关型电磁阀由电磁线圈、衔铁、回位弹簧、阀芯或阀球等组成（图4-52）。它有两种工作方式：一种是当电磁阀断电时，阀芯被油压向上推动，泄油孔被打开而泄压（图4-52a）；当电磁阀通电时，电磁力使阀芯下移，关闭泄油孔，油路压力被保持。另一种是开启或关闭某一条油路，即当电磁阀断电时，油压将阀芯向上推动而关闭泄油孔，打开进油孔，使主油路压力油进入控制油道（图4-52b）；当电磁阀通电时，电磁力使阀芯下移，进油孔关闭，泄油孔打开，控制油道内的油压被泄空（图4-52c）。

开关型电磁阀常被用作换挡控制电磁阀、锁定控制电磁阀、超速离合器电磁阀和O/D挡控制电磁阀等。

2. 负载循环型电磁阀结构与工作原理

负载循环型电磁阀的结构与开关型电磁阀基本相同（图4-52）。电磁阀一般是通电时卸压，断电时保压。但它的通、断电的占空比可由电脑自由控制（从0～100%）。电脑通过重复通电与断电，不断打开和关闭排油孔，把控制油压调到规定值。

负载循环型电磁阀通常用于油路压力控制、变扭器的锁定控制、蓄压器的背压控制等。顺便说明的是，在锁定控制中，锁定电磁阀有1个的，也有2个的，如果是1个的，则变扭器只有锁定、分离两种状态，多采用开关型电磁阀；如果是2个锁定电磁阀的，则变扭器具有分离、锁定、半分离半锁定三种工作状态。一般采用一个是开关型电磁阀，另一个则是负载循环型电磁阀。

3. 线性电磁阀结构与工作原理

线性电磁阀的结构与前述两种电磁阀相似。图4-53是线性电磁阀的结构组成，

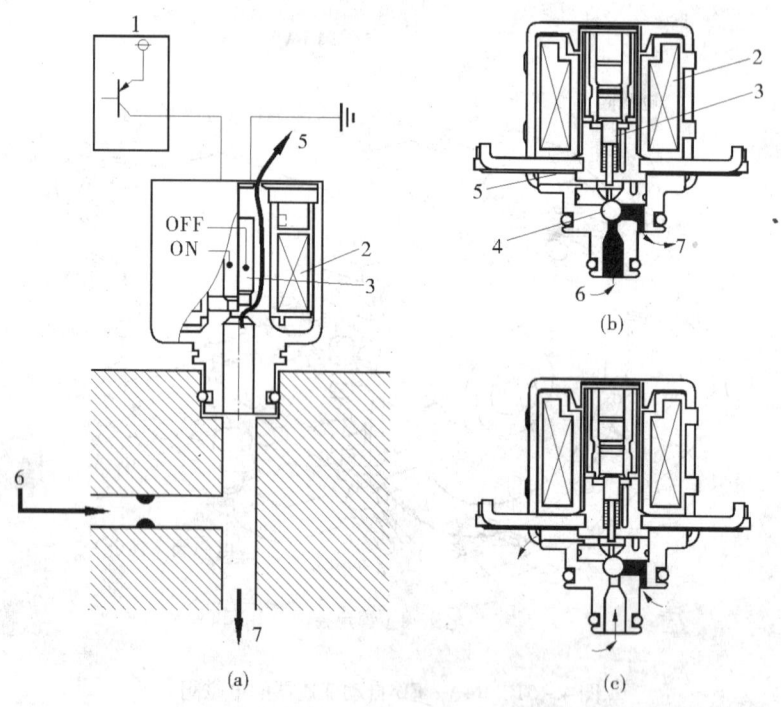

图 4-52 开关型电磁阀
1—电脑；2—电磁线圈；3—衔铁和阀芯；4—阀球；5—泄油孔；6—主油道；7—控制油道

PL 为主油道油压，PSOL 为输出油压，PFB 为反馈油压。阀芯右移越大，输出油压越大；阀芯左移越大，输出油压越小，泄油口的开度越大。阀芯右移的推力与电磁阀通电的电流的大小成正比。因此，只要改变电磁阀的电流的大小，就可以控制输出压力 PSOL。当通电的电流为 0 时，阀芯受弹簧和反馈油压的作用而处于极左端，主油压 PL 被截止，输出油压 PSOL 经泄油口泄压。

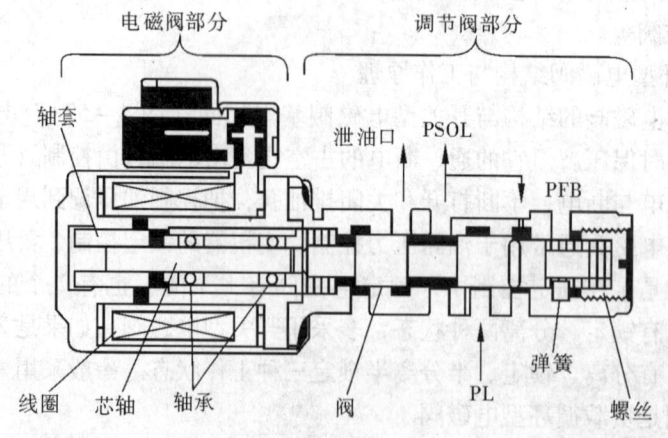

图 4-53 线性电磁阀

（三）电脑控制内容

自动变速器的电脑有专用的，也有和发动机共用的。无论怎样，它与整车电脑（如发动机电脑、巡航系统电脑、空调系统电脑等）都有电的联系，从而使相互之间的控制更好地配合。电脑控制系统的框图如图4-54所示。

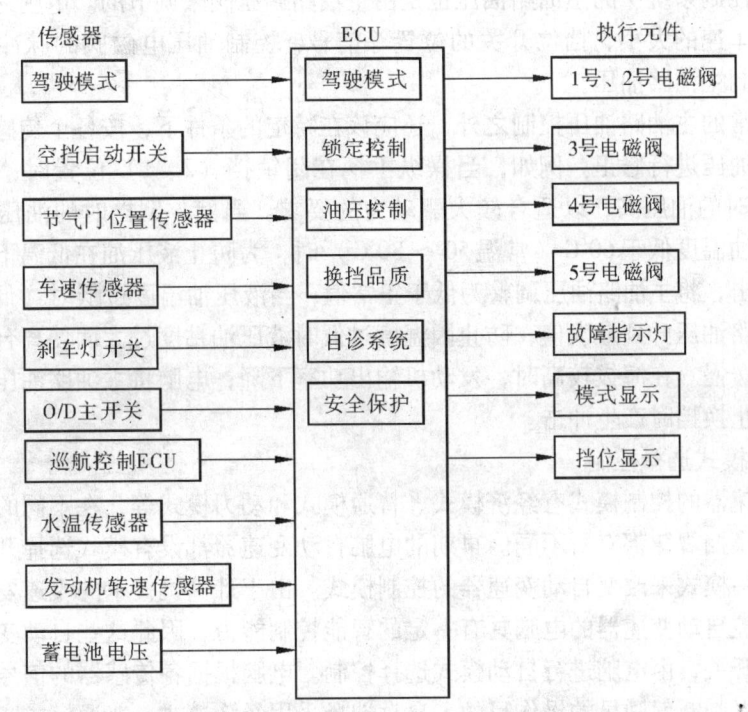

图4-54 电控系统框图

不同车型自动变速器电控系统的控制范围和功能虽然有所不同，甚至有的功能较多，有的功能较少，但通常都有以下一些控制内容。

1. 换挡控制

换挡控制即控制自动变速器的换挡时刻，让自动变速器在最佳时刻进行升挡或降挡。这是自动变速器电脑控制最基本的内容。换挡时刻的控制与设定的换挡模式、车速的大小、节气门开度等有关。

汽车的最佳换挡车速主要取决于节气门开度。当节气门开度较小时，汽车的升挡和降挡的车速也较低，有利于发动机在较低的转速范围内工作，降低汽车油耗；当节气门开度较大时，汽车的升挡和降挡的车速也较高，从而让发动机工作在较高的转速范围内，以发出较大的功率，提高汽车的加速和爬坡能力。

选择不同的模式行驶时，换挡的速差、升挡和降挡的时刻也是有所不同的。电脑会根据预先储存在存储器内的最佳换挡规律来控制自动变速器的升挡或降挡。

电脑根据各传感器、开关的信号发出升挡或降挡的指令。而接受指令的就是换挡电磁阀。一般来讲，4个挡位的自动变速器有2个或3个换挡电磁阀。大部分日本轿车自动变速器（如丰田、马自达轿车）采用 2 个换挡电磁阀，一部分欧美轿车自动变速器（如奥迪、福特轿车）采用 3 个电磁阀。通过换挡电磁阀开启或关闭（通电或断电）的不同组合来组成不同的挡位。

2. 油路压力控制

电液式控制系统中的主油路油压也是由主油路调压阀来调节的。电脑还可以根据节气门开度、车速的大小、挡位开关的位置等信号，控制油压电磁阀的脉冲信号的占空比，从而控制主油路油压。

除了正常的主油路油压控制之外，还应该在特定的条件下，按各个传感器测得的信号对主油路油压进行修正。例如，当操纵手柄在闭锁挡（2、1）位置时，主油路油压应比 D 位置时的油压高，以适合较大驱动力的要求。当然，倒挡时的油压也要有所升高。在液压油温度低于 60℃（常温 50～80℃）时，为防止液压油在低温下粘度较大而产生换挡冲击，将主油路油压调整为低于正常值；当液压油温度过低时（低于 -30℃），电脑使主油路油压升到最大值，防止因温度过低时液压油粘度过大而使离合器、制动器的接合过于缓慢。在海拔较高时，发动机输出功率下降，电脑将主油路油压控制低于正常值，以防止换挡时产生冲击。

3. 自动模式选择控制

自动变速器的控制模式有经济模式、普通模式和动力模式等，在不同的模式下，自动变速器的换挡规律都有所不同。早期的电脑自动变速器都设有模式选择开关，以供驾驶员通过这一模式来改变自动变速器的控制模式。由于计算机技术的飞速发展，目前一些新型的电控自动变速器的电脑具有一定的智能控制能力，因此这些自动变速器可以取消模式选择开关，由电脑进行自动模式选择控制。电脑根据各传感器的信号、操纵手柄的位置，可以判断驾驶员的操作目的，自动选择采用经济模式、普通模式或动力模式进行换挡控制，以满足不同的驾驶操作要求。

4. 锁定离合器的控制

电控自动变速器的锁定离合器是由电脑通过锁定电磁阀进行控制的。电脑根据自动变速器的控制模式、车速和节气门开度向锁定电磁阀输出信号，使锁定离合器接合或分离，还可以通过改变锁定电磁阀的占空比，调节锁定离合器的液压力，使锁定离合器的接合和分离更加柔和、平顺。

5. 发动机扭矩的控制

自动变速器的电脑在自动变速升挡或降挡的瞬间，会向发动机电脑发出减扭矩的信号，发动机电脑在收到这一信号后，立即延迟发动机的点火时间或减少喷油量，减小发动机输出扭矩，以此减小换挡冲击和输出轴的扭矩波动，改善换挡的感觉。

6. 换挡油压的控制

电脑在判断自动变速器需要换挡时，一方面通过油压电磁阀适当降低主油路油压，以减小换挡冲击；另一方面还可以通过蓄压器背压电磁阀减少蓄压器的背压，以减缓离合器或制动器液压缸内油压的增长速度，使换挡动作更加柔和、平顺。

7. 故障自诊断和失效保护功能

自动变速器的电脑在工作的同时也不断地检测各个传感器、执行器和电脑本身。当检测到故障时，它立即采取以下的保护措施：

（1）在汽车行驶时，仪表盘上的自动变速器故障警告灯亮起，以提醒驾驶员立即将汽车送至维修厂检修。目前，大部分汽车是以超速挡指示灯"O/D OFF"作为自动变速器故障警告灯的。若该灯亮起后，按动超速挡开关也不熄灭，即说明电控系统有故障。

（2）电脑将检测到的故障内容以故障代码的形式存在电脑的存储器中，以便检修时读取。

（3）电脑按设定的失效保护程序控制自动变速器的工作，保持汽车的基本行驶能力。此时，自动变速器的性能肯定会受到影响。

① 当传感器有故障时，失效保护功能主要有：

节气门位置传感器出现故障时，电脑根据怠速开关的状态进行控制，当怠速开关断开时，按节气门开度1/2进行控制，同时节气门油压为最大值；当怠速开关接通时，按节气门全闭状态进行控制，同时节气门油压为最小值。

车速传感器出现故障时，电脑不能进行自动换挡控制，此时自动变速器的挡位由操纵手柄的位置决定：在D位和2（或S）位固定为3挡或超速挡，在1（或L）位固定为2挡或1挡；或不论操纵手柄为任何前进挡位置，都固定为1挡。一般汽车自动变速器都有1号和2号两个车速传感器，1号用于仪表盘上车速表的传感器，2号用于自动变速器的换挡控制。这两个传感器都与电脑连接，当2号传感器损坏时，电脑也可以利用1号传感器的信号来控制换挡。

输入轴转速传感器出现故障时，电脑停止减扭矩控制，换挡冲击有所增大。液压油温度传感器出现故障时，电脑按液压油温度为80℃进行控制。

② 执行器出现故障时，失效保护功能主要有：

换挡电磁阀出现故障时，不同的电脑有两种不同的失效保护功能。一种是只要有一个换挡阀出现故障，则所有换挡阀都不工作，操纵手柄在D位和2（或S）位时按3挡行驶，在1（或L）位时按2挡行驶。另一种是当有一个电磁阀出现故障时，电脑仍然可控制其他无故障的电磁阀工作，使得自动变速器仍然可升挡或降挡，但会失去某些挡位，而且换挡规律也有所变化。例如可能有直接由1挡升3挡或4挡。

锁定电磁阀出现故障时，电脑停止锁定离合器控制，使锁定离合器始终处于分离状态。

油压电磁阀出现故障时，电脑停止锁定离合器控制，使油路压力保持为最大。

（四）电子控制系统电路

1. 丰田A43DE电子控制系统

丰田A43DE型自动变速的电控系统采用专用电脑控制。电控系统由电脑（即ECT-ECU）、节气门位置传感器、车速传感器、超速开关、模式选择开关、故障检测接头和电磁阀等组成。图4-55是电控系统线路图，图4-56是各元件在车身上的位置图。

电脑是整个系统的控制中心，并具有自我诊断功能，只有当+B、IG端脚有电时电脑才能工作。电脑根据节气门位置传感器、车速传感器等信号控制1号、2号、3号电

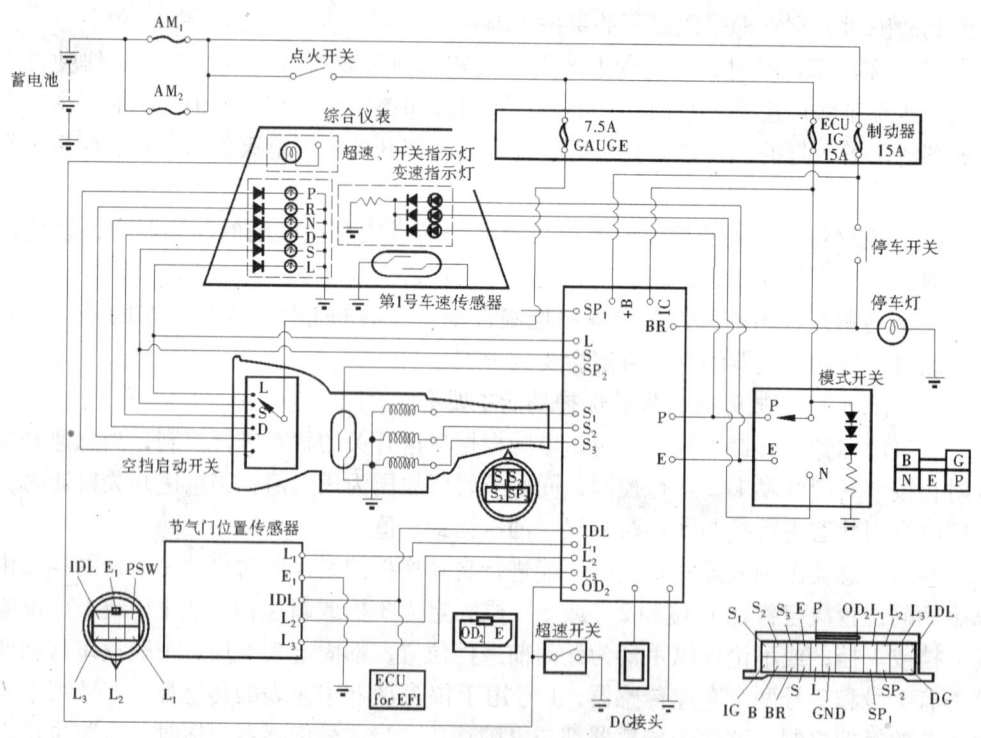

图4-55 丰田A43DE电路图

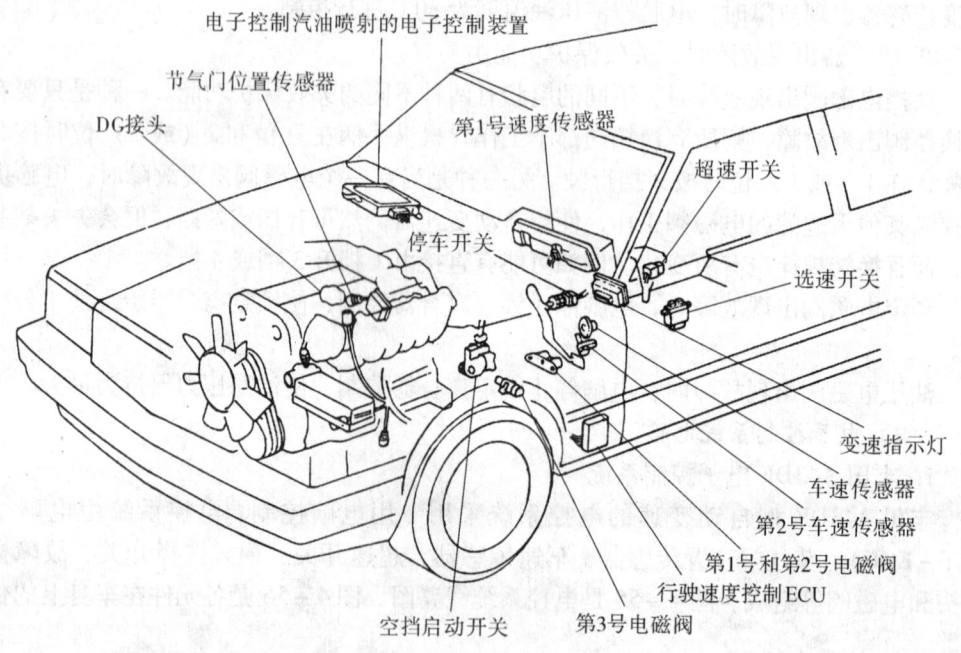

图4-56 零件位置图

磁阀的通断，使变速器处于最佳挡位。

A43DE 控制系统中有两个检测车速的传感器，即 1 号的车速表传感器和 2 号的车速表传感器。车速表传感器的信号主要用于仪表盘上的车速表，车速传感器的信号用于电脑的换挡控制。当车速传感器损坏时，电脑会自动用车速表传感器的信号代替车速传感器的信号进行换挡控制。

A43DE 控制系统中的节气门位置传感器采用的是编码电位器。图 4-57 是节气门位置传感器的编码图，当 IDL 端为 1 时（1 表示通，0 表示断），表示节气门处于怠速位置；当 L_1、L_2、L_3 端为 000～111 时，表示节气门处于不同的开度位置，电脑按照 L_1、L_2、L_3 和 IDL 端输入编码便可以确定节气门的开度。

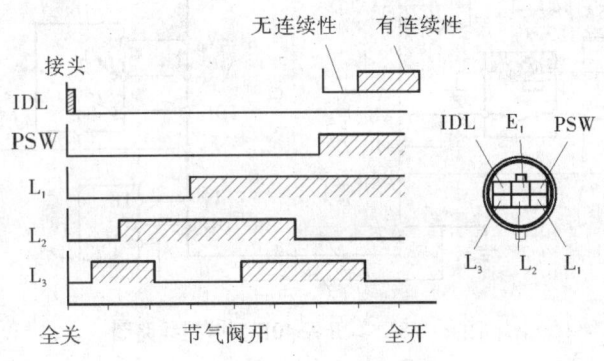

图 4-57 节气门位置传感器编码图

OD_2 端是超速开关状态的输入端，当超速开关闭合时，超速指示灯亮起，OD_2 处于低电位，限制超速挡的使用；该电脑还具有故障自诊断功能，当系统有故障时，通过"超速开关"指示灯的闪烁报警，并可通过故障检测插座（即 DG 接头）检测出控制系统中存在的故障。

A43DE 控制系统还设有一个模式选择开关，用于选择动力模式（P）、经济模式（E）和普通模式（N）。电脑根据模式开关的信号按照不同的控制模式进行换挡控制。

该系统是通过 S_1、S_2 两个电磁阀来操纵 3 个换挡阀（即 1—2 换挡阀、2—3 换挡阀、3—4 换挡阀）的工作，以控制各个换挡执行元件的工作，实现挡位的变换。通过 1 个锁定电磁阀 S_3 控制锁定离合器的工作，在汽车高速行驶时使锁定离合器接合，以提高传动效率，降低油耗。

2. A340E 电子控制系统

丰田 CROWN3.0（皇冠）轿车所用的 A340E 自动变速器电子控制系统与 A43DE 型基本相同，不同的是 A340E 自动变速的电控系统和发动机（采用 2JZ-GE 电喷发动机）电控系统共用一个电脑。图 4-58 和图 4-59 分别是 A340E 自动变速器电控系统线路图和零件位置图。

电脑在控制自动变速器工作时，主要依据节气门位置传感器所测得的节气门开度信号和车速传感器所测得的车速信号进行换挡控制和锁定离合器控制，并通过 1 号、2 号两个电磁阀和 3 号锁定电磁阀来操纵 3 个换挡阀和 1 个锁定离合器控制阀，以实现挡位

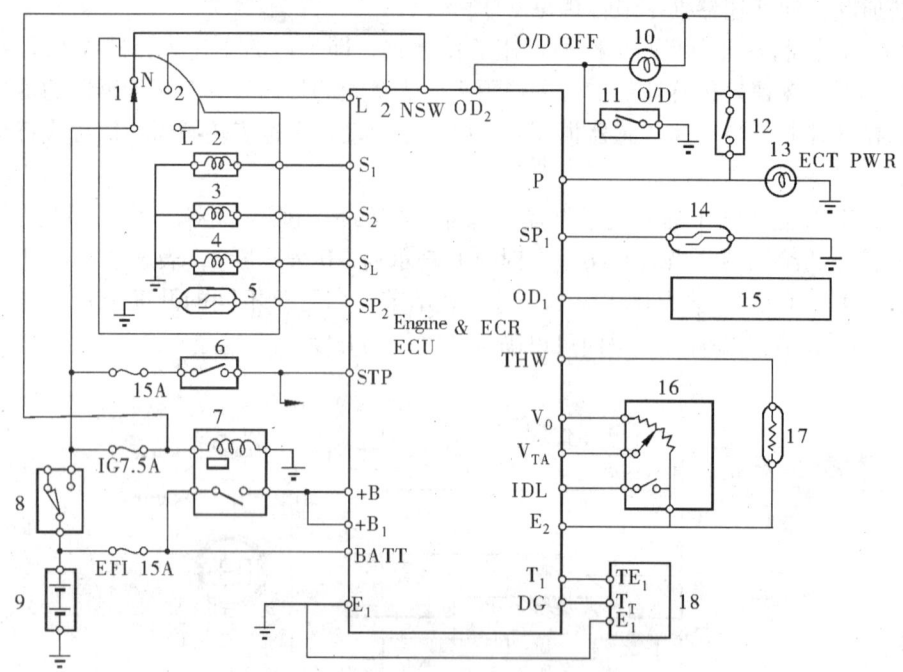

图4-58 丰田A340E型电控线路图

1—空挡启动开关；2—1号电磁阀；3—2号电磁阀；4—3号电磁阀；5—2号速度传感器；
6—停车灯开关；7—主继电器；8—点火开关；9—蓄电池；10—O/D OFF指示灯；
11—O/D主开关；12—模式选择开关；13—动力模式指示灯；14—1号速度传感器；
15—巡航控制ECU；16—节气门开度传感器；17—水温传感器；18—检查接头

变换和让锁定离合器接合或分离。该控制系统有1号和2号两个车速传感器，2号是主要的，1号是作备用的。电脑还能根据挡位开关、超速挡开关、刹车灯开关的信号及水温传感器的信号，选择不同的换挡控制程序，以满足不同的行驶条件时自动变速器的要求。该系统还设有1个模式开关，用于选择动力模式和经济模式。

电脑对于自动变速器来说，主要具有四大功能。

(1) 挡位控制。电脑根据操纵杆的位置、选择的模式、车速的大小和节气门开度等信号，控制1号、2号电磁阀的通、断，使换挡阀动作实现换挡。当操纵杆在R、P、N位置时电控系统是不控制的，自动变速器完全由液压或机械控制。

(2) 超速挡的控制。在以下情况下不允许进入超速挡：①操纵杆不在D位；②O/D开关未接通；③发动机水温低于60℃；④液压油温度高于80℃；⑤巡航实际车速比设定车速低4 km/h。

(3) 锁定控制。电脑根据车速和节气门开度信号控制3号电磁阀，3号电磁阀动作使锁定离合器控制阀移动，控制锁定离合器的接合或分离。在下列情况，锁定离合器不能接合：①刹车灯亮时；②怠速开关闭合时；③水温低于60℃时；④在换挡的瞬间。

(4) 故障自诊断和失效保护功能。该功能在介绍电脑控制内容时已有介绍，不再重复。

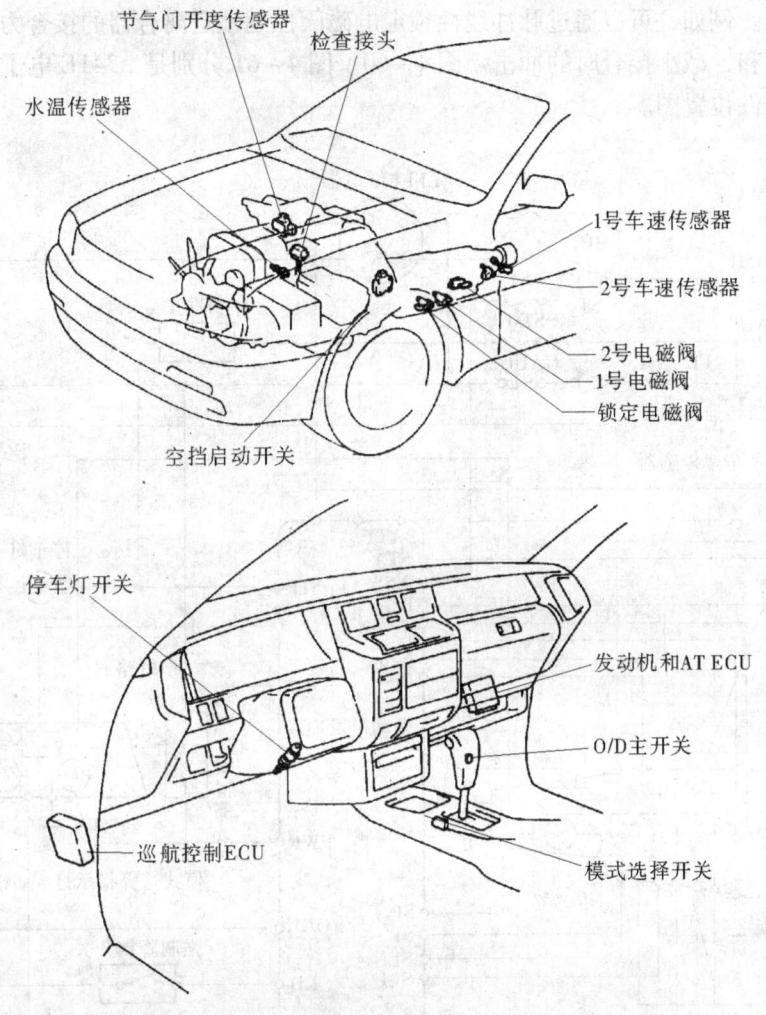

图 4-59 丰田 A340E 自动变速器电控系统零件位置图

3. A341E 和 A342E 电子控制系统

A341E 和 A342E 自动变速器是日本丰田汽车公司专门为凌志 LS400 豪华型轿车开发的一种高性能电子控制自动变速器。A341E 和 A342E 自动变速器电控系统完全相同，与 A340E 自动变速器电控系统相比，有了很大的改进。该控制系统仍和发动机控制系统共用一个电脑。其控制功能除了换挡控制和锁定离合器控制之外，还增加了改善换挡质量的控制和利用强制降挡开关进行的强制降挡控制。其中改善换挡质量的控制有两个内容：一个是发动机扭矩控制，用来延迟发动机点火时间，降低发动机扭矩，减少换挡冲击；另一个是蓄压器背压的控制，使换挡过程更平稳、柔和。

在这种自动变速器控制系统中有 4 个电磁阀，其中 2 个换挡电磁阀、1 个锁止电磁阀和 1 个油压电磁阀。一个脉冲线性式电磁阀，用于蓄压器背压的控制。在换挡过程中它按电脑的控制信号开启泄油孔，降低蓄压器背压，以减缓换挡执行元件的油压增长速度，减小换挡冲击。

另外，由于增加了输入轴转速传感器，可以更加精确地控制换挡过程和锁定离合器的接合过程。例如，可以通过脉冲线性锁定电磁阀控制锁定离合器的接合力，使其接合过程更加柔和，减小接合时的冲击。图 4-60、图 4-61 分别是 A341E 电子控制系统的线路图和零件位置图。

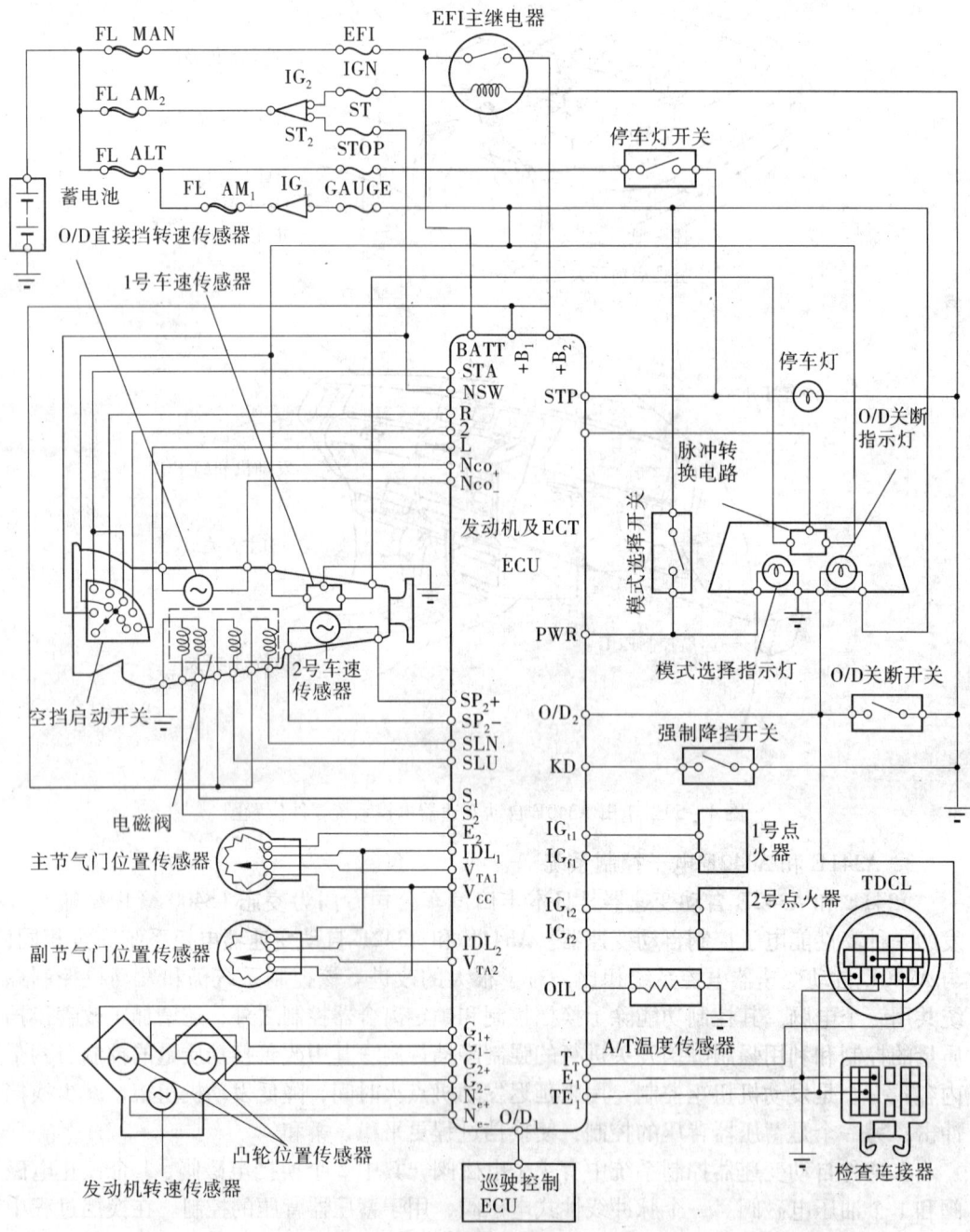

图 4-60　A341E 自动变速器电控系统线路图

第四章 控制系统结构与工作原理

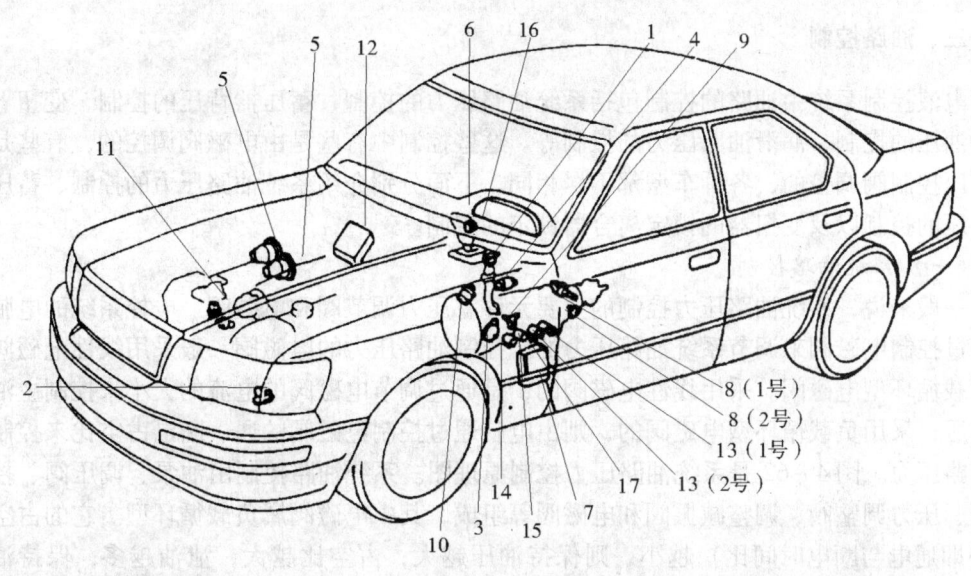

序号	零部件	功能
1	模式选择开关	根据换挡和锁定定时选择功率方式或正常方式
2	发动机转速传感器	检测发动机转速
3	空挡启动开关	检测换挡杆位置
4	停车灯开关	检测制动踏板是否踩下
5	节气门位置传感器	检测节气门开启角度
6	O/D 开关	如果 O/D 开关关断可防止换挡到 O/D 挡
7	行驶速度控制 ECU	ECU 防止变速器换挡到超速挡,同时也阻止在车速降低到设定的自动驱动车速以下时进行锁定控制
8	1号和2号转速传感器	检测车速。通常,ECT 控制采集由 2 号转速传感器发送信号,而 1 号转速传感器作为备用
9	O/D 直接挡离合器转速传感器	检测自第 1 挡齿轮至第 3 挡齿轮输入轴的转速
10	强制降挡开关	检测加速踏板踩下是否超过节气门全开位置
11	水温传感器	检测发动机冷却水温度
12	发动机和变速器 ECU	在每个传感器传来信号的基础上控制发动机和变速器
13	1号和2号电磁阀	控制作用在每个换挡阀上的液压和齿轮换挡位置及定时
14	4号电磁阀(供蓄压器背压调节)	调节作用在蓄压器背腔的液压和当换挡时使离合器和制动器接合柔和
15	3号电磁阀(供锁定压力调节用)	控制作用在锁定离合器上的液压和锁定定时
16	O/D 关断指示灯	当电子控制电路发生故障,而 O/D 主开关已推入时闪光警告驾驶员

图 4-61 A341E 自动变速器电控系统零件示意图及功能表

三、油路控制

电液控制系统中油路的控制包括系统油路压力的控制、蓄压器背压的控制、变扭器补偿油压的控制、润滑油路压力的控制等。这些控制中有些是由电磁阀调控的，有些是由液压控制阀调控的，各种车型都不尽相同。下面分别介绍系统油路压力的控制、蓄压器背压的控制以及变扭器的锁定离合器锁定的控制。

（一）系统油路控制

一般来说，系统油路压力控制的主要元件有压力调节阀和电磁阀。电控系统的电脑是通过控制电磁阀来调节系统油路压力的。控制油路压力的电磁阀一般采用线性电磁阀或负载循环型电磁阀。采用线性电磁阀的，是通过调节电磁阀的电流的大小来控制主油路油压；采用负载循环型电磁阀的，则由电脑通过控制电磁阀的通、断电占空比来控制主油路压力。图4-62是系统油路压力控制原理图。系统油路控制由油泵、调压阀、控制阀、压力调整阀、调整减振阀和电磁阀等组成，其中电磁阀属负载循环型。它的占空比（即通电与断电时间比）越小，则保持油压越大；占空比越大，泄油越多，保持油压越小。当油泵不工作时，调压阀在弹簧的作用下处于下端，泄油孔被完全关闭；当油泵工作时，有一路油经节流孔进入调压阀下端，作用在下端面上一个向上的油压力克服

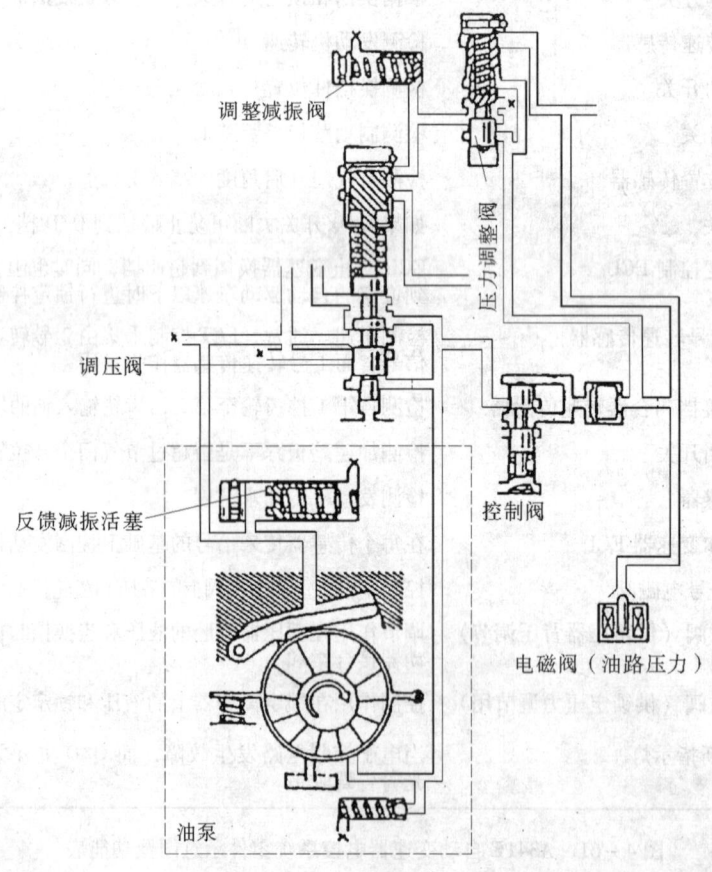

图4-62 系统油路压力控制

弹簧力使调压阀向上移动,通过调节油泵油口和泄油口的相通面积,达到调节系统油压的作用。此外,在调压阀的上端还作用有压力控制阀的油压,压力控制阀的油压的大小又受电磁阀的控制。电脑控制电磁阀的占空比就可以控制整个系统油路压力。

电磁阀的占空比较大时,电磁阀的泄油孔泄油越多,控制阀上端作用油压越小,控制阀上移量越大,控制阀输出油压越小,作用在调压阀上端的压力越小,则调压阀调节的系统油路压力也小。反之,若电磁阀的占空比较小时,则系统油路压力也较大。电磁阀的通断时间比由电脑根据发动机负荷、车速和操纵手柄的位置等工况综合考虑来确定,从而使系统油路压力的大小与车辆行驶的状况有关,使油泵输出的油压更加符合实际的使用情况。

(二) 蓄压器背压的控制

1. 负载循环型电磁阀控制的蓄压器背压

图 4-63 是利用电磁阀控制系统油路和蓄压器背压的油路图的一部分。电磁阀是负载循环型的。蓄压器控制阀上作用主油路油压和电磁阀油路油压。主油路压力作用在控制阀左端,推动阀体右移;电磁阀油压作用在控制阀右端,推动阀体左移。电脑控制电磁阀通电的占空比越大,电磁阀泄油量越多,蓄压器控制阀被主油路压力推向右移位置越大,蓄压器背压就越小;反之,电磁阀通电的占空比越小,蓄压器的背压就越大。电脑通过控制电磁阀的占空比就可以实现控制蓄压器的背压,从而进一步提高换挡平顺性,改善换挡品质。

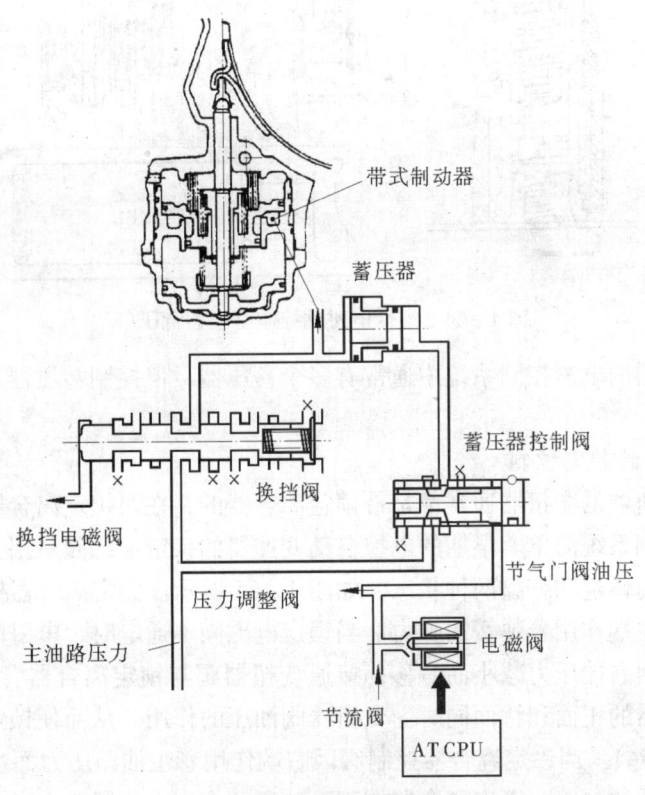

图 4-63 负载循环型电磁阀控制蓄压器背压

2. 线性电磁阀控制

图4-64是利用线性电磁阀控制蓄压器背压的控制系统。线性电磁阀由电脑控制，供给电磁阀的电流越大，电磁阀油压也越大，反之则小。在蓄压器控制阀上作用有节气门阀压力、电磁阀压力、主油路压力、反馈油压以及它本身的弹簧的张力。其中节气门阀压力、弹簧张力、主油路压力的作用是使阀体向下，蓄压器背压增大；电磁阀压力和反馈油压的作用是使阀体向上，蓄压器背压减小。当主油路压力和节气门阀压力一定时，蓄压器背压的大小只与电磁阀通电电流的大小有关。电磁阀通电电流越大，电磁阀压力就越大，蓄压器控制阀上移位置越多，蓄压器背压就越小。反之，电磁阀通电电流越小，蓄压器背压就越大。当然，当电磁阀无电流通过时，蓄压器背压为最大。这样，当电控系统出现故障时，蓄压器仍然有最大的背压。

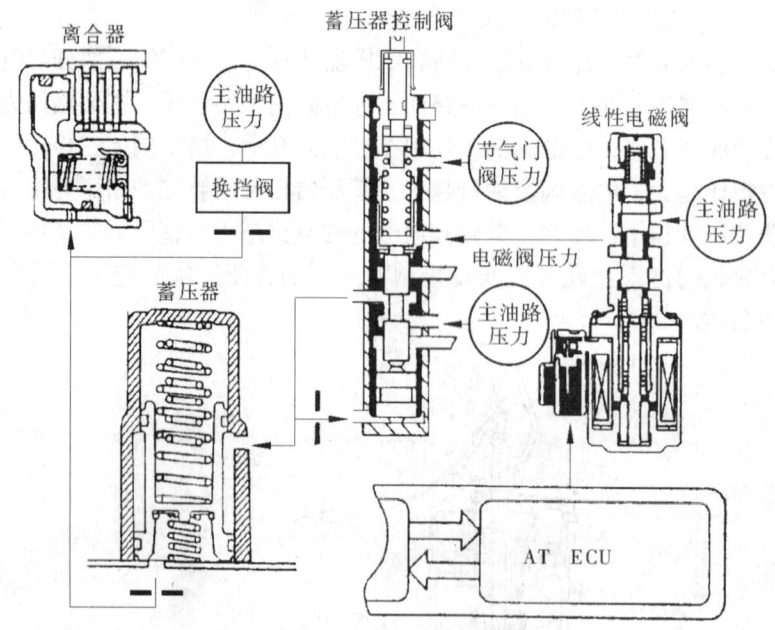

图4-64 线性电磁阀控制蓄压器背压

在自动变速器的电液控制系统中通常有多个蓄压器，但控制蓄压器背压的电磁阀只要一个就足够了。

（三）变扭器的锁定控制

电控自动变速器的变扭器通常都是带锁定离合器的，在对锁定离合器的控制上电控系统比液力式控制系统简单。早期的电控自动变速器的锁定电磁阀只用一个开关式电磁阀，控制变扭器的锁定和分离两种状态，如图4-65所示。锁定离合器控制阀右端作用着主油路压力，左端作用着弹簧的弹力。当锁定电磁阀不通电时，电磁阀的泄油孔开启而泄压，控制阀因右端压力减小而右移，接通变扭器阀与锁定离合器背面之间的油路，这样，锁定离合器的正面和背面同时受变扭器阀油压的作用，从而使锁定离合器处于分离状态（图4-65a）。当锁定离合器控制阀因右端作用着主油路压力而左移，接通锁定离合器背面泄油孔的油路，锁定离合器在正面油压的作用下而紧贴在变扭器壳体上，使锁定离合器处于锁定状态。锁定与分离的控制是由电脑根据车速、节气门开度等因素确定的。

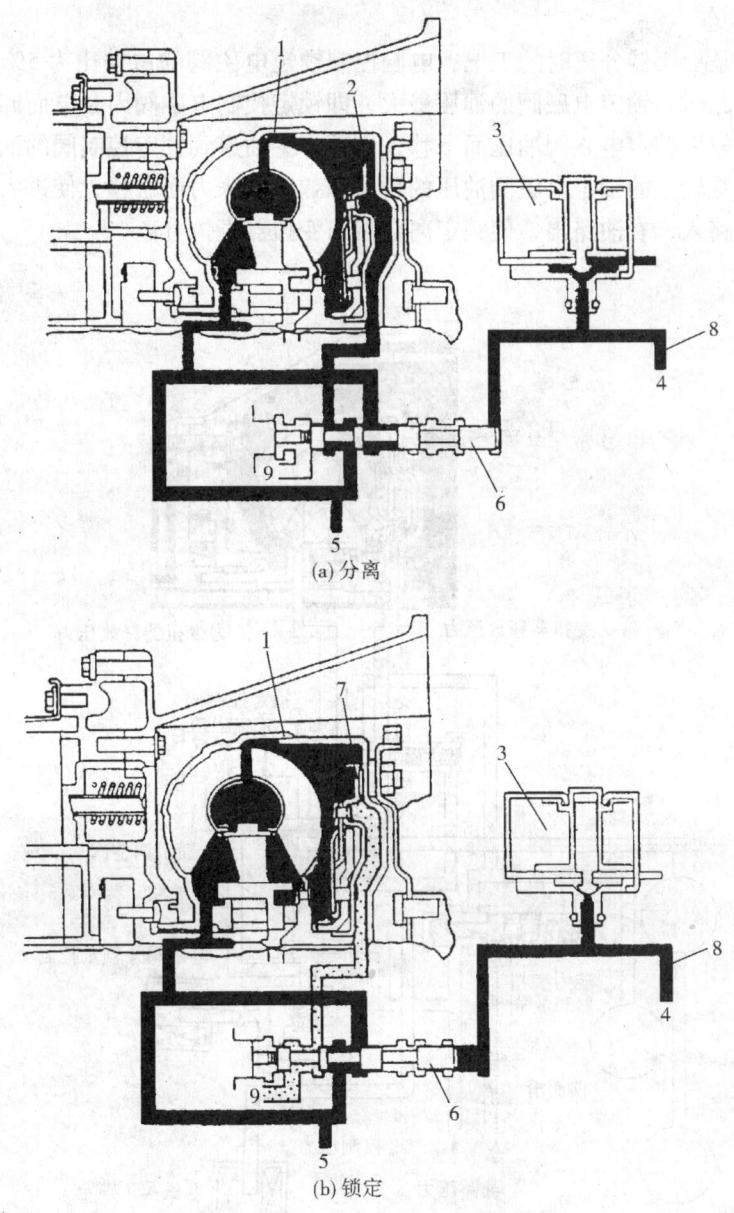

图 4-65 变扭器的锁定控制
1—变扭器；2—锁定离合器（分离）；3—锁定电磁阀；4—主油路压力；5—变扭器阀油压；
6—锁定离合器控制阀；7—锁定离合器（锁定）；8—节流孔；9—泄油孔

目前许多新型电控自动变速器的变扭器锁定控制具有三种工作状态：分离、接合、半分离半接合。这种变扭器的锁定控制可以采用两个电磁阀来完成，一个是开关型的，另一个是负载循环型的，如图 4-66、图 4-67、图 4-68 所示。开关型电磁阀用作锁定控制电磁阀，通电保压，断电卸压；负载循环型电磁阀用作锁定电磁阀，它的通电与断电时间比从5%到95%变化，该时间比越大电磁阀油压越小。

1. 分离状态

图4-66是变扭器分离时的工况，电脑控制锁定电磁阀的占空比为5%，锁定控制电磁阀断电。此时，锁定电磁阀的油压最大，即锁定控制电磁阀因断电而卸压，锁定调整阀上端因受较大锁定电磁阀油压而下移，切断了主油道到锁定控制阀的油道。而锁定控制阀的左端受较大的锁定电磁阀油压的压力和弹簧的张力而右移，使进入变扭器的油路压力从左油路入，右油路出，使锁定离合器与变扭器壳体分离。

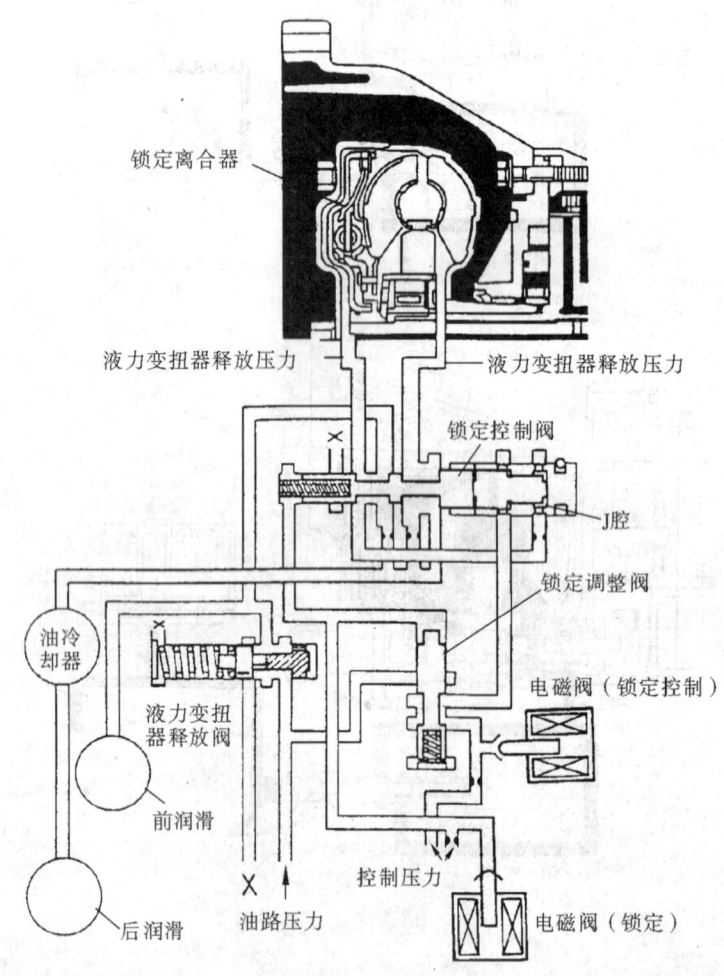

图4-66 分离工况

2. 接合状态

图4-67是变扭器接合时的工况，电脑控制锁定电磁阀的占空比为95%，锁定控制电磁阀通电。此时，锁定电磁阀的油压最小，而锁定控制电磁因通电而保压。锁定调整阀因上端压力减小、下端压力加大而上移，接通了主油道到锁定控制阀的油道，

使锁定控制阀因左端油压的减小而左移,从而使进入变扭器的油路压力从右油路流入,左油路流出。锁定离合器因右侧油压加大、左侧油压泄空而完全与变扭器壳体接合在一起。

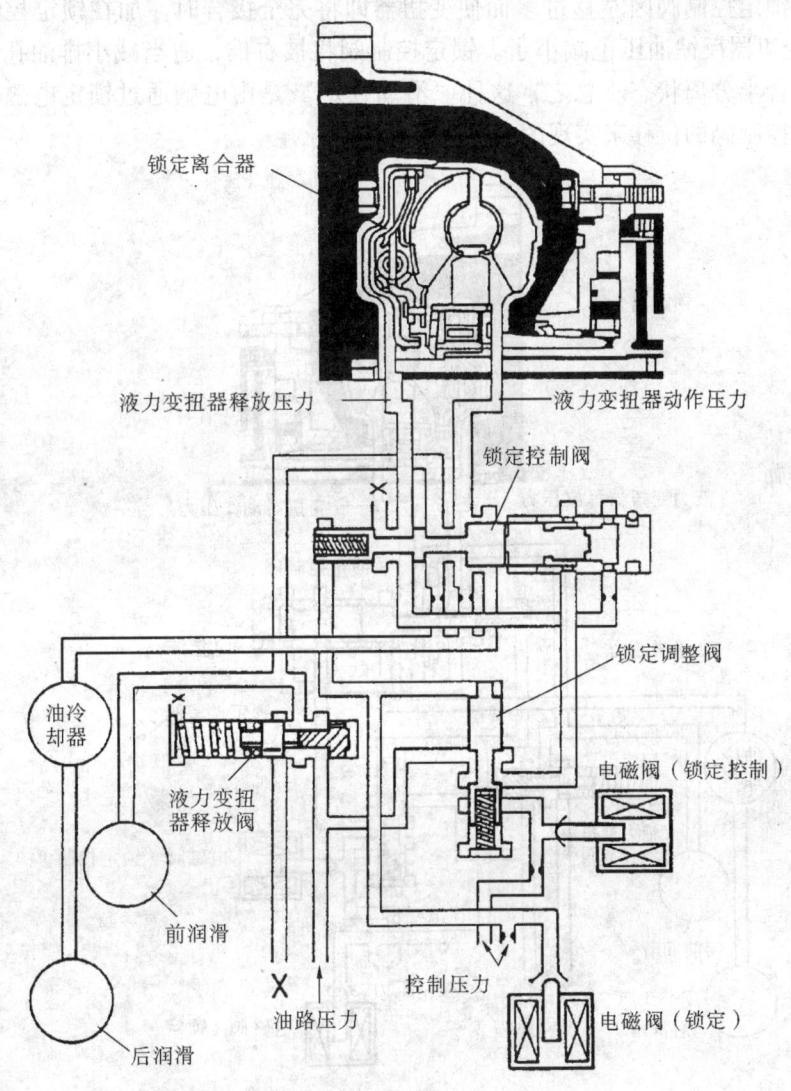

图4-67 接合工况

3. 半分离半接合状态

电脑根据操纵手柄的位置、节气门的开度、车速的大小等因素来控制变扭器的分离、接合、半分离半接合。所谓半分离半接合状态,就是调整变扭器泵轮、涡轮的转速差为合适的值(一般为70 r/min)。图4-68是变扭器半接合半分离的工况。电脑控制锁定电磁阀的占空比在5%～95%之间调整,从而控制了加在锁定控制阀左端和锁定调整阀顶端的控制压力(即锁定电磁阀输出压力)的大小。假如变扭器是分离状态的,当汽车行驶的工况达到半接合半分离的条件时,电脑控制锁定电磁阀的通断比率从5%

逐渐上升,那么锁定调整阀顶端的控制压力从最大逐步下降,使得进入锁定控制阀右端的主油路油压逐渐增大,锁定控制阀左端的控制油压因锁定电磁阀的通电占空比的增大而减小,锁定控制阀左移直到排油孔打开,使变扭器处于"滑动锁定"这样一种半接合状态。当锁定控制阀因左移过多而使变扭器即将完全接合时,加在锁定控制阀右侧(J腔)的变扭器反馈油压也减小了。锁定控制阀将被右推,适当减小排油孔,变扭器又处于半接合半分离状态。总之,这种"滑动锁定"是由电脑通过锁定电磁阀控制压力调整锁定控制阀的位移来实现的。

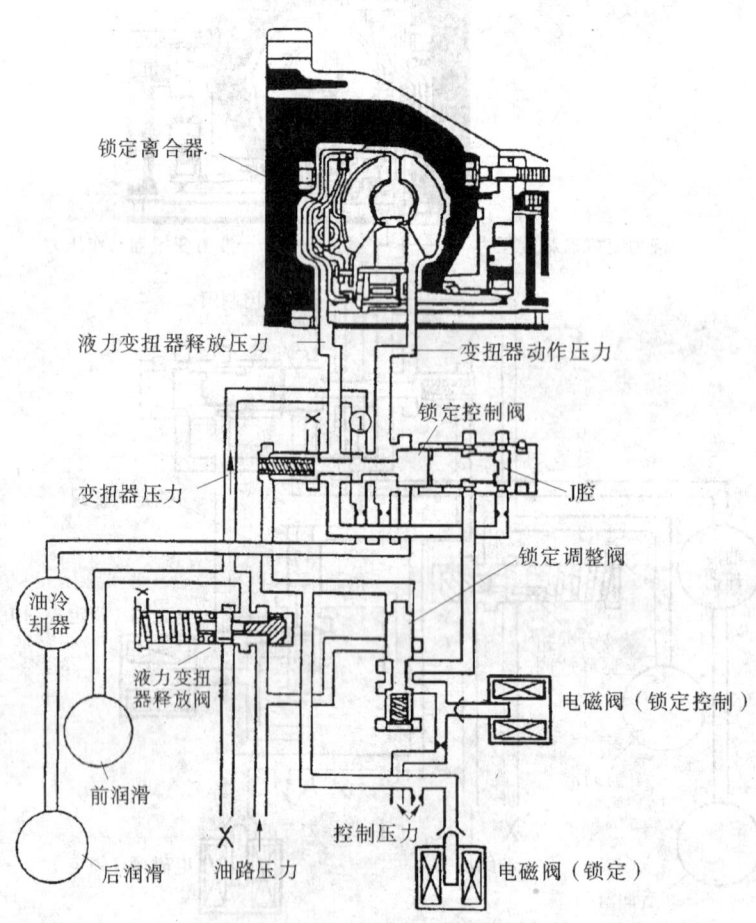

图4-68 半分离半接合工况

4. 采用单只负载循环型电磁阀控制的变扭器

图4-69的锁定电磁阀采用负载循环型电磁阀,电脑可以利用脉冲电信号占空比的大小来调节锁定电磁阀的开度,以控制作用在锁定控制阀右端的油压,从而控制锁定控制阀左移时所打开的排油孔的开度,并由此达到控制锁定离合器的工作状态。当锁定离合器要在分离状态工作时,电脑控制锁定电磁阀的占空比为0,锁定控制阀右端因电磁阀关闭而没有油压作用,锁定控制阀右移,此时锁定离合器左右两侧的油压相同。当锁定离合器要在完全接合状态下工作时,电脑控制锁定电磁阀的占空比最大。当汽车的行

驶条件已接近但尚未达锁定控制程序所要求的条件时，锁定离合器则处于滑动锁定状态（即半接合状态，可提高变扭器的传动效率，减少燃油损耗），此时电脑控制锁定电磁阀脉冲信号的占空比较小（相对于完全锁定状态而言），电磁阀的开度和作用在锁定控制阀右端的油压以及锁定控制阀左移打开的排油孔开度均较小，锁定离合器活塞左右两侧油压差以及由此而产生的锁定离合器接合力也较小，使锁定离合器处于半接合半分离状态。

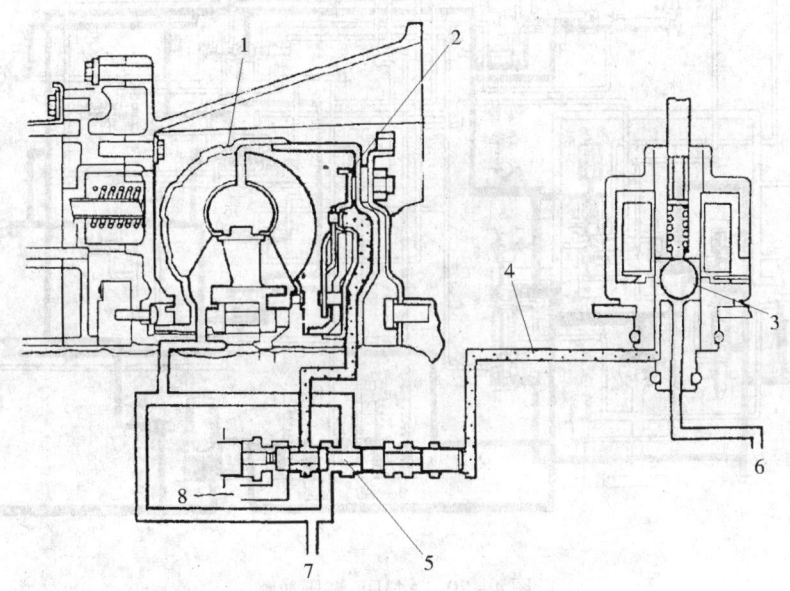

图4-69 变扭器锁定离合器控制工作原理示意图
1—变扭器；2—锁定离合器；3—锁定电磁阀；4—可调节的控制压力；
5—锁定控制阀；6—主油路；7—来自变扭器阀；8—泄油孔

（四）电控换挡油路分析

一般来说，有4个前进挡的电控自动变速器通常有3个换挡阀（即1—2换挡阀、2—3换挡阀和3—4换挡阀）。这3个换挡阀可由3个换挡电磁阀来控制，也可以只用2个电磁阀来控制，并通过3个换挡阀之间油路的反锁作用实现4个挡位的变换。目前大部分电控自动变速器都是采用2个电磁阀控制3个换挡阀的控制方式。图4-70是丰田A43DE电液控制油路图。该自动变速器由2个电磁阀（1号和2号电磁阀）控制换挡，1个电磁阀（3号电磁阀）控制变扭器的锁定或分离。电磁阀都是通电时卸压、断电时保持油压的开关型电磁阀。手动阀开通的油路因操纵杆的位置不同而有所不同，手动阀的位置及开通的油路如下（图4-70）：

R位时，b—a通；

D位时，b—c通；

2位时，b—c、d通；

L位时，b—c、d、e通；

N位时，a、b、c、d、e互不相通。

下面对A43DE自动变速各挡油路分别叙述。

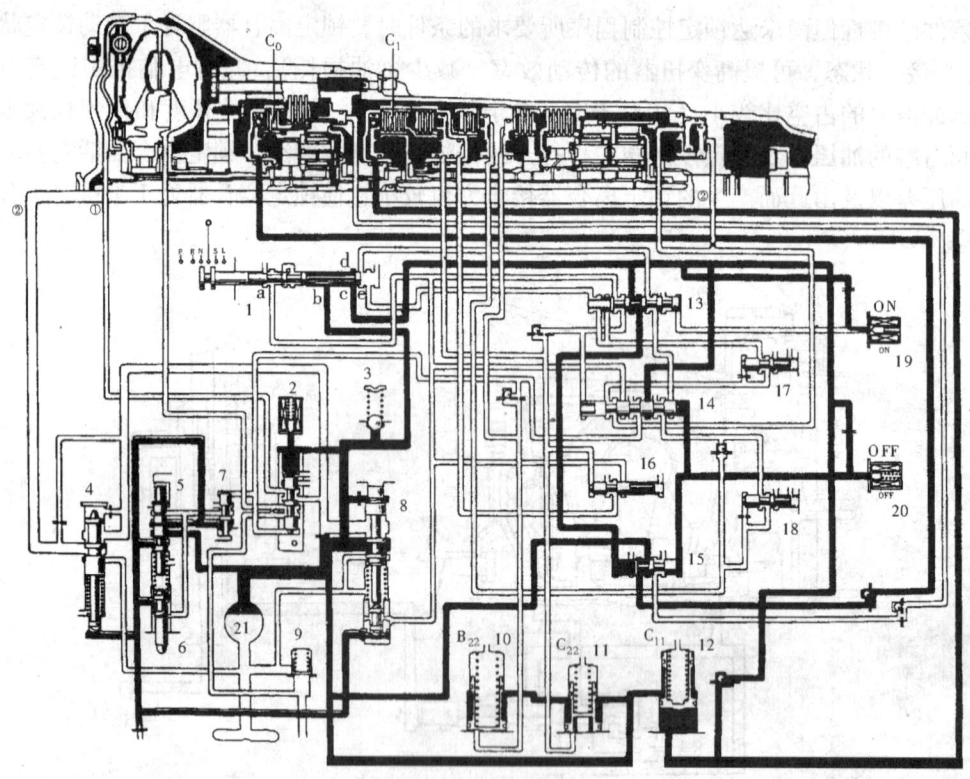

图 4-70 A43DE 液压油路

1—手动阀；2—3号电磁阀；3—卸压球阀；4—次级调节阀；5—节气门阀；6—降挡柱塞；
7—止回阀；8—初级调节阀；9—冷却器旁通阀；10—B_{22} 蓄压缓冲器；11—C_{22} 换挡阀；
12—C_{11} 蓄压缓冲器；13—2—3换挡阀；14—1—2换挡阀；15—3—4换挡阀；16—倒挡离合器顺序阀；
17—低挡滑行调节阀；18—中间调节阀；19—1号电磁阀；20—2号电磁阀；21—油泵

1. 空挡（N）油路

当操纵手柄位于 N 位时，除超速离合器 C_0 接合外，其他离合器和制动器都不工作，3 个电磁阀也不通电，其具体油路如下：

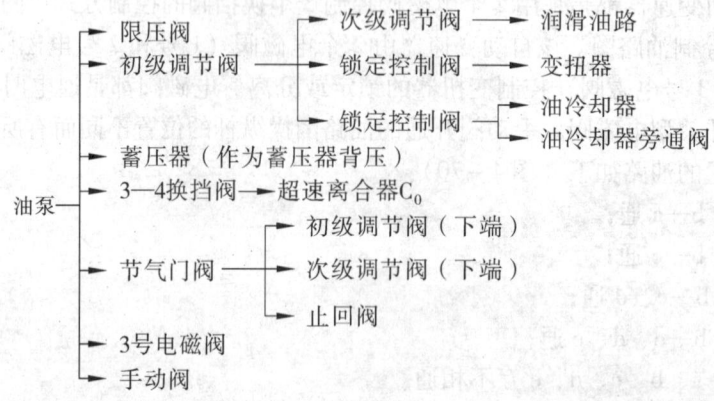

116

2. D—1挡油路

当手动阀在D位时，打开b—c油道，从油泵来的油经手动阀b—c油道至前离合器C_1和C_{11}蓄压缓冲器，汽车按D—1挡行驶。在D—1挡，1号电磁阀通电使电磁阀油路卸压，2号电磁阀断电而保压，1—2换挡阀左移，关闭2挡油路；2—3换挡阀右移，关闭3挡油路。同时使主油路油压作用在3—4换挡阀左端，让3—4换挡阀锁止在右端位置。由于车速很低，变扭器的锁定离合器应分离，故3号电磁阀断电。D—1挡具体油路如下：

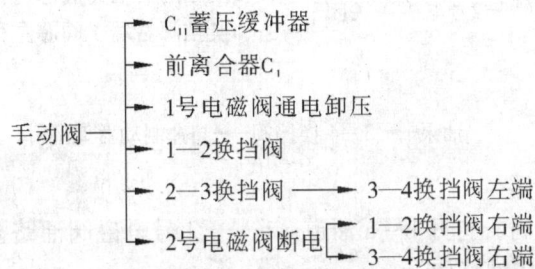

3. D—2挡油路

在D—2挡时，1号、2号电磁阀都通电，3号电磁阀视汽车行驶状况而定。1—2换挡阀右端油压下降，阀芯右移，打开2挡油路。其具体油路如下：

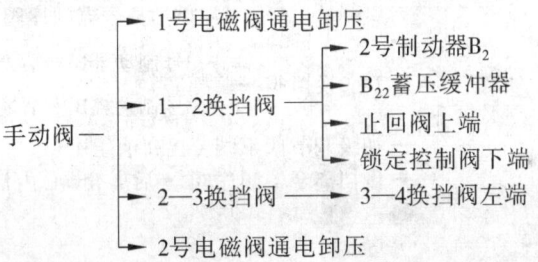

在D—2挡时开通了至止回阀上端和锁定控制阀下端的油路。止回阀在油压作用下下移，使系统的油压有所降低。锁定控制阀下端有油压作用，当3号电磁阀通电卸压时，阀芯上移，使变扭器的锁定离合器处于结合状态，可以减少动力损失，提高经济性。

4. D—3挡油路

在D—3挡时，1号电磁阀断电保压，2号电磁阀通电卸压，3号电磁阀断电或通电。1号电磁阀断电使2—3换挡阀右端油压上升，阀芯左移，打开3挡油路。同时将主油路油压作用在1—2换挡阀左端，并让3—4换挡阀左端控制压力泄空。其具体油路如下：

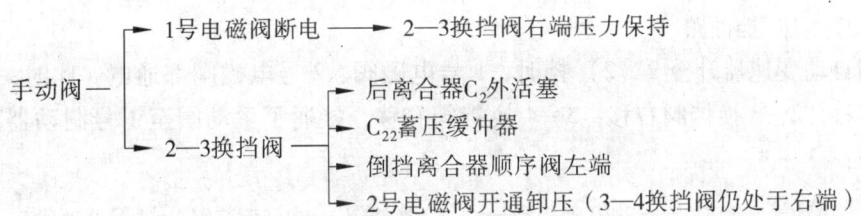

5. D—4挡油路

在D—4挡时,1号、2号电磁阀都断电,3号电磁阀断电或通电。3-4换挡阀右端控制压力上升,阀芯左移,关闭超速离合器C_0油路,打开超速制动器B_0的油路。此时由于1—2换挡阀左端作用着主油路油压,虽然右端有控制压力,阀芯仍保持在右端而不能左移,其具体油路如下:

手动阀 ┬─ 1号电磁阀关闭 ──→ 2—3换挡阀右端(阀芯左移)
　　　 └─ 2号电磁阀关闭 ┬─ 1—2换挡阀右端(阀芯仍在右端)
　　　　　　　　　　　　└─ 3—4换挡阀右端(阀芯左移)

开通油路:

油泵 ──→ 3—4换挡阀 ──→ 超速制动器B_0

6. 倒挡(R)油路

当手动阀在R位时,打开b—a油道,1号、2号电磁阀油路被切断,所以1号、2号电磁阀断电。其具体油路如下:

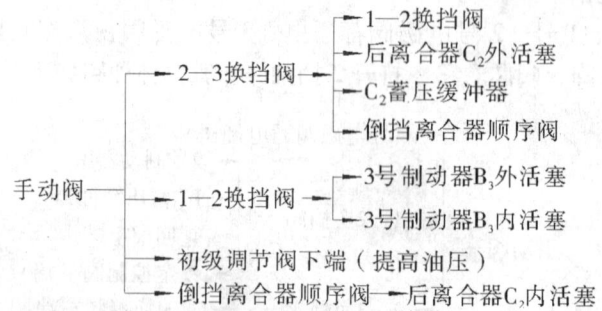

7. 2(1)挡油路

当手动阀在2位时,打开b—c、d油道,当车速较低时,自动变速器处于2(1)挡,此时,1号电磁阀通电,2号电磁阀断电,1—2换挡阀左移,关闭3挡油路,同时使主油路油压作用在3—4换挡阀左端,让3—4换挡阀锁止在右端位置。其具体油路为:

① 手动阀(d口) ──→ 2—3换挡阀 ──→ 1—2换挡阀

② 油泵 ──→ 3—4换挡阀 ──→ 超速离合器C_0

③ 手动阀(c口) ┬─ 前离合器C_1
　　　　　　　 └─ C_{11}蓄压缓冲器

8. 2(2)挡油路

当自动变速器升至2(2)挡时,1号电磁阀、2号电磁阀都通电。此时,1—2换挡阀右移,2—3换挡阀右移,3—4换挡阀右移,接通了手动阀至1号制动器B_1的油路,即:

手动阀(d口) ──→ 2—3换挡阀 ──→ 1—2换挡阀 ──→ 中间调节阀 ──→ 1号制动器B_1

9. L挡油路

当手动阀处于闭锁1（L）位时，打开b—c、d、e油道，1号电磁阀通电，2号电磁阀断电。L挡油路与2（1）挡油路基本相同，不同的地方是手动阀开通一条到3号制动器的油路。L挡油路如下：

手动阀（e口）→ 2—3换挡阀 → 低挡滑行调节阀 → 1—2换挡阀 → 低挡、倒挡制动器B_3的内、外活塞

10. 当电子控制系统失效时

当电子控制系统不起作用时，1号、2号、3号电磁阀都不工作，自动变速器所处的挡位与手动阀的位置有关，即与手动阀开通的油道有关。

当手动阀在L位时，打开b—c、d、e油道，此时，1—2换挡阀左移，2—3换挡阀右移，3—4换挡阀右移。自动变速器的超速离合器C_0、前进离合器C_1、低挡及倒挡制动器B_3都工作，自动变速器自然处于闭锁1挡。

当手动阀在2位时，打开b—c、d油道，此时，1—2换挡阀左移，2—3换挡阀左移，3—4换挡阀右移。2—3换挡阀左移，使得手动阀的C油道与高挡及倒挡离合器C_2的液压缸相通，自动变速器的动力传递路线与D—3挡相同。

当手动阀处于D位时，由于1号、2号电磁阀都不工作，此时开通的油路与D—4挡相同，即自动变速器将直达超速挡。

11. 小结

在进行电控变速器挡位油路分析时，应清楚手动阀所处的位置及开通的油道，再结合换挡电磁阀的状态进行分析，必须指出，不同的电控自动变速器，控制原理是一样的，但控制过程会有所不同，即手动阀开通的油道、换挡电磁阀的组合形式会有所不同。现将A43DE自动变速器各挡位对1号、2号、3号电磁阀工作状态归纳为表4-2。

表4-2 丰田A43D各挡电磁阀工作情况

变速杆位置	P	R	N	D				2		L
				1	2	3	4	1	2	
1号电磁阀	○	○	○	√	√	×	×	√	√	√
2号电磁阀	○	○	○	×	√	√	×	×	√	×
3号电磁阀	×	×	×	×	×	√	×	√	×	√
手动试验行驶挡位	停车	倒挡	空挡	4挡				3挡		1挡

注：√电磁阀通电；×电磁阀断电；○与电磁阀状态无关。

练习题

1. 自动变速器控制系统的作用是什么？
2. 自动变速器控制系统由什么组成的？
3. 自动变速器的油泵有什么作用？一般常见的类型有哪些？

4. 压力调节阀有什么作用？简述主调节阀的工作过程。
5. 液力式控制系统主要根据哪些信号控制换挡的？
6. 节气门阀有什么作用？简述机械式节气门阀的工作过程。
7. 调速器有什么作用？简述节流式调速器的工作过程。
8. 手动阀在液压控制过程中起到什么作用？
9. 换挡阀的作用是什么？简述丰田 A43D 自动变速器 1—2 换挡阀由 1 挡升 2 挡的工作过程。
10. 改善自动变速器的换挡品质有哪些方法？
11. 改善自动变速器的换挡品质的装置有哪些？
12. 试想一下，应怎样评定自动变速器的换挡品质？
13. 液力式控制系统是如何控制锁定离合器的分离与锁定的？
14. 在 A43D 液控系统中，改善换挡品质的元件有哪些？
15. 在 A43D 液控系统中，是怎样实现"没有低挡就不能升高挡"的要求的？
16. 通过对 A43D 液控系统的控制过程分析，请谈一下对自动变速器的油路分析有哪些技巧？
17. 电液式控制系统与液力式控制系统相比，具有哪些优点？
18. 自动变速器电子控制系统一般由哪些装置组成的？
19. 模式选择开关有什么作用？自动变速器一般有哪些控制模式？
20. 电控自动变速器的控制开关有哪些？各有什么作用？是正触发开关，还是负触发开关？
21. 电控自动变速器的控制系统有哪些传感器？你能说出它的安装位置及工作原理吗？
22. 试说明开关型、负载循环型和线性电磁阀之间的主要区别。
23. 自动变速器电脑控制的内容通常有哪些？
24. A340E 和 A341E 电子控制系统有什么不同？
25. 电液式控制系统中油路的控制包括那些内容？
26. 请分析当电液式控制系统的主油路压力电磁阀失效时，系统主油路压力是上升还是下降？为什么？
27. 请分析当蓄压器背压控制电磁阀失效时，蓄压器背压是最大还是最小？这样有什么好处？
28. 电控自动变速器的变扭器的半分离半接合工况失效时，请分析造成这种故障的可能原因。
29. 谈谈你是怎样分析电控自动变速器挡位油路的？

第五章 自动变速器的使用、维护与测试

自动变速器的结构和工作原理都十分复杂，正因为复杂，所以它的维修难度较大。因此，自动变速器的正确使用、维护和保养很重要。

第一节 自动变速器的使用及注意事项

一、不同工况下自动变速器的使用

1. 启动

（1）正常启动。启动发动机时，应拉紧手刹或踩住制动踏板，将自动变速器的操纵手柄置于 P 位或 N 位，将点火开关转至启动位置，启动马达才会转动，操纵手柄在其他任何位置，都是不能启动的。

（2）汽车在行驶中熄火后启动。装有自动变速器的汽车在行驶途中突然熄火时，重新启动发动机的操作过程与正常启动的操作过程是相同的。

2. 起步

（1）发动机启动成功后，应停留几秒后再挂挡起步。

（2）起步时应先踩住制动踏板，然后再挂挡，并查看操纵手柄所处的位置是否正确，然后松开手刹，抬起制动踏板，缓慢踩下油门踏板加速起步。

（3）不允许边踩油门踏板边挂挡，或先踩油门踏板后挂挡，或挂挡后仍踩着制动踏板或未松开手刹就加大油门。

3. 一般道路行驶

（1）在一般道路行驶时，操纵手柄应置于 D 位，并将超速挡开关打开，这样自动变速器就会在 D—1 挡至 D—4 挡之间选择最适合汽车行驶的挡位。

（2）如果有模式选择开关的，当选择在经济模式或标准模式时，可提高汽车行驶的经济性，当选择动力模式时，可提高汽车的动力性。

4. 倒车

倒车时必须在汽车完全停稳后才能将操纵手柄置于 R 位置，在平路上倒车时，完全可以放松油门踏板，以怠速倒车；当阻力较大时，应缓缓加大油门，同时要随时注意制动，防止车速过快。

5. 坡道行驶

在一般坡道上行驶，按照一般道路行驶的方法，将操纵手柄置于 D 位，用油门和制动踏板控制上下坡的车速，如果坡道较长导致行驶阻力较大时，应将超速挡开关关闭，防止汽车在 D—3 挡与 D—4 挡之间循环跳挡。若坡道较陡，应将操纵手柄位于 2 位或 1 位，也可有效防止自动变速器的循环跳挡。

6. 发动机制动

在汽车下坡时，为防止汽车自动变速器输出轴自由转动而导致车速过高，可将操纵手柄置于闭锁2位或1位，并使油门踏板松到最小，使发动机维持运转，这样可利用发动机运转阻力让汽车减速，即利用发动机制动的作用。注意不能在车速较高时将操纵手柄从D位拨至2位或1位，防止自动变速器中的摩擦片因急剧摩擦而损坏。当车速较高时，应先用制动器将车速降低，再将操纵手柄从D位换至2位或1位。

7. 雪地或泥泞路面行驶

在雪地或泥泞路面行驶时，为防止自动变速器因打滑而升挡，应将操纵手柄置于闭锁挡位置，即可利用油门开度来控制车轮的转速，防止驱动轮打滑，设有保持开关的自动变速器也可打开保持开关，再用操纵手柄选择适当的挡位行驶。

8. 停车

如果是等待交通信号或堵车等原因而临时停车，若停车时间稍长，最好同时用脚制动和手制动，以免不小心松开踏板时汽车向前闯而发生意外，若停车时间较长，应将操纵手柄置于N位，并拉紧手刹，以免造成自动变速器液压油温度过高。如果是泊车停放，应将操纵手柄置于P位，并拉紧手刹，关熄发动机。

二、自动变速器使用时的注意事项

自动变速器使用得当，则会充分发挥它的优越性能，延长它的使用寿命。在驾驶自动变速器的汽车时，应注意以下几点：

（1）在汽车行驶过程中，除非有需要，否则不要将操纵手柄在D位、2位、1位之间来回拨动。也不要将操纵手柄置入空挡或下坡时用空挡滑行，防止因发动机转速过低而使油泵出油量减少，造成仍然高速运转的齿轮机构因润滑不良而损坏。

（2）加速时应缓慢踩油门踏板。在自动变速器换挡的时刻，不应猛烈踩油门踏板，防止自动变速器中的摩擦片、制动带等受到严重损坏。

（3）当从前进挡换成倒挡或从倒挡换成前进挡时，必须在汽车完全停稳时才能操纵换挡杆。

（4）汽车未停稳前禁止将自动变速器操纵手柄置入停车挡P位，否则将损坏停车锁止机构。

（5）发动机怠速应符合标准。怠速过高，汽车在挂挡时有撞动，怠速过低，在坡道上起步时，若松开制动后没有及时加油门，汽车会后溜，增加坡道起步的操作难度。

（6）在进行下列操作时，应按下操纵手柄上的锁止按钮才能移动操纵手柄。

①由P位移至其他任何挡位或其他任何挡位移至P位；

②由任何挡位移至R位。

在汽车行驶过程中，操纵手柄由低挡位换至高挡位，即按"1位→2位→D位"的顺序进行变换时，可以不受任何车速的限制。但由高挡位换至低挡位时，即由"D位→2位→1位"的顺序变换时，必须让汽车减速到车速低于相应的升挡车速后才能进行。比如，当从D位换至2位，必须将车速降低至2—3挡的升挡车速后才能进行，如果强制从高挡位换至低挡位，在车速过高时汽车会受到发动机强烈的制动作用，使相应的执行元件因剧烈的摩擦而损坏。因此，有些车型的操纵手柄在高挡位向低挡位移动时，也必须按下锁止按钮才能移动。

第二节 自动变速器的一般检查和调整

一、发动机怠速的检查

发动机怠速过高，汽车在操纵手柄挂入前进挡或倒挡时会出现换挡冲击等故障；怠速过低，在挂挡或汽车行驶过程中松油门时容易造成发动机熄火。因此怠速过高或过低均应予以调整。检查怠速时应将自动变速器操纵手柄置于停车挡（P）或空挡（N）位置。一般装有自动变速的汽车发动机怠速范围为 650～750 r/min。

二、液压油品质和油面高度的检查

自动变速器液压油品质的检查方法：将油尺上的液压油滴在干净的白纸上，检查液压油的颜色及气味。正常液压油的颜色一般为粉红色，且无异味。如油液呈棕色或有焦味，说明已变质，则应立即换油。若液压油只有轻微变质或产生轻微焦味，说明自动变速器内的摩擦片有少量磨损，可换油后再作进一步的检查。如换油后能正常工作，无明显故障，可以继续使用，不必拆修。若液压油有明显变质或产生严重焦味，可进一步拆检油底壳。若油底壳有大量摩擦粉末沉淀，说明自动变速器磨损严重，应立即拆修。

一般进口轿车自动变速器每正常行驶 10～20 万公里，必须换油一次。此外，自动变速器每行驶 2 万公里或 6 个月后应检查一次液压油的油面高度和液压油的品质。

检查油面高度的方法：将汽车停放在水平地面上，让发动机怠速运转，踩住制动踏板，将操纵手柄挂入各个挡位，然后挂回停车挡（P）位置，擦净油尺，检查油尺上的油面高度。

油面高度的标准：如果自动变速器处于冷态（即冷车刚刚启动，液压油的温度较低，为室温或低于 25℃），油面高度应在油尺刻线的下限附近；如果自动变速器处于热态（液压油温度已达 70～80℃），油面高度应在油尺刻线的上限附近（图 5-1）。这是因为低温时液压油的粘度较大，运转时有较多的液压油附着在行星齿轮等零件上，所以油面较低，高温时液压油粘度小，容易流回油底壳，因此油面较高。

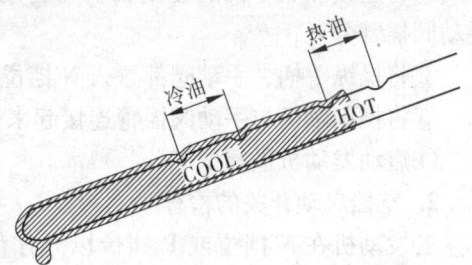

图 5-1 自动变速器油面高度的检查

若油面高度过低，应向加油管内加入液压油，直到油面高度符合标准为止。若油面高度过高，应松下自动变速器油底壳上的放油螺塞进行调整。有些自动变速器是没有放油螺塞的，当需要调整液面高度时，可从加油管往外吸。大家知道，油面过低，液压油进入的空气量过多，容易造成液压系统压力不足；油面过高，当自动变速器运行时，油液被行星排剧烈搅动，会产生大量的泡沫，这些泡沫进入油泵和控制系统后，对自动变速器的工作极为不利,其后果和油面过低时是一样的。

自动变速器油面高度应在液力变扭器及换挡执行元件的液压缸都充满之后(或油温达到正常温度之后),油底壳里的油面高度应高于阀板总成与变速器壳体的安装接合面,但又低于行星排旋转零件的最低位置为合适,这样可以避免液压油被搅动而产生泡沫,又可以防止阀板总成在工作中渗入空气。

一般自动变速器的总油量为 10 L 左右,自动变速器油底壳内的贮油量为 4 L 左右。加注自动变速器油时,若要更换变扭器内的液压油,应采用二次更换法,即第一次更换后,让汽车行驶约 5 min 后再一次换油。

自动变速器应使用规定牌号的液压油,切不可用齿轮油或机油代替液压油,否则会造成自动变速器的严重损坏。一般自动变速器较常用的液压油有 DEXPON-Ⅱ 或 M-Ⅲ 型等。

在自动变速器调整、加注液压油,并经试车之后,应重新检查液压油的油面高度是否正常,油底壳、油管接头等处有无漏油。

三、操纵手柄位置和节气门拉索的检查

操纵手柄或节气门拉索安装位置不当或松动也会造成自动变速器不能正常工作,因此,对自动变速器进行维护、检修作业时,都应对操纵手柄和节气门拉索的位置进行检查。

1. 操纵手柄的检查

操纵手柄位置不正确,容易产生错挡,某一挡位不灵甚至造成汽车不能行驶。检查时拨动操纵手柄是否平顺,相应的挡位指示灯是否指示正确。否则,应进行调整,调整方法如下(图 5-2):

①将连接操纵手柄的控制轴柄与自动变速器的手动阀摇臂分开;
②将操纵手柄、手动阀都置入 N 挡位置;
③将控制轴柄与手动阀摇臂连接起来;
④启动发动机进行试车。

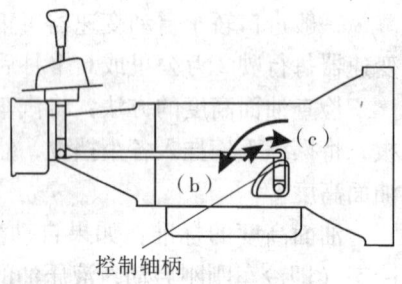

图 5-2 操纵手柄的调整

2. 空挡启动开关的检查

若发动机在 N 挡位或 P 挡位以外任何一个挡位也能启动,则必须调整空挡启动开关。调整时,松开空挡启动开关的固定螺栓,将操纵手柄置入 N 挡位(图 5-3),移动空挡启动开关,使空挡基准线与槽口对齐,然后保持这一位置,拧紧固定螺栓。

也可以拨下空挡启动开关的线插头,在线头之间接一欧姆表,转动空挡启动开关至欧姆表指示导通时上紧空挡启动开关固定螺栓。

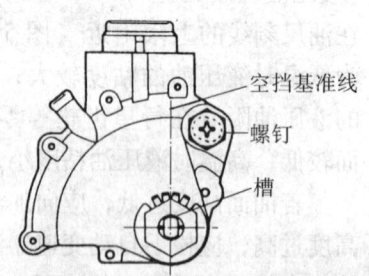

图 5-3 调整空挡启动开关

3. 节气门拉索的检查

当油门踏板踏到底时，节气门应全开，完全松开油门踏板时，节气门应全闭。否则，就应该进行调整。自动变速器节气门拉索上都有调整记号，即在拉索上嵌有一挡块。调整节气门拉索时，要视节气门拉索的类型而定，若是有橡皮防尘罩，当油门全开时，橡皮防尘罩末端与调整记号有 0～1 mm 的间隙即

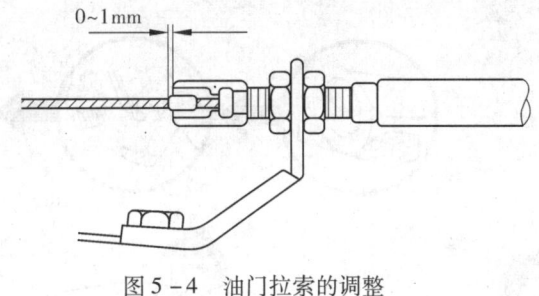

图 5-4　油门拉索的调整

可；若是未带橡皮防尘罩，当油门全闭时，使罩的末端与拉索上的调整记号的间隙达 0～1 mm 即可（图 5-4）。

第三节　自动变速器机械系统测试

对于有故障的自动变速器，在一般的检查调整不能诊断或排除故障时，应进一步对自动变速器进行性能检验，以确认其故障范围，为分解和修理自动变速器提供依据。在修理完成后，也应做全面的性能检验，以检测自动变速器的各项性能是否符合要求。自动变速器的性能检验包括机械系统的测试和电控系统的检测（本节先介绍自动变速器机械系统测试内容，电控系统的测试将在第四节介绍）。

机械系统测试包括失速试验、时滞试验、油压测试、手动换挡试验和道路行驶试验等项目。

一、失速试验

失速试验是检查发动机和自动变速器中有关的变扭器、换挡执行元件的工作是否正常的一种常用方法。

1. 准备工作

①确认汽车的脚制动和手制动性能良好；

②自动变速器的油面高度正常；

③汽车摆放在水平地面上，用三角木块塞住前后轮。也可以将汽车用升降机架起或开到底盘试验台上。

2. 试验步骤（图 5-5）

①踩住制动踏板，拉紧手刹；

②启动发动机，使自动变速器油温达到正常工作温度；

③踩住制动踏板，将操纵手柄置于 D 位，右脚将油门踏板踩到底，迅速读取此时发动机的最高转速（即失速转速），立即松开油门，油门踏板从全开回复到全闭不超过 5 s，以防止液压油温度急剧升高；

④空挡，让发动机急速运转 1 min 以上，方可再在其他挡位（R、2、1 或 S、2）做相同的试验。

若驱动轮因制动力不足而转动时，应停止失速试验。

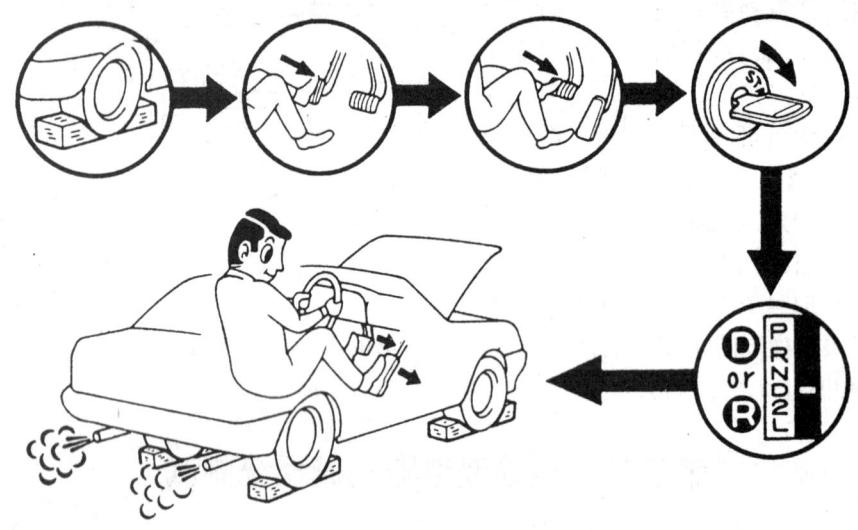

图 5-5 失速试验

3. 性能分析

失速试验时，自动变速器的输入轴、输出轴以及变扭器的涡轮都是静止不动的，只有发动机及变扭器壳体和泵轮在转动。大部分自动变速器的转速为 2 300 r/min 左右。每种车型的自动变速器都有其失速转速的标准值（如表 5-1），如失速转速高于标准值，则说明系统油压过低或换挡执行元件打滑；若低于标准值，则可能是发动机动力不足或变扭器有故障。例如，当变扭器单向离合器打滑时，液力变扭器在"耦合"工况下工作，其变扭比下降，使发动机转速因负荷增大而下降。表 5-2 分析了可能造成自动变速器失速转速不正常的原因。

表 5-1 几种常见车型自动变速器的失速转速标准

车型	自动变速器型号	发动机型号或排量	失速转速（r/min）
丰田 HIACE	A45DL	2L	1950～2250
		3L、1RZ、2RZ	2100～2400
		2RZ-E	2150～2450
丰田 PREVIA	A46DE、A46DF	2TZ-FE	2450～2750
丰田 CROWN	A340E	2JZ-GE	2300～2600
	A42DL	1G-FE	2200～2500
丰田 CORONA	A240E、A241E	4A-FE、3S-FE	2200～2500
丰田 CAMRY	A540E	3VZ-FE	2250～2550
凌志 LS400	A341E、A343E	1UZ-FE	2050～2350
马自达 920	R4A-EL	JE	1950～2250
马自达 626	F3A		2200～2450

续表

车型	自动变速器型号	发动机型号或排量	失速转速（r/min）
尼桑	L4N71B	VG30E、VG30S	2300～2600
		LD28	1700～2000
克莱斯勒	A-415	1.6L	2250～2450
	A-413	2.2L	2200～2400
		2.2EF1	2280～2480
		2.2EF1 增压	3020～3220
	A-470	2.6L	2400～2600
	AW-4		1700～2000
宝马	ZF 4HP 22/EH	325e、528	1900～2050
		524td	2280～2120
		EH 系列	1980～2140

表 5-2　失速转速不正常的原因

操纵手柄位置	失速转速	故障原因
所有位置	过高	主油路油压过低； 前进挡和倒挡的换挡执行元件打滑； 低挡及倒挡制动器打滑
	过低	发动机动力不足； 变扭器导轮的单向超越离合器打滑
仅在 D 位	过高	前进挡油路油压过低； 前进离合器打滑
仅在 R 位	过高	倒挡油路油压过低； 倒挡及高挡离合器打滑

二、时滞试验

发动机在怠速状态时，将操纵手柄从空挡拨至前进挡或倒挡，自动变速器在完成挡位接合时汽车会产生一个轻微的震动。那么，从拨动操纵手柄开始到感觉汽车震动为止所需的时间就是时滞时间。时滞试验就是测出自动变速器换挡的时滞时间，根据时滞时间的长短来判断自动变速器主油路油压和换挡执行元件的工作是否正常，具体操作步骤如下：

1. 准备工作

①汽车停放在水平地面上时，让发动机和自动变速器达到正常工作温度后再回到怠速、空挡位置。

②拉紧手刹并关掉所有的附属用电设备。

2. 试验步骤（图 5-6）

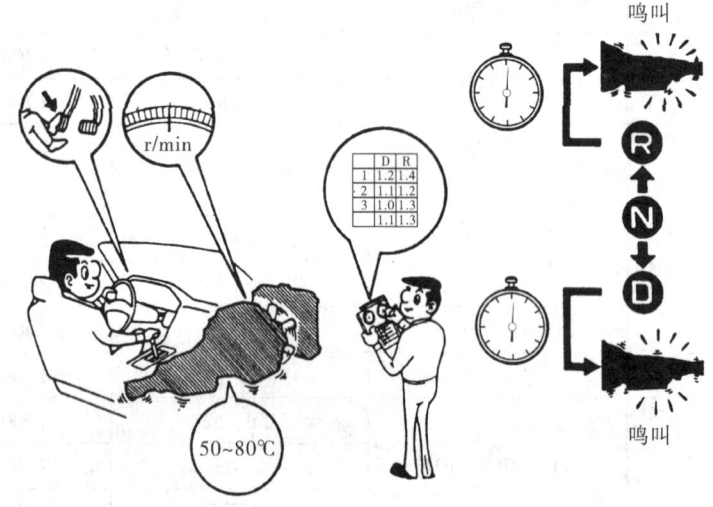

图 5-6 时滞试验

①脚踏制动踏板，将操纵手柄从空挡（N 位）拨至前进挡（D 位），同时按下秒表，感到汽车震动时再按停秒表。该时间即为 N—D 时滞时间。
②间隔 1 min 以后再测，做 3 次试验，取平均值。
③用同样的方法将操纵手柄由 N 位拨至 R 位，测量 N—R 的时滞时间。

3. 性能分析

大部分自动变速器 N—D 的时滞时间小于 1.2 s，N—R 时滞时间小于 1.5 s。若 N—D 时滞时间过长，说明主油路油压过低，前进离合器摩擦片磨损或前进单向离合器工作不良；若 N—R 时滞时间过长，说明倒挡主油路油压过低，倒挡离合器或倒挡制动器磨损过甚或工作不良。

三、油压试验

油压试验是在自动变速器运转时，对控制系统各个油路中的油压进行测量，是自动变速器故障判断的一个重要的手段。比如，油压过高，会使自动变速器产生换挡冲击；油压过低，会造成换挡执行元件打滑，甚至使离合器、制动器的摩擦片烧毁。经过测量控制系统的油压，容易分析造成故障的原因，保证自动变速器的修理质量。油压测试的内容取决于自动变速器的类型及测压孔的设置方式，一般车型自动变速器油压试验的主要内容有：主油路压力测试，各蓄压器背压测试，各挡离合器油压测试，调速器油压测试等。

1. 油压试验的准备工作

（1）准备一个量程为 2 MPa 的压力表。
（2）将汽车放置在水平地面上，让发动机及自动变速器达到正常的工作温度。
（3）检查发动机怠速和自动变速器的油面高度，如不正常，应予调整。

（4）参考《自动变速器维修手册》，找出自动变速器各个油路测压孔的位置。通常在自动变速器外壳上用方头螺塞堵住的就是油路油压的测压孔。如果没有《自动变速器维修手册》作参考，要判断测压孔与哪一个油路相通，可以用下列方法进行判断：

①用升降器将汽车升起，在发动机运转时松开各测压孔的螺塞；
②操纵手柄不论位于前进挡还是倒挡时都有压力油流出，则为主油路测压孔；
③只有操纵手柄在前进挡时才有压力油流出，则为前进挡油路测压孔；
④只有操纵手柄在倒挡时才有压力油流出，则为倒挡油路测压孔；
⑤只有操纵手柄在前进挡，并且在驱动轮转动后才有压力油流出，则为调速器油路测压孔。

图5-7至图5-11为几种常见车型自动变速器测压孔的位置。

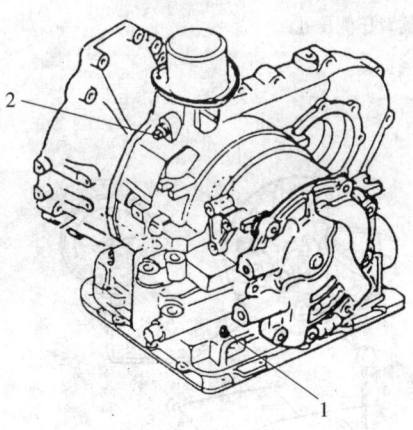

图5-7　3N71B自动变速器测压孔
1—主油路测压孔；2—调速器油路测压孔

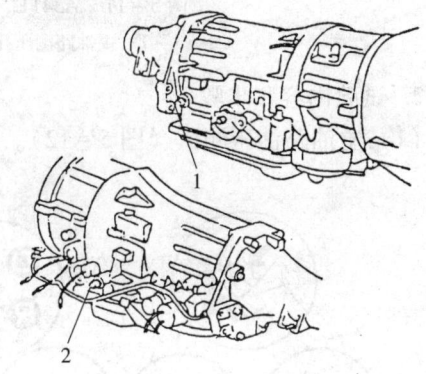

图5-8　4N71B自动变速器测压孔
1—前进挡油路测压孔；2—倒挡油路测压孔

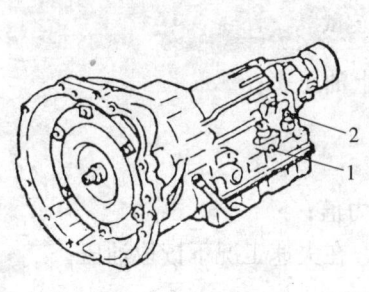

图5-9　丰田汽车A43D、A45D等各种后驱动液力控制自动变速器测压孔
1—主油路测压孔；2—调速器油路测压孔

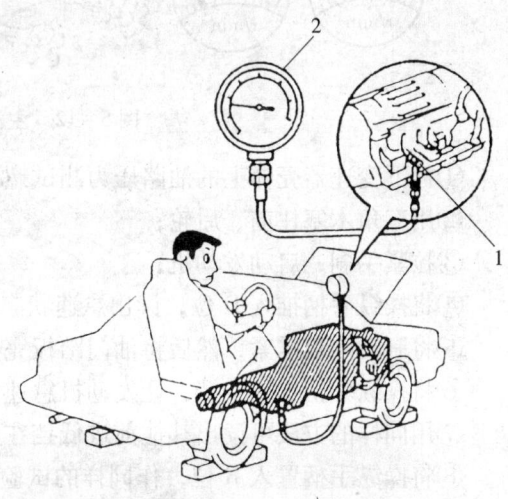

图5-10　A340E自动变速器测压孔
1—主油路测压孔；2—油压表

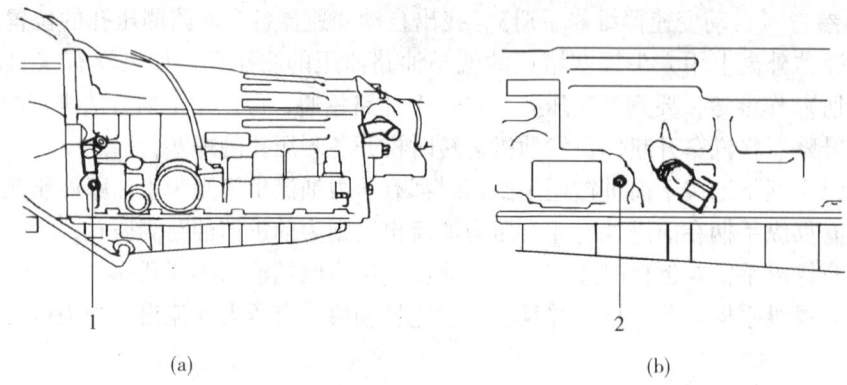

图 5-11　A341E、A342E 自动变速器测压孔
1—主油路测压孔；2—减振器背压测压孔

2. 试验内容和步骤

（1）主油路油压测试（图 5-12）。

图 5-12　主油路油压测试

①拆下变速器壳体上的油路压力测试螺塞，装上油压表；
②用三角木塞住前、后轮；
③拉紧手刹，启动发动机；
④将操纵手柄推入 D 位，读出怠速状态下的压力值；
⑤将制动踏板踩紧，然后将油门踏板完全踩下，在失速工况下读取油压；
⑥将操纵手柄置于空挡，让发动机怠速运转 1 min 以上；
⑦用同样的方法可读出其他前进低挡在怠速工况和失速工况下的主油路油压；
⑧将操纵手柄置入 R 位，作同样的试验。

将测得的主油路油压与标准值进行比较。不同车型自动变速器的主油路油压不完全相同。表 5-3 为几种常见车型自动变速器主油路油压标准。若油压不正常，说明油泵或控制系统有故障。表 5-4 列出了主油路油压不正常的可能原因。

表 5-3 几种常见车型自动变速器主油路油压标准

车型	自动变速器型号	发动机型号	操纵手柄位置	主油路油压/kPa 怠速工况	主油路油压/kPa 失速工况
丰田 HIACE	A45DL	1RZ、2RZ	D	353～402	1030～1196
			R	500～569	1422～1785
		2L、3L	D	343～431	1098～1294
			R	451～657	1471～1863
		2RZ-E	D	441～500	990～1167
			R	667～745	1471～1863
丰田 PREVIA	A46DE	2TZ-FE	D	363～402	1040～1304
			R	500～559	1402～1863
丰田 CROWN	A340E	2JZ-GE	D	363～422	902～1147
			R	500～598	1236～1589
	A42DL	1G-FE	D	353～402	1030～1196
			R	500～569	1422～1785
丰田 CORONA	A240E	4A-FE	D	373～422	903～1050
			R	550～707	1412～1648
	A241E	3S-FE	D	373～422	903～1050
			R	638～795	1560～1893
	A241L	2C	D	373～422	324～971
			R	647～794	1422～1755
丰田 CAMRY	A540E	3VZ-FE	D	353～412	992～1040
			R	637～745	1608～1873
凌志 LS400	A341E、A342E	1UZ-FE	D	382～441	1202～1363
			R	579～657	1638～1863
尼桑	L4N71B	VG30E、VG30S	D	314～373	1157～1275
			R	549～686	2187～2373
		LD28	D	382～481	1020～1196
			R	726～824	1922～2079
宝马	ZF4HP 22/EH	325e、524td 523e 系列	D	588～735	
			R	1078～1274	
		535i、535csi 735i 系列	D	588～735	
			R	1470～1666	

表 5-4 主油路油压不正常的原因

工况	测试结果	故障原因
怠速	所有挡位的主油路油压均太低	油泵故障； 主油路调压阀卡死； 主油路调压阀弹簧太软； 节气门拉索或节气门位置传感器调整不当； 节气门阀卡带； 主油路泄漏
怠速	前进挡和前进低挡的主油路油压均太低	前进离合器活塞漏油； 前进挡油路泄漏
	前进挡的主油路油压正常； 前进低挡的主油路油压太低	1挡强制离合器或2挡强制离合器活塞漏油； 前进低挡油路泄漏
	前进挡主油路油压正常； 倒挡主油路油压太低	倒挡及高挡离合器活塞漏油； 倒挡油路泄漏
	所有挡位的主油路油压均太高	节气门拉索或节气门位置传感器调整不当； 主油路调压阀卡死； 节气门阀卡滞； 主油路调压阀弹簧太硬； 油压电磁阀损坏或线路故障
失速	稍低于标准油压	节气门拉索或节气门位置传感器调整不当； 油压电磁阀损坏或线路故障； 主油路调压阀卡死或弹簧太软
	明显低于标准油压	油泵故障； 主油路泄漏

(2) 调速器油压的测试。液力控制的自动变速器一般都可以做这项测试（图 5-12）。测试步骤如下：

①用举升器将汽车升起，或用千斤顶将驱动轮顶起（也可以在底盘测功机上或道路上）；

②拆下变速器壳体上的调速器测压孔螺塞，接上油压表；

③松开手刹；

④启动发动机；

⑤将操纵手柄推至 D 位；

⑥缓慢踩下油门踏板，让驱动轮转动；

⑦读取不同车速下的调速器油压；

⑧将测量结果与标准值比较。

表 5-5 是丰田 A43D 调速器油压在不同车速下的标准值。

第五章 自动变速器的使用、维护与测试

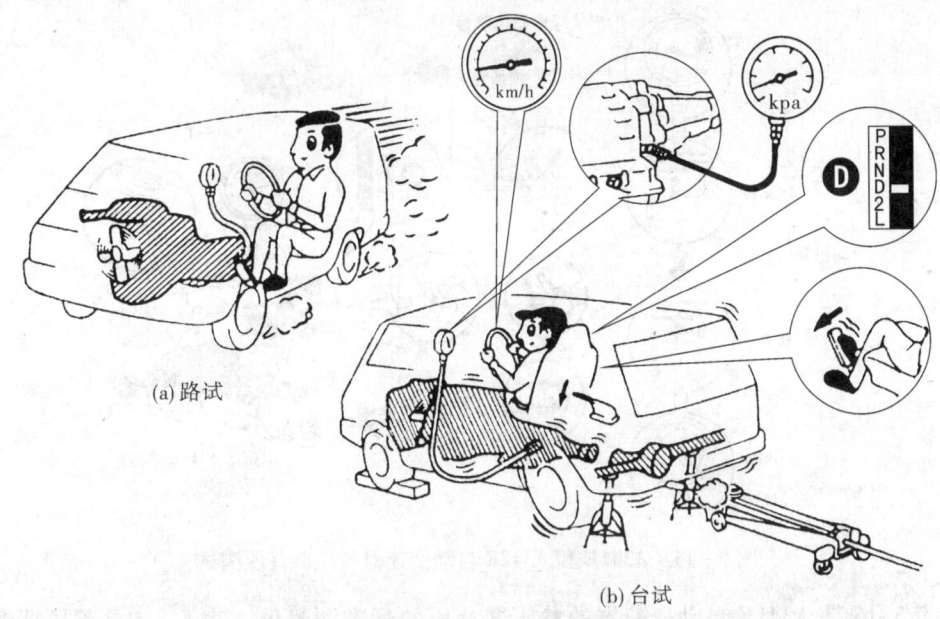

图 5-13 调整器油压测试

表 5-5 丰田 A43D 调速器油压

输出轴转速 /（r/min）	车速（仅供参考） /（km/h）	调整器压力 /kPa	备注
1 000	28	90～150	室内试验
1 800	50	160～220	路试
3 500	98	410～530	路试

若调速器油压太低，可能有以下原因：主油路油压太低；调速器油路泄漏；调速器工作不正常。

（3）蓄压器背压测试。电控自动变速器常采用油压电磁阀来控制蓄压器的背压或主油路油压。我们完全可以人为地向油压电磁阀施加电信号来检测电磁阀的工作性能以及油路油压的变化情况。下面以丰田 A341E 和 A342E 电控自动变速器为例，说明测试蓄压器背压的方法（图 5-14）。

①将油压表接至自动变速器蓄压器的测压孔；
②找出自动变速器电脑线速插头上油压电磁阀控制端的接线脚，将一个 8 W 灯泡的一脚与油压电磁阀控制端的接脚连接；
③将 4 个车轮用三角木块固定，拉紧手刹；
④启动发动机；
⑤踩住刹车，将操纵手柄置于 D 位；
⑥记下此时蓄压器背压，其值应大于 0；
⑦将 8 W 灯泡的另一脚接地，此时电磁阀将通电开启，记下此时的蓄压器背压，其值应为 0。

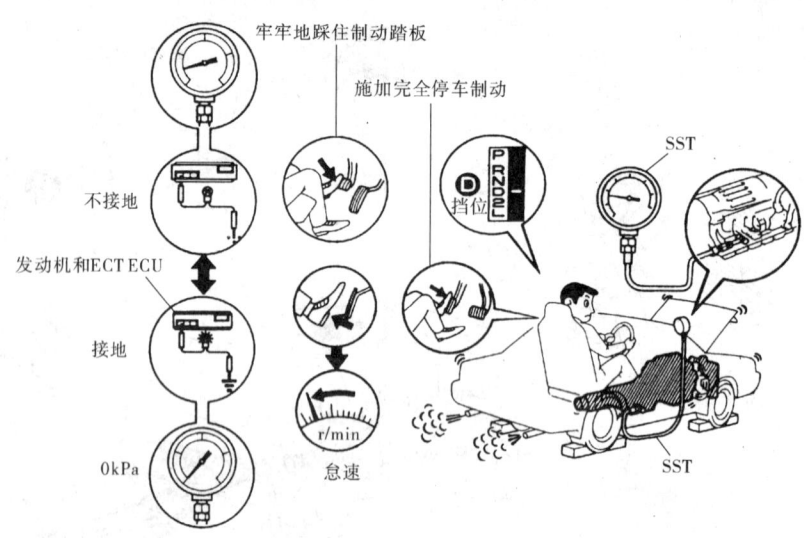

图 5-14 A341E 和 A342E 自动变速器蓄压器背压测试

表 5-6 是 A341E 自动变速器的蓄压器背压的标准测量值。表 5-7 是蓄压器背压试验分析。

表 5-6 A341E 自动变速器的蓄压器背压

挡位	发动机转速	发动机和 ECT ECU 端子 SLN 的状态	蓄压器背压 /kPa
D 挡	急速	不接地 接地	177～255 0

表 5-7 蓄压器背压试验故障分析

故 障	可能原因
当端子 SLN 不接地时蓄压器背压与规定值不符（高或低）	①节气门接线失调； ②节气门控制阀故障； ③电磁调节故障； ④SLN 电磁阀故障； ⑤蓄压器控制阀故障
当端子 SLN 接地时，蓄压器背压不为 0	SLN 电磁阀故障

四、道路行驶试验

道路行驶试验是诊断、分析自动变速器故障的一种重要的方法，也是检验自动变速器综合性能、修理质量的最有效的手段。自动变速器路试的主要内容有：检查换挡车速、换挡质量以及换挡执行元件有无打滑等。在路试之前，应让汽车发动机及自动变速器都达到正常的工作温度。在试验过程中，一般都将超速挡开关置 ON（O/D 灯熄灭），将模式开关置于经济模式或普通模式。具体方法如下：

1. 升挡检查

升挡检查主要检查自动变速器能否由低挡升高挡。检查时将操纵手柄拨至 D 位，使油门保持在 1/2 左右的开度进行试车，自动变速器在升挡时发动机会有瞬时的转速下降，同时车身有轻微的震动感。如果某挡不能工作，则说明控制系统或换挡执行元件有故障。

2. 升挡车速的检查

升挡车速的检查主要是检查自动变速器的升挡点是否符合标准范围，作为判断故障的参考依据。由于降挡时刻在行驶中不易察觉，因此在路试中一般不做降挡车速的检查。

升挡车速的检查方法：让油门开度保持在某一固定开度（一般是 1/2），自动变速器在 D 挡行驶，当感觉到自动变速器升挡时，即记下升挡车速，以便与标准值进行比较。（大部分汽车的《自动变速器维修手册》中都有该自动变速器升挡或降挡车速标准表）。一般 4 挡自动变速器在节气门开度保持在 1/2 时由 1 挡升 2 挡的车速为 25~35 km/h，由 2 挡升 3 挡的升挡车速为 55~70 km/h，由 3 挡升 4 挡（超速挡）的升挡车速为 90~120 km/h。节气门的开度不同，升挡车速也不同，只要升挡车速基本保持在上述范围内，而且汽车加速良好，无换挡冲击，都可以认为其升挡车速基本正常。若汽车行驶无力，升挡车速过低（即过早升挡），一般是控制系统的故障所致；若汽车行驶中有明显的换挡冲击，升挡车速过高（即太迟升挡），则可能是控制系统的故障，也可能是换挡执行元件的故障。

由节气门全开也可以测出升挡车速，但往往由于道路条件的限制而不宜采用。图 5-15 是 A43D 和 A43DE 自动变速器的换挡图，实线为升挡曲线，虚线是降挡的曲线。通常液力控制自动变速器的升挡车速和节气门开度的变化呈曲线状（图 5-15a），而电控自动变速器的升挡车速和节气门的开度的变化关系呈阶梯状折线（图 5-15b）。表 5-8 是 A43DE 自动变速器的换挡速度。

表 5-8　A43DE 自动换挡速度

		1→2	2→3	3→4	[3→4]	[4→3]	4→3	3→2	2→1
D	NOR	50~55	95~102	154~162	43~47	150~158	150~158	90~97	45~48
	ECO	50~55	95~102	154~162	36~40	150~158	150~158	90~97	45~48
	PWR	53~58	107~115	171~179	60~64	166~175	166~175	102~110	45~48

注：[ ] 为节气门全闭，其余的为节气门全开。

3. 升挡时发动机转速的检查

在路试时注意观察转速表在升挡时的变化情况，有助于判断自动变速器的工作是否正常。在正常情况下，当模式选择在经济模式或普通模式，油门开度在低于 1/2 范围内时，汽车由起步加速直至升入高速挡，发动机转速都应低于 3 000 r/min。一般加速至即将升挡时发动机转速可达到 2 500~3 000 r/min，在刚刚升挡后的短时间内发动机转速将下降至 2 000 r/min 左右。如果在整个过程中发动机转速始终过低，加速至升挡时仍低于 2 000 r/min，说明升挡时间过早或发动机动力不足；如果在行驶过程中发动机转速

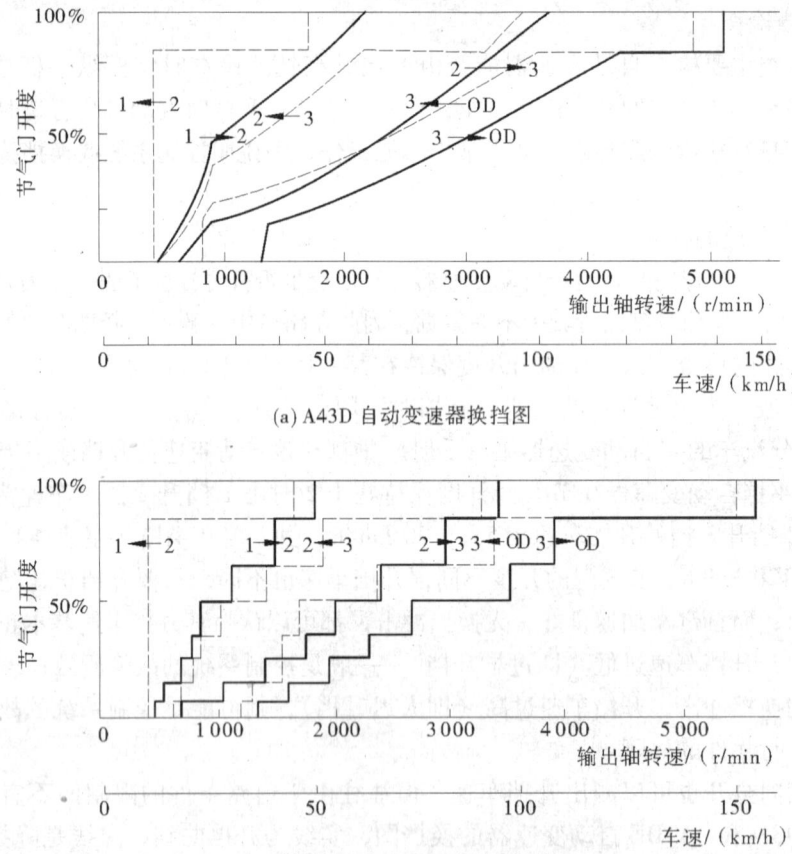

(a) A43D 自动变速器换挡图

(b) A43DE 自动变速器经济模式换挡图

图 5-15 自动变速器的换挡图

始终偏高，升挡时的转速也在 2 500~3 500 r/min 之间，甚至有换挡冲击，说明升挡时间过迟；如果在行驶过程中发动机转速高于 3 000 r/min，在加速时达到 4 000~5 000 r/min，甚至更高，则说明自动变速器的换挡执行元件磨损打滑，应拆检自动变速器。

4. 换挡质量的检查

换挡质量的检查主要检查自动变速器在换挡过程中有无明显的换挡冲击。一般自动变速器在换挡时应无明显的冲击，电控自动变速器则更加柔和。若换挡冲击太大，说明自动变速器的控制系统或换挡执行元件有故障，其原因可能是系统油路油压过高或换挡执行元件打滑所致。

5. 检查锁定离合器的工作状况

汽车行驶过程中，让汽车加速至超速挡，以高于 80 km/h 的车速，并让油门开度低于 1/2 位置，此时变速器进入锁定状态。然后快速将油门踏板踩下至 2/3 开度，若发动机转速没有太大的变化，说明锁定离合器处于接合状态；反之，若发动机转速升高很多，说明没有锁定，其原因是锁定控制系统有故障。

6. 检查发动机制动作用

将操纵手柄置于闭锁挡（S、L 或 2、1）位置，在汽车以 2 挡或 1 挡行驶时，突然松开油门踏板，若车速立即随之下降，说明有发动机制动的作用；否则说明控制系统或低挡执行元件有故障。

7. 检查强制降挡功能

当自动变速器在 D 挡运行，突然将油门开度大于 86% 时，自动变速器将实现强制降挡。在强制降挡时，发动机转速突然上升至 4 000 r/min 左右，并随着加速升挡，转速逐渐下降。若在强制降挡时发动机转速升高达 5 000～6 000 r/min，并在升挡时出现换挡冲击，则说明换挡执行元件打滑，应拆检自动变速器。

第四节　电子控制系统的检测

在对电控自动变速器故障进行诊断之前，除了要做一般的基本检查之外，当需进一步作检查时，还应区分是机械（液压）系统故障还是电控系统的故障。区分的方法按照自动变速器的故障指示灯（多为 O/D 灯）的闪亮进行判断，还有就是对自动变速器进行手动试验进行判断。所谓手动试验，就是将所有换挡电磁阀的线束插头全部脱开，在电脑不能控制换挡的情况下来判断自动变速器的挡位（参考第四章"当电子控制系统失效"部分的内容）。如果在没有电脑控制时，操纵手柄在不同的位置时自动变速器所处的挡位正常，说明自动变速器的阀板或换挡执行元件没有故障，故障发生在电控系统。反之，则说明电控系统是正常的，故障发生在自动变速器的阀板或换挡执行元件等机械系统部分。

当自动变速器故障指示灯亮或判断电控系统有故障时，维修人员应按照特定的方法来读取储存在电脑内的故障代码。读取故障代码的方法有两种：一种是利用检测仪，另一种是用人工读码。

一、汽车电脑检测仪简介

汽车电脑检测仪也称为汽车电脑解码器，图 5-16 所示是便携式电脑检测仪，是美国 SNAP-ON 公司开发研制的专门用来诊断汽车故障及辅助修理的快速分析专家系统。另外，还有一种台式检测仪。

利用汽车电脑检测仪查找故障源十分快捷有效。

（1）读取故障代码。从汽车自动变速器的电脑存储器中读取所存储的故障码，并能显示故障代码的含义。

（2）进行数据传递。可以显示车用电脑正在运行中各种输入、输出信号的瞬时值，如各传感器的信号、电脑输出指令，控制模式等；也可以向车用电脑输入模拟信号。

（3）消除故障代码。当修理完毕后，可以通过向汽车电脑发出指令的方法来清除汽车电脑内储存的故障代码。

电脑检测仪对于车用电脑来说，有专用的和通用的，专用的电脑检测仪是针对某种类型的汽车使用的，可以用来直接检测该类型的汽车电脑，但对于其他型式的车用电脑则不能检测；通用型的电脑检测仪能检测的车型较多，它针对每类车型都有对应的检测软件。

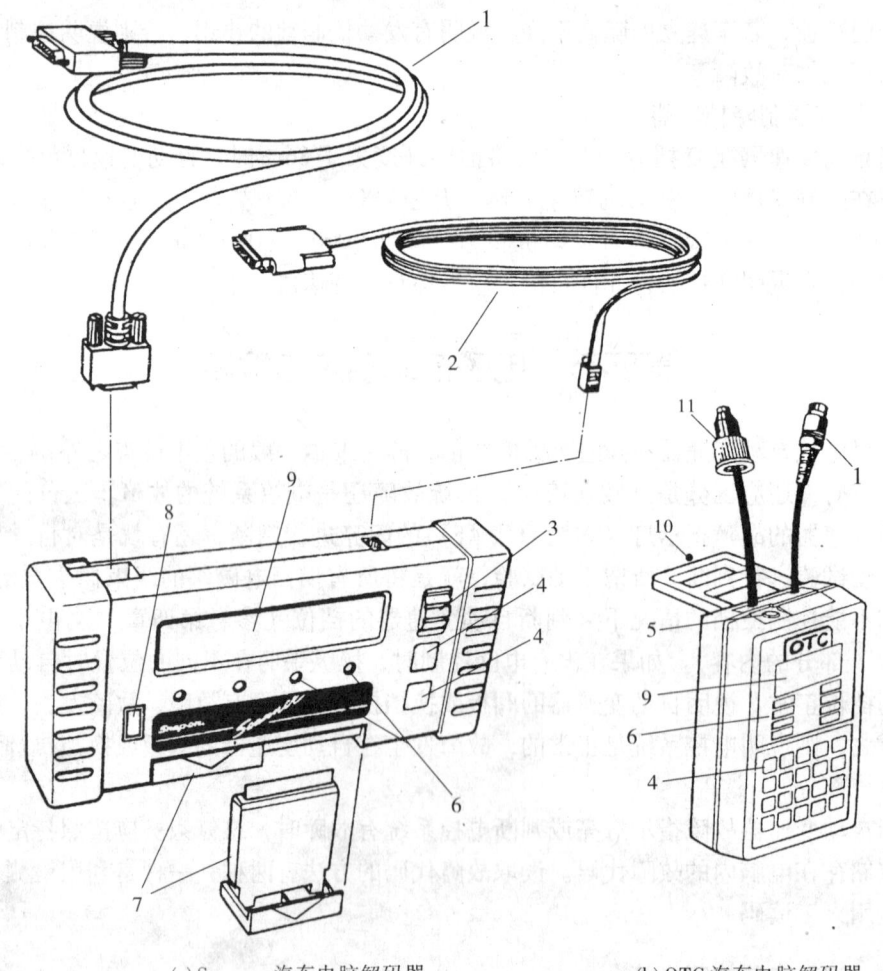

(a) Scanner汽车电脑解码器　　　　　(b) OTC汽车电脑解码器

图 5-16　汽车电脑解码器

1—检测连接电缆；2—打印机连接电缆；3—选择滚轮；4—操纵按钮；5—打印机连接插孔；
6—显示灯；7—软件卡；8—备用电源按钮；9—显示屏；10—支架；11—电源连接线

一般被检测的车用电脑都有一个专用的电脑故障检测插座，它通常位于发动机附近或驾驶室仪表板下方（图 5-17），将电脑检测仪的插头与检测插座相连，然后操纵检测仪控制面板上的指令键，即可对车用电脑控制系统的各类传感器、执行器、电脑及电路进行检测。当然，对于通用型电脑检测仪来说，有时需要对不同厂家、不同车型更换不同的检测软件才能检测。

随着车型的不断更新，汽车的电脑及控制系统也在不断改进，因此专用或通用的汽车检测仪在使用几年后，应向制造厂家更换新的软件卡，以提高该检测

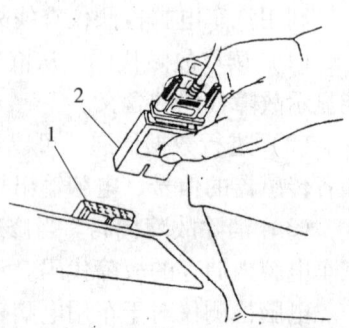

图 5-17　汽车电脑故障检测插座
1—汽车电脑故障检测插座；
2—电脑检测仪插头

仪的检测能力，使它能检测各种最新车型的电脑及控制系统。

二、人工读取故障码

现代汽车的自动变速器都有故障自我诊断功能。当电控系统内发生故障时，就可以采用人工读取的方法读取自动变速器电脑的故障代码。不同车型的故障代码读取方法有所不同。目前大部分车型的故障码人工读取的方法是用一根导线将汽车电脑故障检测插座内特定的两个检测端子短接，然后通过仪表板上的自动变速器故障指示灯的闪亮规律读取故障代码。如日本丰田轿车、美国通用轿车、美国福特轿车等都是采用这种方法。下面介绍几种常见车型电控自动变速器人工读取故障码的方法。

1. 丰田汽车自动变速器自诊断

在读取故障代码之前，应确保汽车蓄电池的电压正常，防止因电压过低而误诊断。操作方法：

①打开点火开关 ON，但不要启动发动机；

②按下超速挡开关，使之置于 ON 位置（图 5-18），若仪表板上的"O/D OFF"指示灯不停地闪烁，说明电控系统有故障（正常状态时，开关置 OFF，灯亮；开关置 ON，灯灭，丰田车系统故障警告灯就是"O/D OFF"指示灯）；

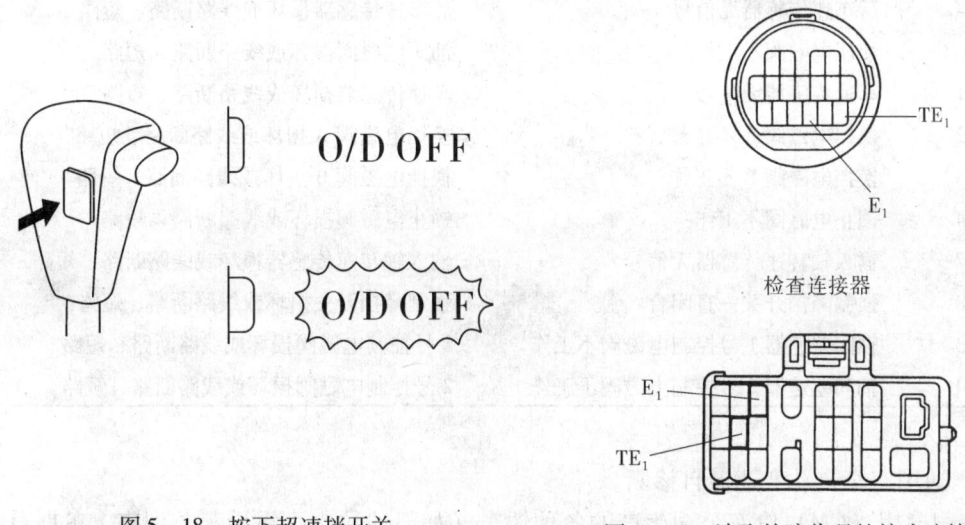

图 5-18　按下超速挡开关　　　　图 5-19　读取故障代码的接头连接

③短接自诊接头 TE_1（故障自诊断触发端）和 E_1（接地）（图 5-19）；

④从"O/D OFF"指示灯的闪烁读出故障代码：

当"O/D OFF"警告灯以每秒 2 次的频率连续闪亮，则表示电控系统正常；当"O/D OFF"指示灯每秒闪烁 1 次，表示有故障，其首先读出的闪烁次数为故障码的十位数，停顿 1.5 s，再次闪出的是故障码的个位数（图 5-20）。当电脑内存储有几个故障代码时，则按故障代码的大小依次显示。相邻两个故障码相隔 2.5 s。当全部故障代码显示完毕，停顿 4.5 s 再重复显示，直至拨下短接线为止。

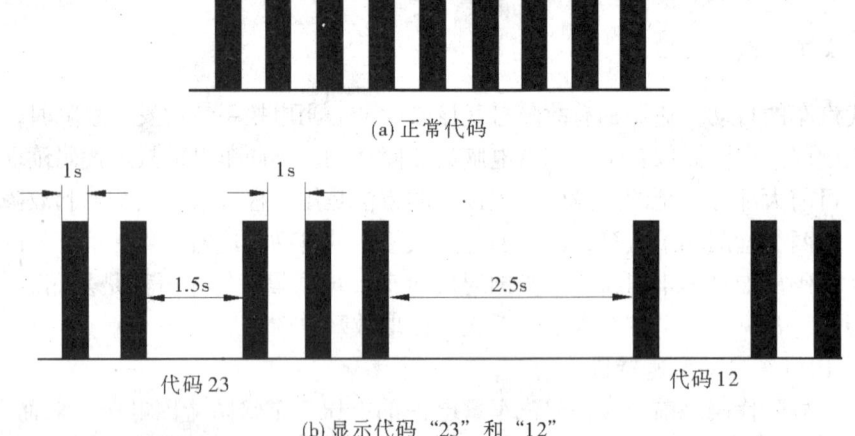

图 5-20 故障代码的显示

表 5-9 丰田（TOYOTA）汽车自动变速器故障代码含义和故障原因

代码	含 义	故障原因
42	车速表传感器无信号	车速表传感器损坏或线路断路、短路
44	后车速传感器无信号	后车速传感器损坏或线路断路、短路
46	油压电磁阀不工作	油压电磁阀损坏或线路断路、短路
61	车速传感器无信号	车速传感器损坏或线路断路、短路
62	换挡电磁阀 A 不工作	换挡电磁阀 A 损坏或线路断路、短路
63	换挡电磁阀 B 不工作	换挡电磁阀 B 损坏或线路断路、短路
64	锁止电磁阀不工作	锁止电磁阀损坏或线路断路、短路
67	输入轴转速传感器无信号	输入轴转速传感器损坏或线路断路、短路
68	强制降挡开关一直闭合	强制降挡开关损坏或线路断路、短路
73	轴间差速器 1 号控制电磁阀不工作	1 号控制电磁阀损坏或线路断路、短路
74	轴间差速器 2 号控制电磁阀不工作	2 号控制电磁阀损坏或线路断路、短路

2. 通用汽车自动变速器自诊断

美国通用（GM）汽车公司生产的各种轿车（如凯迪拉克、雪佛莱、别克、奥斯莫比尔、庞迪克、钍星等）的故障检测插座一般都位于驾驶室仪表板下方。只要用导线短接自诊接头 A、B（图 5-21），然后打开点火开关，则可通过仪表盘上的故障指示灯的闪烁来读取故障代码。

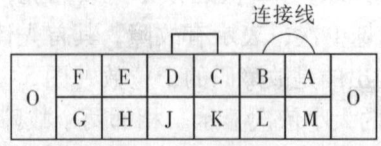

图 5-21 通用汽车故障检测插座

也可以用电压表测量故障检测插座内的 D 脚的电压脉冲信号来读取故障码。通用轿车的发动机电脑和自动变速器电脑是共用的，输出的故障码也可以是发动机控制系统的。表 5-10 是 1991 年后生产的通用汽车自动变速器故障代码的含义及故障原因。

表 5-10 通用（GM）汽车自动变速器故障代码含义及故障原因

代码	含义	故障原因
14	水温传感器信号电压过低	水温传感器损坏或线路短路
15	水温传感器信号电压过高	水温传感器损坏或线路短路
16	蓄电池电压过高	充电电压过高；充电系统故障
21	节气门位置传感器信号电压过高	节气门位置传感器损坏或线路断路
22	节气门位置传感器信号电压过低	节气门位置传感器损坏或线路断路
24	车速传感器无信号	车速传感器损坏或线路断路、短路
26	电脑内部功率模块工作不良	电脑内部功率模块损坏
28	2—3 挡电磁阀工作不良	2—3 挡电磁阀损坏或线路断路、短路
31	停车/空挡开关工作不良	停车/空挡开关损坏或线路断路、短路
36	换挡电磁阀 B 工作不良	换挡电磁阀 B 损坏或线路断路、短路
39	锁止电磁阀工作不良	锁止电磁阀损坏或线路断路、短路
58	液压油温度传感器信号电压过高	液压油温度传感器损坏或线路断路
59	液压油温度传感器信号电压过低	液压油温度传感器损坏或线路断路
74	输入轴转速传感器无信号	输入轴转速传感器损坏或线路断路、短路

3. 福特汽车自动变速器的自诊断

美国福特（FORD）汽车公司生产的各种轿车（如林肯、天霸、水星等）的故障检测插座通常位于发动机盖下左前轮减振弹簧支座附近，为一个 6 孔插座和一个单孔插座（图 5-22）。

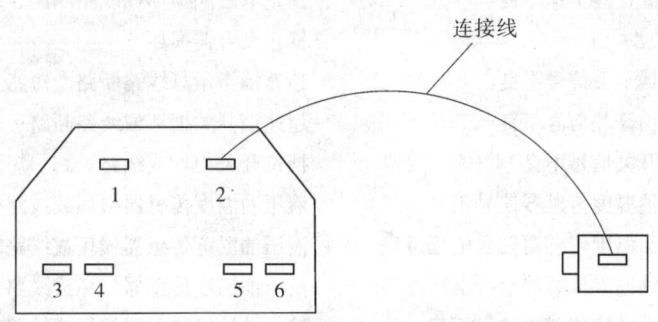

图 5-22 福特汽车故障检测插座

福特汽车的自动变速器和发动机控制系统共用一个电脑，只要用导线将单孔插座和 6 孔插座中的插孔 2 短接，然后打开点火开关，即可通过仪表盘上的发动机故障警告灯的闪烁来读取发动机（自动变速器）控制系统的故障代码。也可用电压表测量故障检测插座的插孔 4，根据测得的电压脉冲规律来读取故障码。表 5-11 是 1991 年后生产的各种牌号的福特汽车自动变速器故障代码含义及故障原因。

表 5-11 福特（FORD）汽车自动变速器故障代码含义及故障原因

代码	含义	故障原因
116	水温传感器信号不良	水温传感器损坏或线路接触不良
117	水温传感器信号电压过低	水温传感器损坏或线路短路
118	水温传感器信号电压过高	水温传感器损坏或线路短路
121	节气门位置传感器信号不良	节气门位置传感器损坏或线路接触不良
122	节气门位置传感器信号电压过低	节气门位置传感器损坏或线路短路
123	节气门位置传感器信号电压过高	节气门位置传感器损坏或线路短路
124	节气门位置传感器信号电压过高	节气门位置传感器损坏或线路短路
125	节气门位置传感器信号电压过低	节气门位置传感器损坏或线路短路
452	车速传感器信号不良	车速门位置传感器损坏或线路短路
522	空挡压力开关信号电压过低	空挡压力开关损坏或线路短路
525	空挡压力开关信号电压过高	空挡压力开关损坏或线路短路
536	刹车灯开关无信号	刹车灯开关损坏或线路断路
566	3—4 挡电磁阀工作不良	3—4 挡电磁阀损坏或线路断路、短路
617	1—2 挡压力开关无信号	1—2 挡压力开关损坏或线路断路、短路
618	2—3 挡压力开关无信号	2—3 挡压力开关损坏或线路断路、短路
619	3—4 挡压力开关无信号	3—4 挡压力开关损坏或线路断路、短路
621	1 挡电磁阀工作不良	1 挡电磁阀损坏或线路断路、短路
622	2 挡电磁阀工作不良	2 挡电磁阀损坏或线路断路、短路
624	油压电磁阀控制电路工作不良	电脑内部故障
626	2 号电磁阀工作不良	2 号电磁阀损坏或线路断路、短路
627	锁止控制电路工作不良	电脑内部故障
628	锁止离合器工作不良	锁止电磁阀损坏或线路断路、短路；锁止离合器损坏
631	超速挡开关信号不良	超速挡指示灯线路断路、短路
632	超速挡开关信号不良	超速挡开关损坏或线路断路、短路
634	挡位开关信号不良	挡位开关损坏或线路断路、短路
636	液压油温度传感器信号不良	液压油温度传感器损坏或线路接触不良
637	液压油温度传感器信号电压过高	液压油温度传感器损坏或线路断路
638	液压油温度传感器信号电压过低	液压油温度传感器损坏或线路断路
639	输入轴转速传感器信号不良	输入轴转速传感器损坏或线路断路、短路
641	3 挡电磁阀工作不良	3 挡电磁阀损坏或线路断路、短路
651	油压控制电路工作不良	电脑内部故障
652	脉冲线性式锁止电磁阀工作不良	脉冲线性式锁止电磁阀损坏或线路断路、短路
654	挡位开关信号不良	挡位开关调整不当

4. 马自达汽车自动变速器的自诊断

日本马自达（MAZDA）汽车公司生产的自动变速器电控系统检测到故障时，会使仪表板上的自动变速器保持指示灯"HOLD"在汽车行驶中不断闪烁。只要用导线将位于发动机附近的故障检测插座内的 TAT 和 GND 两个插孔短接，然后打开点火开关 ON，按下操纵手柄的保持开关，就可以从"HOLD"指示灯的闪烁来读取故障代码了（图5-23）。表5-12 是马自达626轿车自动变速器故障代码含义及故障原因。

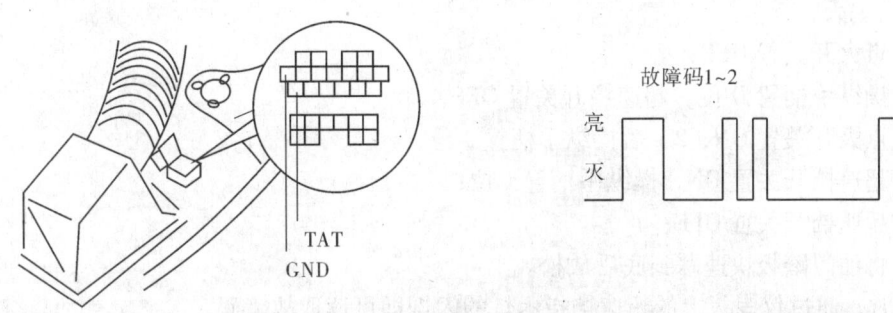

图 5-23 马自达自动变速器检测插座

表 5-12 马自达（MA20A）626 轿车自动变速器故障代码含义及故障原因

代码	含义	故障原因
01	发动机转速传感器信号不正常	发动机转速传感器损坏或线路断路、短路
06	车速传感器无信号	车速传感器损坏或线路断路、短路
07	车速表传感器无信号	车速表传感器损坏或线路断路、短路
12	节气门位置传感器信号不正常	节气门位置传感器损坏或线路断路、短路
14	大气压力传感器信号不正常	大气压力传感器损坏
55	输入轴转速传感器信号不正常	输入轴转速传感器损坏或线路断路、短路
56	液压油温度传感器信号不正常	液压油温度传感器损坏或线路断路、短路
57	减扭矩信号不正常	电脑内部故障；自动变速器电脑与发动机电脑之间的线路断路、短路
58	减扭矩信号不正常	电脑内部故障；自动变速器电脑与发动机电脑之间的线路断路、短路
59	已减扭矩信号不正常	自动变速器电脑与发动机电脑之间的线路断路、短路
60	换挡电磁阀 A 工作不正常	换挡电磁阀 A 损坏或线路断路、短路
61	换挡电磁阀 B 工作不正常	换挡电磁阀 B 损坏或线路断路、短路
62	3—4 换挡电磁阀工作不正常	3—4 换挡电磁阀损坏或线路断路、短路
63	脉冲线性式锁止电磁阀工作不正常	脉冲线性式锁止电磁阀损坏或线路断路、短路
64	3—2 降挡定时电磁阀工作不正常	3—2 降挡定时电磁阀损坏或线路断路、短路
65	开关式锁止电磁阀工作不正常	开关式锁止电磁阀损坏或线路断路、短路
66	油压电磁阀工作不正常	油压电磁阀损坏或线路断路、短路

5. 尼桑（NISSAN）汽车自动变速器自诊断

尼桑汽车没有用于检测自动变速器故障代码的专用检测插座。读取故障代码时，可按下列步骤进行：

① 将发动机运转至正常工作温度后再熄火；
② 超速开关或模式选择开关（如果有的话）置 ON，操纵手柄置 P 位；
③ 点火开关置 ON，此时超速挡指示灯"O/D OFF"或模式指示灯"POWER"会亮 2 s 后熄灭；
④ 点火开关置 OFF；
⑤ 操纵手柄置 D 位，超速挡开关置 OFF；
⑥ 点火开关置 ON，2 s 后操纵手柄置 2 位；
⑦ 超速挡开关置 ON，操纵手柄置 1 位；
⑧ 超速挡开关置 OFF；
⑨ 将油门踏板快速踩到底后放松。

此时，通过仪表板上的超速挡指示灯的闪烁即可读取故障码。

表 5-13 是尼桑汽车自动变速器故障代码含义及故障原因。

表 5-13 尼桑（NISSAN）汽车自动变速器故障代码含义及故障原因

代码	含 义	故障原因
1	输入轴转速传感器无信号	输入轴转速传感器损坏或线路断路、短路
2	车速传感器无信号	车速传感器损坏或线路断路、短路
3	节气门位置传感器信号不正常	节气门位置传感器损坏或线路断路、短路
4	换挡电磁阀 A 工作不正常	换挡电磁阀 A 损坏或线路断路、短路
5	换挡电磁阀 B 工作不正常	换挡电磁阀 B 损坏或线路断路、短路
6	超速挡开关信号不正常	超速挡开关损坏或线路断路、短路
7	锁止电磁阀工作不正常	锁止电磁阀损坏或线路断路、短路
8	液压油温度传感器信号不正常	液压油温度传感器损坏或线路断路、短路
9	无发动机转速信号	点火线圈至自动变速器电脑的线路断路
10	正常	

6. 本田汽车自动变速器的自诊断

日本本田（HONDA）汽车公司生产的 ACCORD（雅阁）2.0 轿车自动变速器故障检测插座位于驾驶室乘员座前方的仪表板下方（图 5-24a）。短接故障检测插座的两个插孔，然后打开点火开关 ON，即可通过仪表盘上挡位指示灯（D_4）的闪烁读取故障码（图 5-24b）。表 5-14 为本田 ACCORD 2.0 轿车自动变速器代码含义及故障原因。

第五章 自动变速器的使用、维护与测试

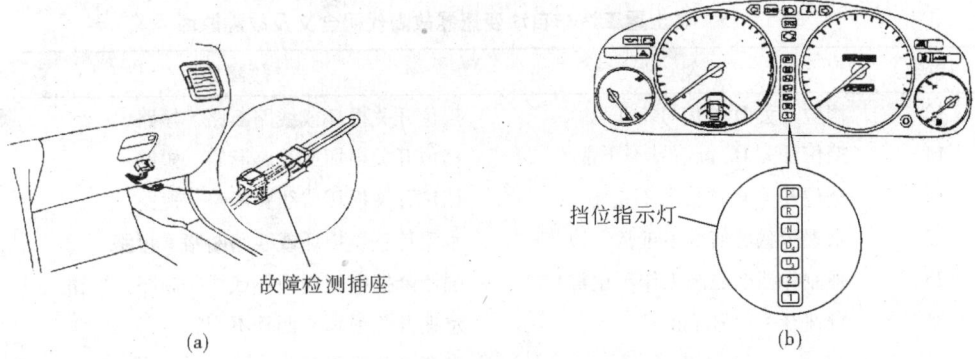

图 5-24 本田汽车自动变速器故障检测插座

表 5-14 本田 ACCORD 2.0 轿车自动变速器故障代码含义及故障原因

代码	含 义	故障原因
1	锁止电磁阀 A 工作不正常	锁止电磁阀 A 损坏或线路断路、短路
2	锁止电磁阀 B 工作不正常	锁止电磁阀 B 损坏或线路断路、短路
3	节气门位置传感器信号不正常	节气门位置传感器损坏或线路断路、短路
4	车速传感器无信号	车速传感器损坏或线路断路、短路
5	挡位开关信号不正常	挡位开关损坏或线路短路
6	挡位开关信号不正常	挡位开关损坏或线路短路
7	换挡电磁阀 A 工作不正常	换挡电磁阀 A 损坏或线路断路、短路
8	换挡电磁阀 B 工作不正常	换挡电磁阀 B 损坏或线路断路、短路
9	副轴转速传感器无信号	副轴转速传感器损坏或线路断路、短路
10	水温传感器信号不正常	水温传感器损坏或线路断路、短路
11	无发动机转速信号	点火线圈至电脑的线路断路
13	无发动机电脑信号	发动机电脑至自动变速器电脑的线路断路
14	无发动机电脑信号	发动机电脑至自动变速器电脑的线路断路
15	输入轴转速传感器无信号	输入轴转速传感器损坏或线路断路、短路
16	脉冲线性式电磁阀工作不正常	脉冲线性式电磁阀损坏或线路断路、短路
17	强制降挡开关信号不正常	强制降挡开关损坏或线路短路

7. 富士重工汽车自动变速器自诊断

富士重工（SUBARU）汽车自动变速器故障代码的读取方法是：

① 将自动变速器电脑附近的两个白色单脚插头对接；
② 点火开关置 ON；
③ 将油门踩到底，再放开；
④ 按照 N → R → D → N 的顺序拨动操纵手柄；
⑤ 从动力模式指示灯 "POWER" 的闪烁读取故障代码。

表5-15 富士重工汽车自动变速器故障代码含义及故障原因

代码	含义	故障原因
13	挡位开关D位信号不正常	挡位开关损坏或线路断路、短路
14	挡位开关D_S位信号不正常	挡位开关损坏或线路断路、短路
15	挡位开关R位信号不正常	挡位开关损坏或线路断路、短路
22	水温传感器信号不正常	水温传感器损坏或线路断路、短路
25	强制降挡电磁阀工作不正常	强制降挡电磁阀损坏或线路断路、短路
31	怠速开关信号不正常	怠速开关损坏或调整不当；怠速开关线路断路、短路
32	节气门位置传感器信号不正常	节气门位置传感器损坏或线路断路、短路
33	车速传感器无信号	车速传感器损坏或线路断路、短路
34	锁止电磁阀工作不正常	锁止电磁阀损坏或线路断路、短路
35	油路压力电磁阀工作不正常	油路压力电磁阀损坏或线路断路、短路

8. 大宇汽车自动变速器故障代码的读取

韩国大宇（DAEWOO）汽车公司生产的ESPERO轿车自动变速器故障检测插座位于驾驶室右前门柱附近，为一个绿色单脚插头。将这一插头接地，再打开点火开关，就可以通过超速挡指示灯"O/D OFF"的闪烁读取故障代码。

表5-16 大宇ESPERO轿车自动变速器故障代码含义及故障原因

代码	含义	故障原因
15	液压油温度传感信号电压偏高	液压油温度过高或液压油温度传感器损坏
17	换挡电磁阀A工作不正常	换挡电磁阀A损坏或线路短路
25	换挡电磁阀A工作不正常	换挡电磁阀A损坏或线路短路
26	换挡电磁阀B工作不正常	换挡电磁阀B损坏或线路短路
28	换挡电磁阀B工作不正常	换挡电磁阀B损坏或线路短路
29	锁止电磁阀工作不正常	锁止电磁阀损坏或线路短路
32	油路压力电磁阀工作不正常	油路压力电磁阀损坏或线路短路
33	油路压力电磁阀工作不正常	油路压力电磁阀损坏或线路短路
36	锁止电磁阀工作不正常	锁止电磁阀损坏或线路短路
38	输入轴转速传感器无信号	输入轴转速传感器损坏或线路断路、短路
39	车速传感器无信号	车速传感器损坏或线路断路、短路
41	挡位开关信号不正常	挡位开关调整不当
47	强制降挡开关信号不正常	强制降挡开关损坏或线路断路、短路
48	蓄电池电压过低	蓄电池损坏；充电系统故障
49	蓄电池电压过低	充电系统故障
56	挡位开关信号不正常	挡位开关损坏或线路断路、短路
67	液压油温度传感器信号不正常	液压油温度传感器损坏或线路断路、短路

第五章 自动变速器的使用、维护与测试

练习题

1. 带自动变速器的汽车起步时，正确的操作方法是怎样的？
2. 在汽车下坡时，自动变速器挂哪些挡位较合适？为什么？
3. 在较滑路面行驶时，应选择什么挡位？为什么？
4. 自动变速器使用应注意哪些事项？
5. 自动变速器的常规检查有哪些？
6. 自动变速器的测试包括哪些内容？
7. 自动变速器油压测试的内容有哪些？怎样做油压测试试验？有何要求？
8. 做道路行驶试验的目的是什么？包括哪些内容？
9. 路试时怎样检测发动机的升挡转速？
10. 怎样用简单的方法判断锁定离合器是否工作？
11. 怎样知道变速器闭锁挡是否有发动机制动作用？
12. 怎样判断自动变速器强制降挡功能是否有故障？
13. 怎样对自动变速器进行手动试验？
14. 自动变速器故障码的读取方法有几种？读取故障码的目的是什么？

第六章　自动变速器的故障分析与检修

　　能否高质量地维修自动变速器，关键是能否准确判断自动变速器故障的原因。而现代汽车的维修主要是更换部件和总成，事实上有些总成也只能够更换，不允许修理，所以对自动变速器的故障分析就显得非常重要了。

　　对自动变速器的检查，就是根据自动变速器的故障现象，按第五章介绍的检查方法、检查内容有步骤、有针对性地进行检查，然后根据各项的检查结果，分析和判断造成故障的原因和故障部位。下面对自动变速器的一些常见故障和各种可能的原因进行分析。

第一节　自动变速器的故障分析

一、汽车不能行驶

1. 故障现象

　　发动机启动后，不论操纵手柄置入何挡位，汽车都无法起步，或者汽车能行驶一小段路程，但稍一热车就不能行驶。

2. 故障原因及排除

　　（1）自动变速器油底壳油面过低，若经检查自动变速器油尺上没有液压油或油面过低，应检查油底壳、液压油散热器、油管等处有无破损漏油。如有，则应修复后再重新加油。

　　（2）操纵手柄和手动阀摇臂的连接调整不当或松脱，使得手动阀不能进入各工作挡位。此时，应对操纵手柄和手动阀重新进行调整，再连接好。

　　（3）停车锁止机构有故障，使车辆被锁止难以驱动，应检查自动变速器锁止机构是否失效，否则应更换或予以调整，或找出原因予以修复。

　　（4）自动变速器液压控制系统主油路油压过低，应检查油泵进油滤网是否堵塞，油泵是否损坏，阀板垫片是否损坏造成主油路泄漏，有关的阀体有无卡住等。

　　（5）自动变速器的变扭器、输入轴、行星排或输出轴损坏。对此，应拆检自动变速器。

二、自动变速器打滑

1. 故障现象

　　发动机转速很高但车速缓慢，或平路行驶正常，但爬坡却无力，并且发动机转速很高。

2. 故障原因及排除

(1) 自动变速器液压油面太低或太高，或者液压油使用时间过长没有更换。油面过低，使自动变速器相关的制动器、离合器接合无力而打滑；油面过高，油液易被行星排剧烈搅动而产生大量气泡，也会造成自动变速器的打滑；若油液呈棕色或有烧焦味，说明离合器或制动器的摩擦片或制动带烧焦，应拆检自动变速器。

(2) 油泵磨损过甚或主油路泄漏，造成油路油压过低。此时，应检测主油路油压，再确定是否拆检自动变速器。

(3) 单向离合器打滑，更换单向离合器。

(4) 离合器、制动器、减振器活塞密封圈损坏，导致漏油。此时，应拆检自动变速器才能确定及维修。

对于出现打滑的自动变速器，要判断是哪一个挡位打滑以及哪一个换挡执行元件造成的，路试检查是最有效的办法。

①若自动变速器在所有的前进挡都打滑，则是前进离合器打滑；

②若在前进 D—1 挡打滑，而在闭锁 L 位或 1 位不打滑，则为 1 挡单向离合器打滑。反之，也可以判断闭锁挡是否打滑；

③若在 D—2 挡打滑，而闭锁 2 挡或 S 挡却不打滑，则为 2 挡单向离合器或制动器打滑。反之，也可以判断闭锁 2 挡是否打滑；

④若只在 D—3 挡打滑，则为倒挡或高挡离合器打滑；

⑤若只在 D—4 超速挡打滑，则为超速制动器打滑；

⑥若在 R 挡或高挡时都有打滑现象，则为倒挡及高挡离合器打滑；

⑦若在 R 挡或 1 挡时都有打滑现象，则为低挡和倒挡制动器打滑。

三、换挡冲击大

1. 故障现象

汽车在起步或行驶中，挂挡或换挡时，汽车有较大的震动或有明显的喘动。

2. 故障原因及排除

(1) 检查发动机的怠速，发动机怠速过高，容易造成汽车起步时较大的震动，装用自动变速器的汽车的发动机怠速一般为 750 r/min 左右。若怠速过高，应按标准予以调整。

(2) 检查节气门拉索或节气门位置传感器的调整情况，节气门拉索或节气门位置传感器调整不当，将使主油路油压过高，如果是真空式节气门的，还应检查真空软管有无破裂、松脱。

(3) 检查主油路油压。油压过高，换挡冲击就大，油压过低，升挡延迟，升挡车速过高或不能升挡。若主油路油压不正常，应检查主调节阀、节气门阀以及换挡执行元件是否漏油等。

(4) 对于电控自动变速器，应检查油压电磁阀的线路及油压电磁阀的好坏，如果线路有故障，应予以修复；如果电磁阀损坏，应予更换；如果电脑在换挡的瞬间没有向油压电磁阀发出控制信号，说明电脑或相关传感器有故障，应进一步检查给予维修或更换。

四、升挡过迟

1. 故障现象

汽车在行驶过程中,升挡车速过高,升挡前发动机转速也偏高;甚至要采取松油门的方法才能升入高挡。

2. 故障原因及排除

(1) 油门拉索或节气门位置传感器调整不良,应重新予以调整。

(2) 调速器有故障,不能产生速控压力,应检查调速器油压进行判断是否拆检调速器。

(3) 主油路油压过低。在调节节气门和节气门检索无效的情况下,应分解阀体进行检查。

(4) 换挡阀被卡住,不能升挡,应拆检阀体。

五、不能升挡

1. 故障现象

汽车不能由 1 挡升 2 挡或 2 挡升 3 挡,或者没有超速挡。

2. 故障原因及排除

(1) 节气门油压过高,造成换挡阀不能升挡。往往是由节气门拉索太紧或节气门位置传感器调整不当造成的。如果经调整无效,应当拆检节气门阀、主调节阀。

(2) 调速器有故障,造成速控液压过低,换挡阀不能换挡。应检修调速器。

(3) 对电控系统,车速传感器有故障时,电脑不能发出升挡信号。应检查车速传感器好坏,进行修理或更换。

(4) 若控制系统无故障,应分解自动变速器,检查各个换挡执行元件有无打滑,相关的油路或活塞有无漏油。

六、无超速挡

1. 故障现象

车速已升至超速工作范围,即使超速挡开关处在 ON 状态,自动变速都不能进入超速挡。

2. 故障原因及排除

(1) 超速挡开关有故障。检查超速挡开关,开关置 ON 时,超速挡开关的触点应断开,超速指示灯不亮,开关置 OFF 时,超速指示灯亮起。

(2) 超速电磁阀有故障,检查超速电磁阀,当超速开关按下 ON 时(点火开关打开),超速电磁阀应有动作声音。否则,应检查控制线路或更换超速电磁阀。

(3) 超速制动器打滑,使超速行星排不能进入超速挡。如果汽车在驱动轮空转的情况下可以进入超速挡、在有负荷的情况下不能进入超速挡,则说明控制系统工作正常,而超速制动器打滑。如果能升入超速挡,但升挡后车速不高,发动机转速下降,说明超速行星排中的直接离合器或超速单向离合器卡死,使超速行星排出现挡位干涉,加大了发动机运转阻力。如果在无负荷状态下仍不能升入超速挡,说明控制系统有故障,应拆检阀板,检查3—4换挡阀是否卡死,相关油路有无泄漏、堵塞等。

(4) 挡位开关有故障。挡位开关的信号应与操纵手柄的位置相符,如有异常,应予以调整;若调整无效,应更换。

(5) 液压油温度传感器、发动机冷却水温度传感器、刹车开关、模式开关等有故障,都可以使自动变速器不能进入超速挡,应当一一检查,如有异常,则进行更换。

七、无前进挡

1. 故障现象

汽车倒挡正常,在前进挡时不能行驶,或者在D挡位时不能行驶,但在闭锁低挡位2或1时又可以行驶。

2. 故障原因及排除

(1) 操纵手柄的位置不正确,应先检查操纵手柄的位置,如有异常,应重新进行调整。

(2) 操纵手柄在D挡位时主油路油压过低或前进挡离合器油路泄漏。若经检测油压过低,说明主油路泄漏严重,应拆检自动变速器,更换前进挡油路上各处的密封圈和密封环。

(3) 前进离合器打滑或者超越单向离合器打滑或装反,应拆检前进离合器,检查摩擦片是否烧焦、磨损过甚。如果前进离合器正常,则应检查单向离合器是否打滑或装反,如有打滑,应更换;如有装反,应重新安装。

八、无倒挡

1. 故障现象

汽车在行驶中有前进挡,但无倒挡。

2. 故障原因及排除

(1) 操纵手柄的位置异常,当在R位时,手动阀不能准确打开倒挡油路,此时,应按规定程序重新调整。

(2) 倒挡油路泄漏,造成倒挡制动器油压过低而不能工作,经检测若倒挡油路油压过低,应拆检自动变换器予以修复。

(3) 倒挡及高挡离合器或低挡制动器打滑。当自动变速器无高挡,又无倒挡时,可判断为倒挡及高挡离合器有故障,应拆检自动变速器。当自动变速器在闭锁1挡不能行驶,在倒挡也不能行驶时,可判断为低挡及倒挡制动器有故障,也应拆检自动变速器。

九、频繁跳挡

1. 故障现象

汽车以前进挡行驶时,自动变速器经常会出现自动降挡,降挡后发动机转速突然升高,自动变速器又升挡,并产生换挡冲击,即使油门踏板保持不变也出现这种情况。

2. 故障原因及排除

(1) 节气门位置传感器有故障。对于电控自动变速器，节气门位置传感器的信号可以控制自动变速器的升降挡。当节气门位置传感器有故障时，输出的信号时有时无、时大时小就会使电控单元发出错误的换挡信号，造成自动变速器频繁跳挡，当测量节气门位置传感器有异常时，应进行更换。

(2) 车速传感器有故障。与节气门位置传感器一样，车速传感器的信号决定自动变速器的换挡时刻，当车速传感器有故障时，应进行更换。

(3) 控制系统电路接地不良，造成电路时断时续，直接影响换挡电磁阀的工作，使得自动变速器的挡位不确定，应予以重新接地。

(4) 换挡电磁阀松动或线路接触不良造成换挡点不准确，应拆下自动变速器油底壳，检查各个电磁阀线束接头的连接情况，如有异常应予以修复。

(5) 控制阀板或电脑有故障。最好的判断方法，就是用一个新的阀板或电脑来试验一下，如果故障消失，说明原阀板或电脑损坏，应予更换。

必须说明的是，对于电控自动变速器，进行故障诊断时，先进行故障自诊断，读取故障码，是实用有效的辅助手段。

十、挂挡后发动机怠速易熄火

1. 故障现象

发动机怠速状态时将操纵手柄置入倒挡或前进挡时发动机熄火。

2. 故障原因及排除

(1) 发动机怠速过低输出力度过小，不能克服变扭器泵轮的阻力而熄火，自动变速器的发动机正常怠速应为 750 r/min 左右。如果不符，应重新调整。

(2) 变扭器处于锁定接合状态，使发动机所受的反作用力矩过大而熄火。此时，应拆卸阀板，检查锁定控制阀。

(3) 挡位开关有故障。当挡位开关的信号与操纵手柄的位置不相符时，应予以调整或更换。

(4) 输入轴转速传感器有故障使发动机电脑产生错误判断（燃油停供或改变点火时间等）而使发动机易熄火。当检查输入轴传感器有故障时应予更换。

十一、无发动机制动

1. 故障现象

当操纵手柄在闭锁挡（S、L 或 2、1）位置时，发动机转速即使回到怠速，车速也没有明显的减小，甚至下坡松油门时，车速反而增大。

2. 故障原因及排除

(1) 操纵手柄或挡位开关的位置不正确，使得自动变速器不能处于闭锁位置行驶，这时应对操纵手柄或挡位开关重新进行调整。

(2) 低挡及倒挡制动器打滑造成汽车没有发动机制动的作用。应拆修自动变速器。

(3) 自动变速器阀板相关的控制阀被卡滞，使得自动变速器不能按闭锁挡行驶，应拆检阀板，清洗、抛光控制阀。如抛光后仍有卡滞，应更换阀板。

十二、不能强制降挡

1. 故障现象

汽车以高速挡行驶时，当油门开度突然大于86%时，自动变速器不能实现强制降挡，致使汽车加速无力。

2. 故障原因及排除

（1）节气门拉索或节气门位置传感器调整不当，当油门开度与油门踏板的位置不一致时，或者节气门位置传感器不能正确检测油门位置时，都会造成自动变速器不能实现强制降挡。应检查节气门拉索或节气门位置传感器的安装情况，如有异常，则重新进行调整。

（2）强制降挡柱塞不起作用，不能产生强制降挡油压，各换挡阀不能强制移动而不能实现强制降挡。应拆检阀板，检查强制降挡柱塞是否有卡滞，从而进行清洗、抛光，若无法修复，则需更换阀板总成。

（3）对于电控自动变速器，还应检查强制降挡开关、强制降挡电磁阀及相关线路的好坏。如有不当，应进行维护调整或更换。

十三、无锁定

1. 故障现象

汽车以超速挡或直接挡行驶，车速已达到或锁定车速时，变扭器的锁定离合器不能进行锁定动作，而使汽车没有锁定作用，油耗增大。

2. 故障原因及排除

（1）液压油温度传感器、发动机水温传感器、刹车开关等有故障都可造成锁定离合器不能锁定，检修时可通过故障码查找相应的故障原因，如无故障代码，则只能一个一个地进行判断、诊断、排除。

（2）锁定电磁阀工作不良。应检查锁定电磁阀是否能动作，相关的控制线路是否接触良好等。

（3）锁定控制阀有故障。一旦锁定控制阀有故障，则只能拆下阀板，分解并清洗锁定控制阀。检查是否有卡住、阻滞情况，进而进行抛光修复，如不能修复，应更换阀板总成。

（4）如果上述原因都被排除了，而故障仍然存在，则有可能是锁定离合器磨损过甚造成的，应更换变扭器。

十四、液压油易变质

1. 故障现象

液压油使用不久即变质，如油的颜色变深黑、油底壳沉积油泥过多、加油口经常冒油烟等。

2. 故障原因与排除

（1）让汽车行驶至发动机水温正常时，观察自动变速器液压油散热器，如果散热器的温度过低，说明油管堵塞或者通往液压油散热器的调节阀被卡住，导致液压油得不到及时的冷却，造成油温过高而变质。应检查相关的油管和阀板，必要的时候进行更换。相反，如果液压油散热器温度过高（正常温度是60℃左右），说明自动变速器离合器或制动器自由间隙太小，应拆卸自动变速器，予以检修。

（2）如果液压油散热器油温正常，则很大程度是因为油泵磨损过甚，主油路漏油造成离合器或制动器打滑，因而造成液压油变质，所以一方面应检查油泵的磨损情况，另一方面检测主油路油压是否正常，以确定是否拆检阀板。

（3）查询该车是否有经常超负荷行驶情况，以及所加用的变速器液压油的牌号是否符合规定要求。

十五、变速器异响

1. 故障现象

汽车在行驶过程中自动变速器有异响，停车空挡后异响消失。

2. 故障原因及排除

（1）自动变速器液压油油面高度过低或过高而产生异响。若是，应调整至正确的高度。

（2）油泵或变扭器因磨损过甚而产生异响，如果自动变速器在任何挡位时前部始终有异响，则有可能是油泵磨损过甚产生的，应拆检油泵。如果油泵正常，则为变扭器因锁定离合器、导轮、单向离合器等损坏而产生异响，应检查变扭器内有无大量的磨损粉末。确定油泵或变扭器异常，应更换油泵或变扭器。

（3）自动变速器行星齿轮机构或换挡执行元件损坏而产生异响。若自动变速器在行驶时才有异响，空挡时无异响，则为行星齿轮机构异响，对此，应分解自动变速器，检查行星排齿轮是否有磨损、断裂等现象。单向离合器有无磨损、卡滞，轴承或止推垫片是否完好等。如有异常，给予更换。

第二节　自动变速器的分解与检修

汽车自动变速器在使用过程中出现了故障，排除故障的原则按从易到难、从外到内的顺序进行。比如，当确定手动阀的位置、节气门位置、变速器油的品质、相关的传感器、开关及线路等都正常的情况下，以及结合各项测试、路试判断是自动变速器内部损坏造成故障的，才能对自动变速器进行分解与检修。

一、自动变速器的拆卸

不同车型的自动变速器，由于结构不尽相同，其拆卸和分解的步骤也不完全一致。对此，应当参照相应车型的维修手册，严格按照维修手册的要求进行维修。一般自动变速器拆卸应遵守的步骤如下（图6-1）。

（1）关闭汽车的点火开关，拆卸蓄电池负极搭铁。

第六章 自动变速器的故障分析与检修

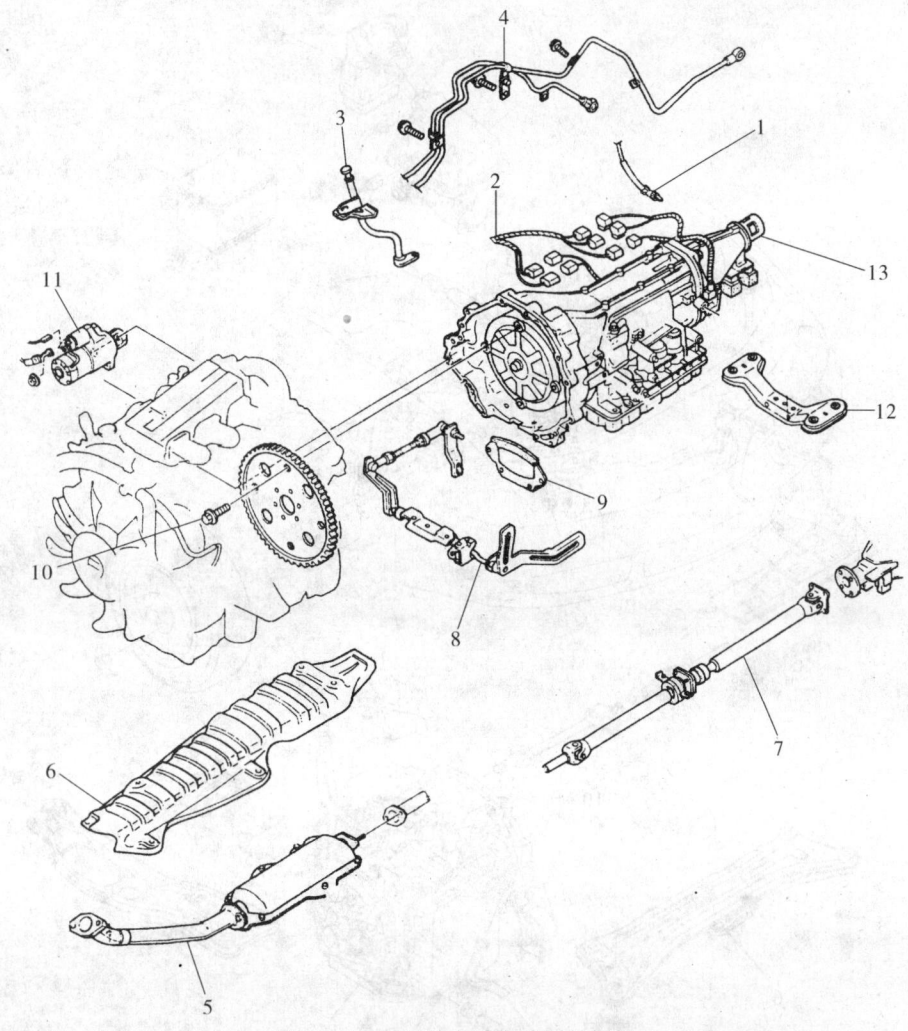

图 6-1 后驱动自动变速器的拆卸

1—车速表软轴；2—线束；3—油尺及加油管；4—散热器油管；5—排气管中段；6—护罩；
7—传动轴；8—操纵手柄拉杆；9—飞轮壳盖板；10—变扭器与飞轮的连接螺栓；
11—启动机；12—支架；13—自动变速器

（2）拧松油门检索调整螺母，拆下与节气门摇臂连接的自动变速器节气门拉索。

（3）支起汽车，放出自动变速器油；拔下自动变速器上的所有线束插头，拆下车速表软轴、传动轴、排气管夹、排气管、散热器油管、液压油加油管、操纵手柄与手动阀的连接杆等所有与自动变速器连接的部件。

（4）拆下飞轮壳盖板，转动曲轴，逐个拆下飞轮与变扭器连接螺栓。

（5）拆下启动机，用千斤顶支撑自动变速器，拆下自动变速器和飞轮的连接螺栓，将变扭器和变速器一同抬下，放在固定架或工作台上。注意，应防止变扭器滑落。

在拆卸前驱自动变速器时，还应拆卸变速器上方的蓄电池、空气滤清器、进气管等，并且拆去左右前轮及其半轴。用专用支架将发动机吊住，然后才能对自动变速器进行拆卸。图 6-2 所示顺序是前驱自动变速器的一般拆卸顺序。

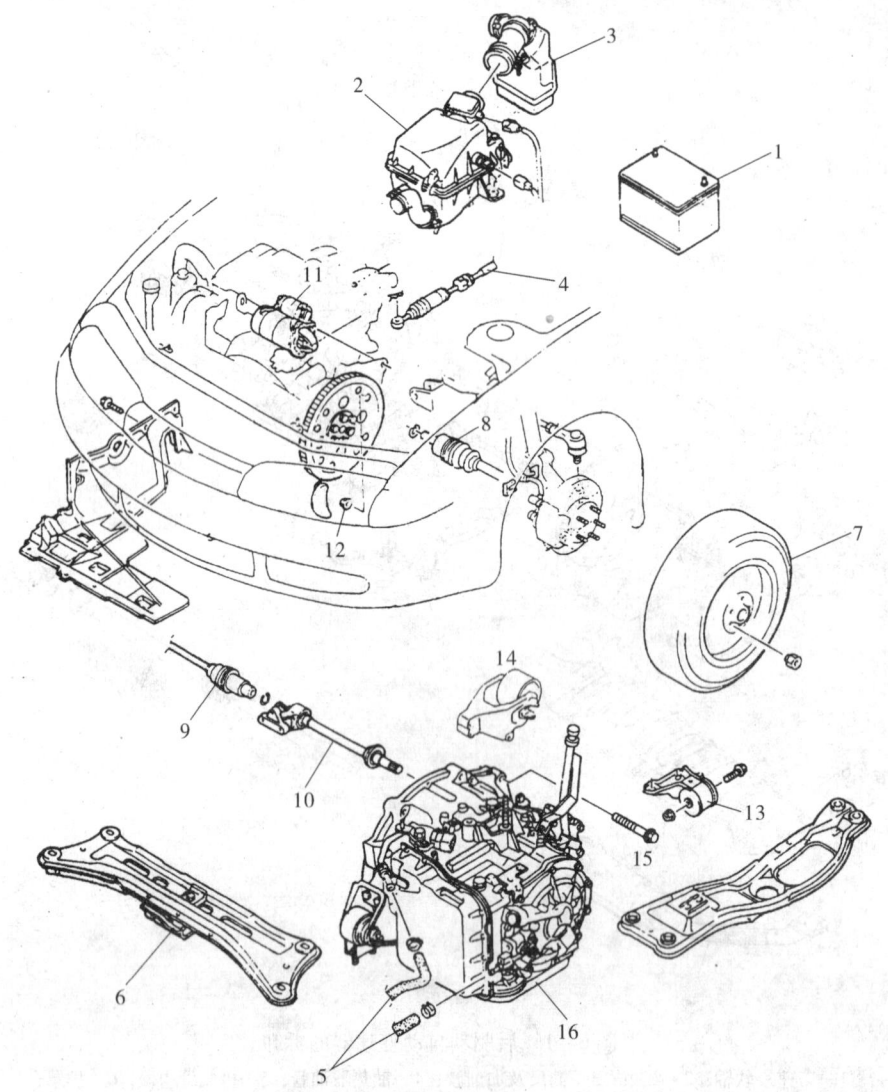

图 6-2 前驱动自动变速器的拆卸

1—蓄电池；2—空气滤清器；3—进气管；4—操纵手柄；5—散热器油管；6—护板；
7—前轮；8、9、10—左右半轴；11—启动机；12—变扭器与飞轮的连接；13、14 支架；
15—自动变速器与发动机的连接螺栓；16—自动变速器

二、自动变速器的分解

下面以日本丰田的 A341E 和 A342E 自动变速器为例，介绍自动变速器的分解过程，其他型号的自动变速器的分解可参照进行。

1. 基本组件的分解（图 6-3）

（1）取下变扭器。

（2）拆除变速器手动阀摇臂、挡位开关、车速传感器、输入轴转速传感器等所有安装在自动变速器壳体上的部件。

第六章 自动变速器的故障分析与检修

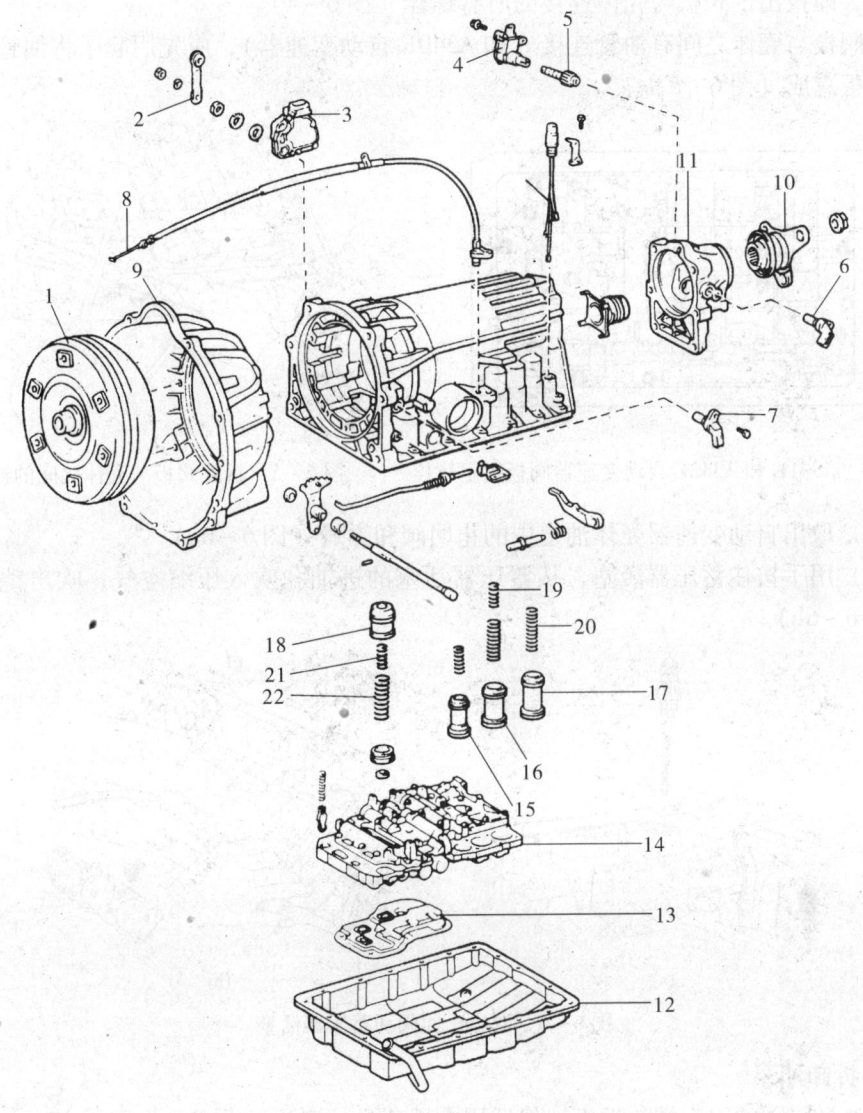

图6-3 A341E和A342E自动变速器的分解（一）

1—变扭器；2—手动阀摇臂；3—挡位开关；4—车速表传感器；5—车速表传感器驱动齿轮；
6—车速传感器；7—输入轴转速传感器；8—节气门拉索；9—变扭器壳；10—输出轴凸缘；11—后端壳；
12—油底壳；13—进油滤网；14—阀板；15、16、17、18—减振活塞；19、20、21、22—减振弹簧

（3）拆下变速器前端的变扭器壳、输出轴凸缘和后端壳、车速传感器的感应转子。

（4）拆下油底壳，从阀板上拆下进油滤网。

（5）拔下连接在阀板上的所有线束插头，拆除与节气门阀连接的节气门拉索。

（6）拆下阀板总成。拆阀板螺栓时，阀板上的螺栓一部分是固定在变速器壳体上，另一部分是固定上下阀板的，在拆卸时，应认准阀板与自动变速器壳体的固定螺栓。可以参照《自动变速器维修手册》辨认。也可以在拆卸阀板时，先松开阀板周边的固定螺栓，再看看阀板是否松动，如果未松动，可将阀板中间的螺栓逐个松开少许，当阀板

松动时，即找出了阀板与壳体连接的所有螺栓（图6-4）。

若阀板与壳体之间有油管连接（如A340E自动变速器），应先用起子将油管撬起再拆下阀板总成（图6-5）。

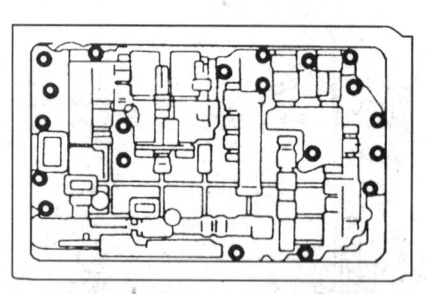 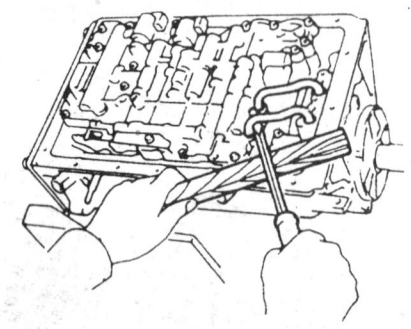

图6-4　A341E和A342E自动变速器阀板固定螺栓　　图6-5　拆除阀板与壳体之间的油管

（7）取出自动变速器壳体油道中的止回阀和弹簧（图6-6a）。

（8）用手按住蓄压器活塞，从蓄压器活塞的进油孔吹入压缩空气，吹出蓄压器活塞（图6-6b）。

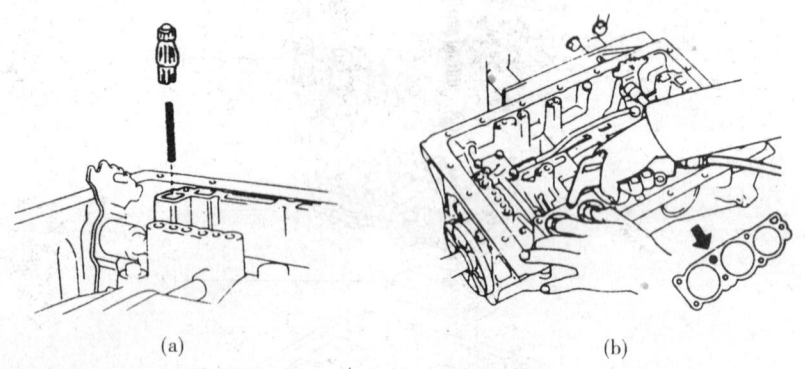

图6-6　取出止回阀和蓄压器活塞

2. 拆卸油泵

将油泵周围的固定螺栓拆下，然后用专用工具拉出油泵总成，见图6-7。

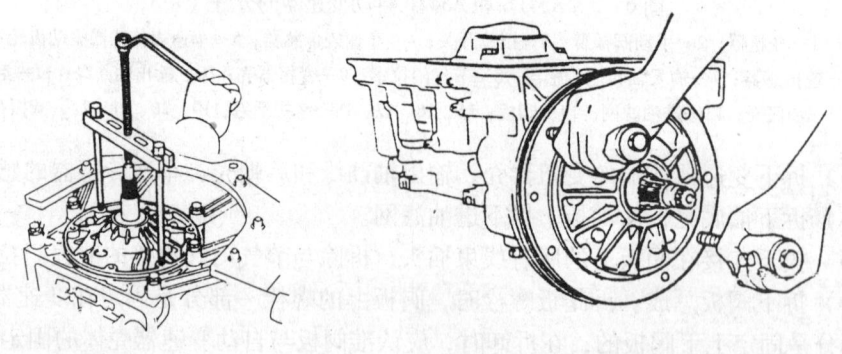

(a) 用拉具拉出油泵　　　　　　　　　　　(b) 用惯性锤拉出油泵

图6-7　油泵的拆卸

3. 分解行星齿轮变速器（图6-8）

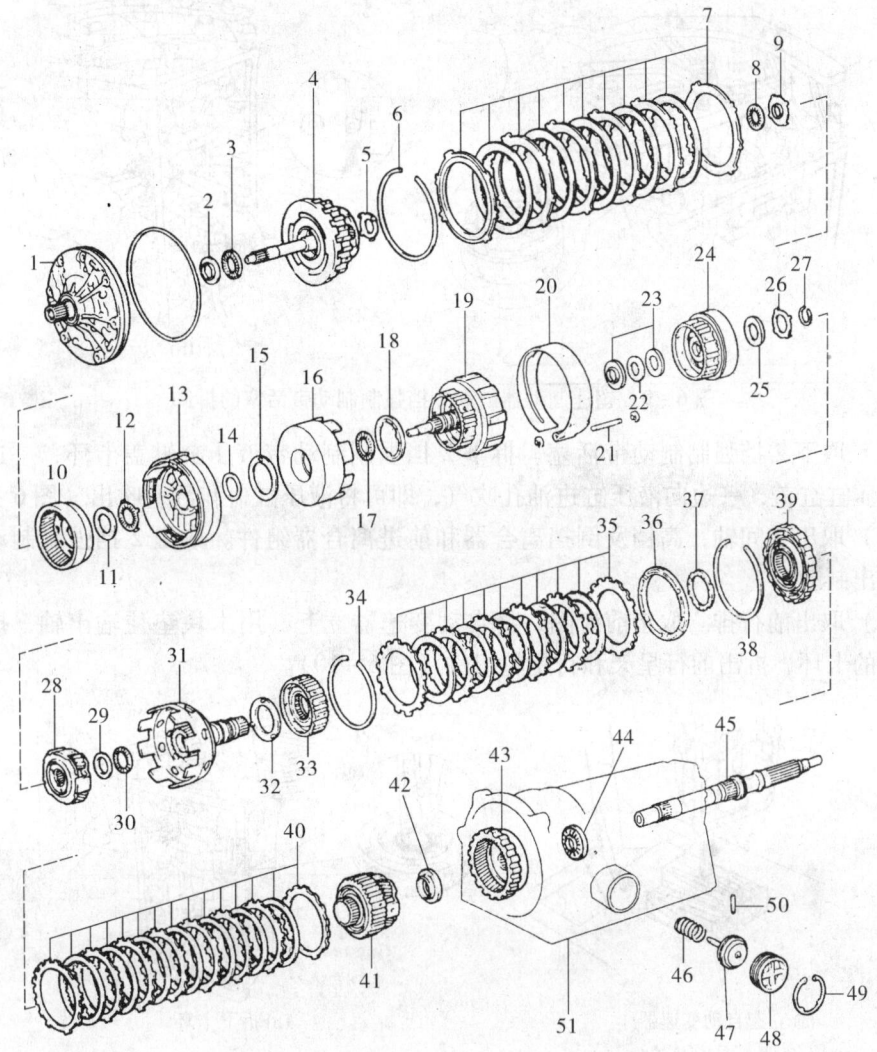

图6-8　A341E和A342E自动变速器的分解（二）
1—油泵；2、5、11、14、23、26、29—止推垫片；3、8、12、17、22、25、30、42、43、44—止推轴承；
4—超速行星排组件；6、27、34、38、49—卡环；7—超速制动器钢片和摩擦片；10—超速齿圈；
13—超速制动鼓；15、18、32、37—尼龙止推垫圈；16—倒挡及高挡离合器组件；19—前进离合器组件；
20—2挡强制制动带；21—制动带销轴；24—前齿圈；28—前行星架；31—前后太阳轮组件；
33—2挡单向超越离合器；35—2挡制动器摩擦片和钢片；36—活塞衬套；39—2挡制动鼓；
40—低挡及倒挡制动器摩擦片和钢片；41—后行星架和行星轮组件；43—后齿圈；45—输出轴；46—弹簧；
47—2挡强制制动带活塞；48—2挡强制制动带液压缸缸盖；50—超速制动鼓进油孔油封；51—变速器壳体

（1）从自动变速器前方拆下超速行星排和超速离合器组件。

（2）取下超速制动器。先拆下超速制动器卡环，再取出超速制动器钢片和摩擦片，后拆超速制动器鼓的卡环，松开壳体上的固定螺栓，就可将超速制动器鼓拉出（图6-9a）。

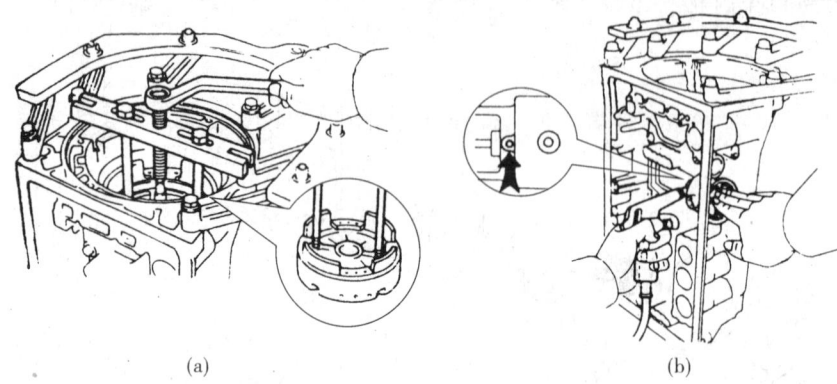

图6-9 超速制动器鼓和2挡强制制动带活塞的拆卸

(3) 取下2挡强制制动带活塞。拆下2挡强制制动带液压缸缸盖卡环,一边用手按住液压缸缸盖,一边向液压缸进油孔吹气,即可将液压缸盖和活塞吹出(图6-9b)。

(4) 取出中间轴,高挡及倒挡离合器和前进离合器组件。取出2挡强制制动带销轴,取出制动带。

(5) 取出前行排。取出前齿圈,将自动变速器立起,用木块垫住输出轴,拆下前行星排的卡环,拆出前行星架和行星轮组件(图6-10)。

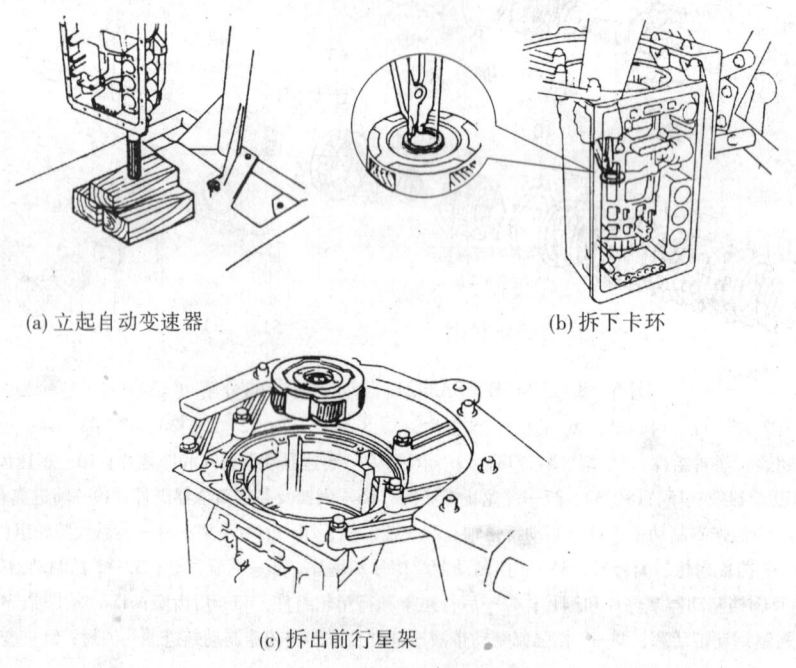

(a) 立起自动变速器　　(b) 拆下卡环

(c) 拆出前行星架

图6-10 前行星排的拆卸

(6) 取出前后太阳轮组件和低挡单向超越离合器。

(7) 取下2挡制动器:拆下卡环,取出2挡制动器的钢片和摩擦片及活塞衬套。

(8) 拆卸输出轴、后行星排及倒挡制动器组件：拆下卡环，抓住输出轴，取出输出轴、后行星排、前进单向超越离合器、低挡及倒挡制动器和2挡制动器鼓组件。

自动变速器的所有组件和零件应按分解顺序排放好，以便检修和组装。特别注意各个止推垫片、止推轴承的位置不可错乱。

三、自动变速器的检修

（一）液力变扭器的检修

液力变扭器除了导轮的单向超越离合器和锁定离合器外，没有相互接触的零件，故障率很低。因此，液力变扭器的维修主要是清洗和检查。

(1) 检查变扭器外部有无损坏和裂纹、轴套外径有无磨损、驱动油泵的轴套缸口有无损伤，如有异常，应整体更换。

(2) 清洗。倒出变扭器内的残留液，再加入2 L干净的液压油，晃动变扭器进行清洗，然后再将液压油倒出，重复两次。

(3) 测量变扭器固定套管的偏摆量。如图6-11所示，把变扭器装到发动机飞轮上，用千分表检查导轮固定套管的偏摆量，若测量所得值超过0.3 mm，应换一个位置重新安装进行校正，并作好记号；若无法校正，则更换变扭器总成。

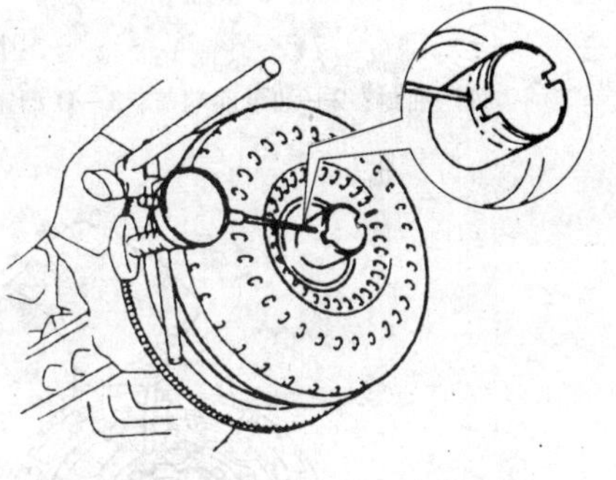

图6-11 检查导轮固定套的偏摆量

(4) 检查导轮的单向离合器。把两个专用工具（单向离合器内座圈驱动杆和外座圈固定器）插入变扭器内（图6-12），分别固定导轮单向离合器的内、外座圈，将外座圈固定套卡在油泵的驱动缺口内使它固定，转动驱动杆，逆时针转不动、顺时针能转动，说明导轮单向离合器工作正常，否则就是单向离合器损坏，应更换变扭器总成。

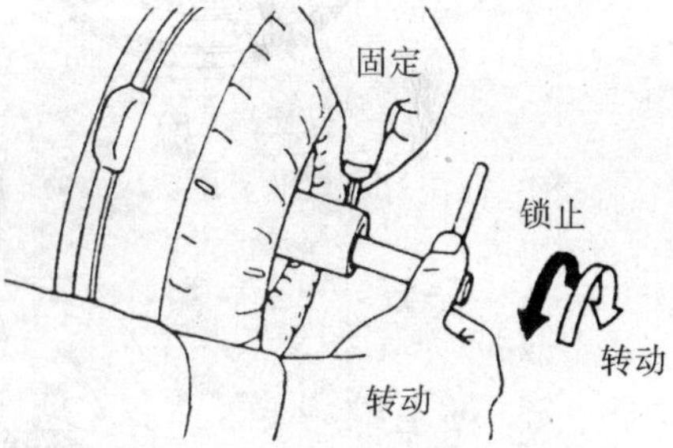

（二）油泵的检修

1. 油泵的分解

图6-12 导轮单向离合器的检查

取下油泵后端轴颈上的密封环，然后打开油泵的前后端盖，取出小齿轮和内齿轮，再将油泵的前端盖油封取下（图6-13）。

2. 油泵的检查

一般对油泵的检查有三个方面：内齿轮与泵体的间隙，即"体隙"（图6-14a）；小齿轮与内齿轮轮齿间隙，即"齿隙"（图6-14b）；小齿轮与内齿轮侧面间隙，即"侧隙"（图6-14c）。具体数值见表6-1。如有不符，应更换齿轮、泵壳或油泵总成。

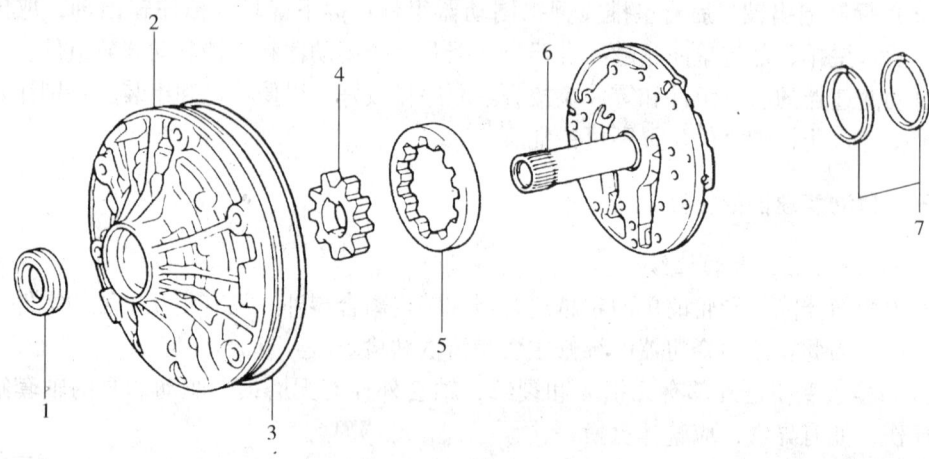

图 6-13 油泵的分解

1—油封；2—油泵前端盖；3—O 型密封圈；4—小齿轮；5—内齿轮；6—油泵后端盖；7—密封环

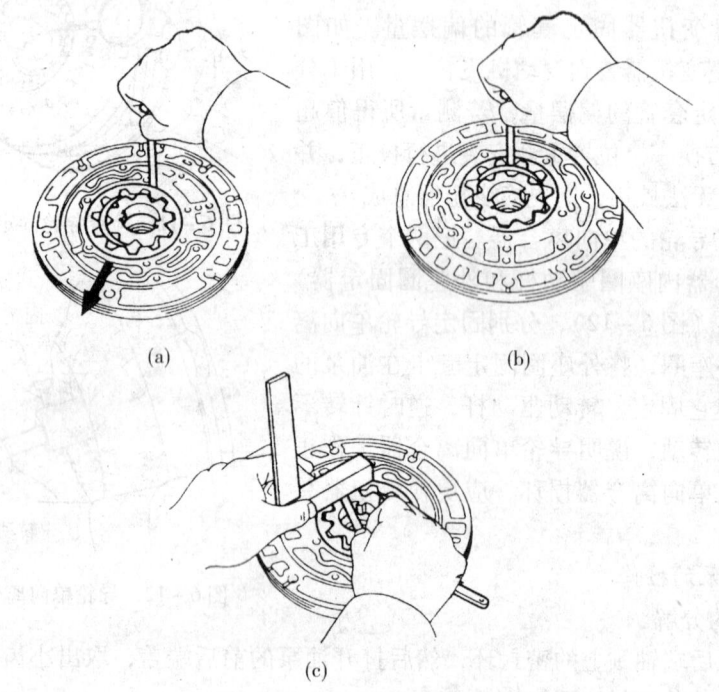

图 6-14 油泵齿轮间隙的测量

表 6-1 油泵测量标准

项目	标准值/mm	极限值/mm
体隙	0.07~0.15	0.3
齿隙	0.11~0.14	0.3
侧隙	0.02~0.05	0.1

3. 油泵的组装

按下列步骤对油泵进行组装：

(1) 清洗：对油泵所有的零件用煤油或汽油进行清洗后，再涂上液压油；

(2) 更换所有的油封、密封圈，涂上液压油后装上，在后端轴颈密封环槽内涂上凡士林；

(3) 按先拆后装的顺序组装油泵各零件。以对称交叉的顺序依次拧紧油泵盖螺栓，拧紧力矩为 10 N·m；

(4) 检查：将油泵套在变扭器中，转动应平稳，无卡阻、无异响。

(三) 离合器、制动器的检修

1. 超速离合器（C_0）的分解

(1) 从超速行星架和超速离合器组件上取下超速离合器（图6-15）；

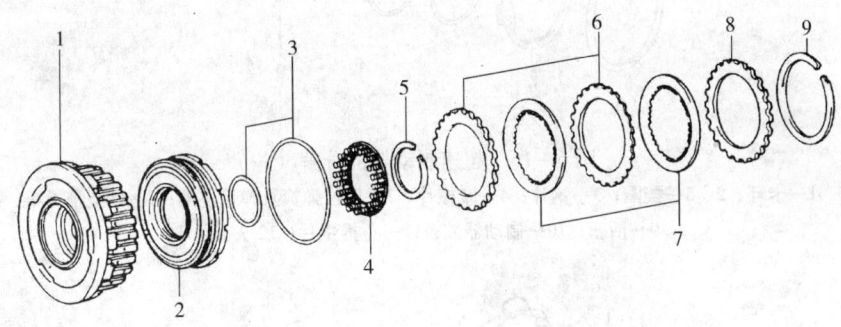

图6-15 超速离合器的分解
1—超速离合器鼓；2—活塞；3—O型密封圈；4—回位弹簧及弹簧座圈；
5—卡环；6—钢片；7—摩擦片；8—挡圈；9—卡环

(2) 拆下卡环，取出挡圈、摩擦片、钢片；

(3) 将活塞的回位弹簧压下，拆下卡环，即可取出弹簧座圈及回位弹簧；

(4) 向超速离合器的进油孔内吹入压缩空气，即可取出活塞。然后拆下活塞上的O型密封圈。

2. 超速制动器（B_0）的分解（图6-16）

在自动变速器的分解时，已经将超速制动器的摩擦片和钢片取下，现在只要再将超速制动器的超速制动鼓分解就可以了。

(1) 将活塞回位弹簧压下，拆下卡环，取出回位弹簧座及回位弹簧（图6-17a）；

(2) 将超速制动器鼓装在倒挡及高挡离合器上，向进油孔内吹入压缩空气，取出活塞（图6-17b）；

(3) 取下活塞内外圆上的O型密封圈、制动器后端轴颈上的密封环、止推垫片（图6-17c）。

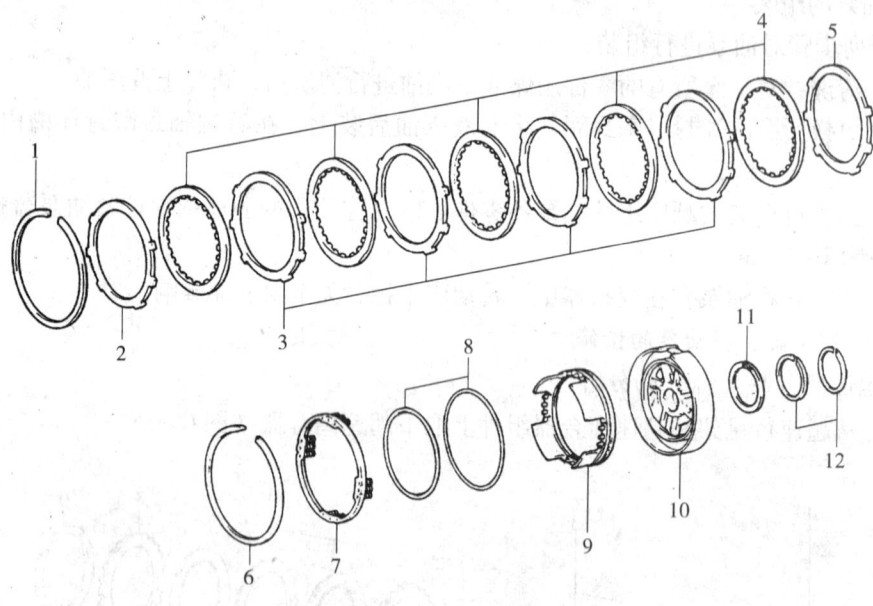

图6-16 超速制动器的分解（一）

1—卡环；2、5—挡圈；3—钢片；4—摩擦片；7—回位弹簧及弹簧座圈；8—O型密封圈；9—活塞；10—制动器鼓；11—止推垫片；12—密封环

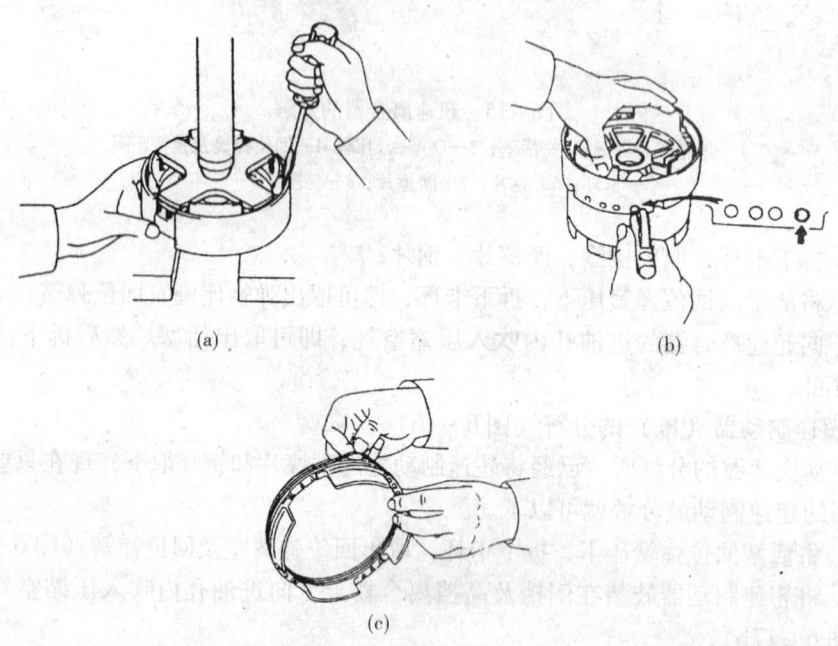

图6-17 超速制动器的分解（二）

3. 倒挡及高挡离合器（C_1）的分解

倒挡及高挡离合器或称直接离合器的分解（图6-18），实际上与超速制动器的分解是类似的。

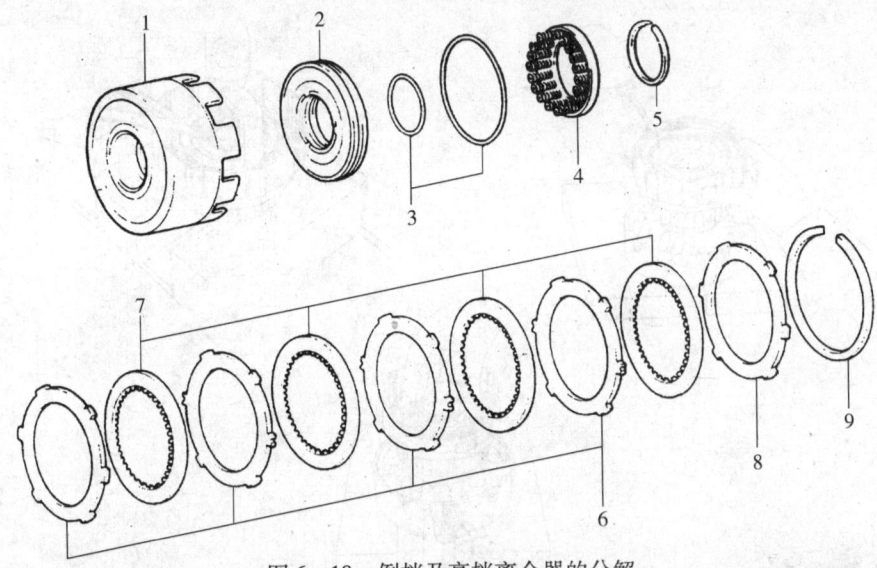

图 6-18 倒挡及高挡离合器的分解
1—倒挡及高挡离合器鼓；2—活塞；3—O 型密封圈；4—回位弹簧及弹簧座圈；
5—卡环；6—钢片；7—摩擦片；8—挡圈；9—卡环

4. 前进离合器（C_2）的分解

前进离合器的分解如图 6-19 所示。图 6-20a 是拆下卡环，取出挡圈、摩擦片、钢片；图 6-20b 是拆下弹簧座卡簧，取下回位弹簧和弹簧座；图 6-20c 是用高压空气向进油孔吹气，取出前进离合器活塞。

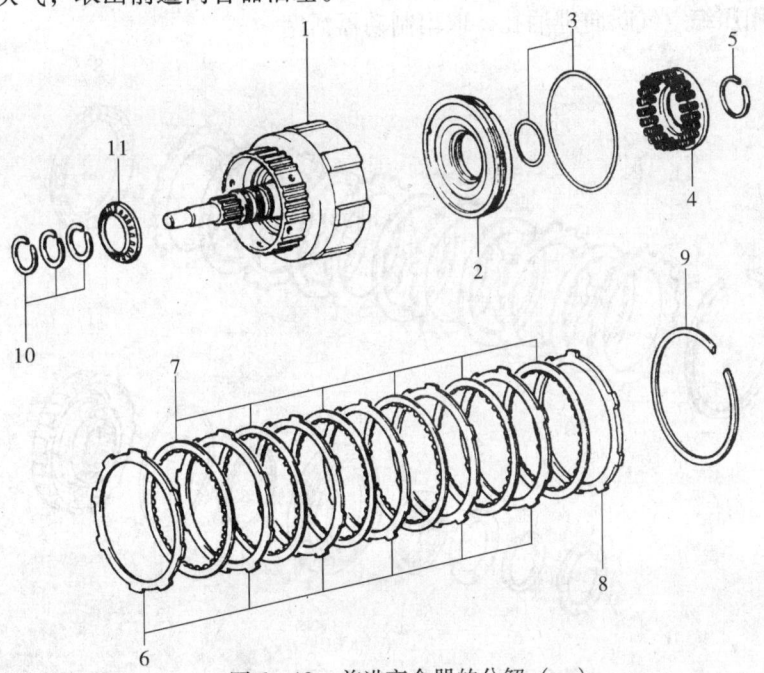

图 6-19 前进离合器的分解（一）
1—前进离合器鼓；2—活塞；3—O 型密封圈；4—回位弹簧及弹簧座圈；5—卡环；
6—钢片；7—摩擦片；8—挡圈；9—卡环；10—密封环；11—止推轴承

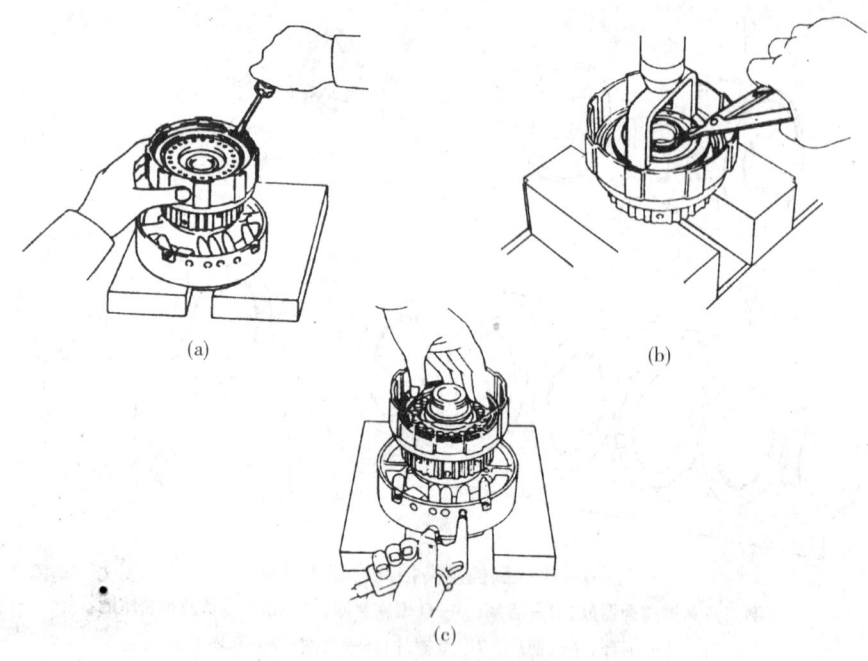

图 6-20 前进离合器的分解（二）

5. 2挡制动器（B_1）的分解

在分解自动变速器时已将 2 挡制动器的钢片和摩擦片拆出（图 6-21）。图 6-22a 是在 2 挡制动器活塞回位弹簧压下的情况下拆下卡环，然后取出回位弹簧及弹簧座圈。图 6-22b 是用压缩空气吹向进油孔，取出制动器活塞。

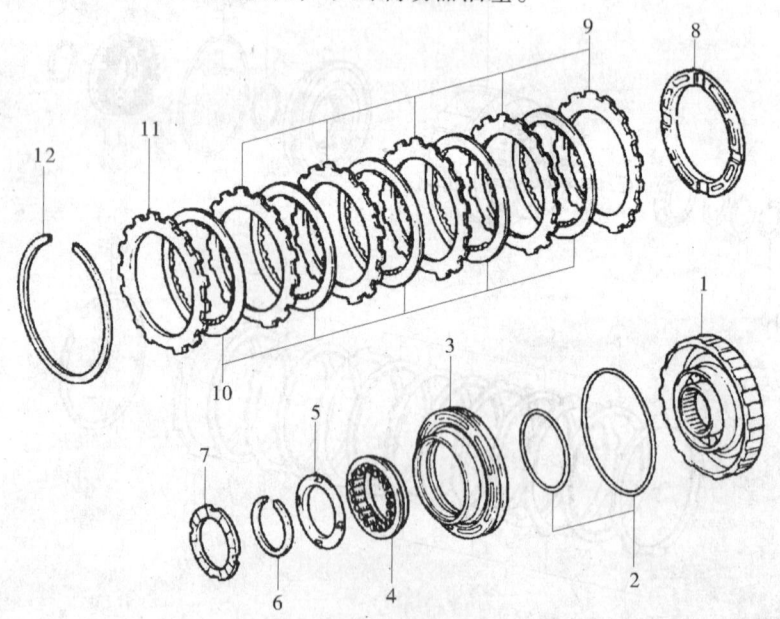

图 6-21 2挡制动器的分解（一）

1—2挡制动器鼓；2—O型密封圈；3—活塞；4—回位弹簧；5—弹簧座圈；6、12—卡环；
7—止推垫圈；8—活塞衬套；9—钢片；10—摩擦片；11—挡圈

第六章 自动变速器的故障分析与检修

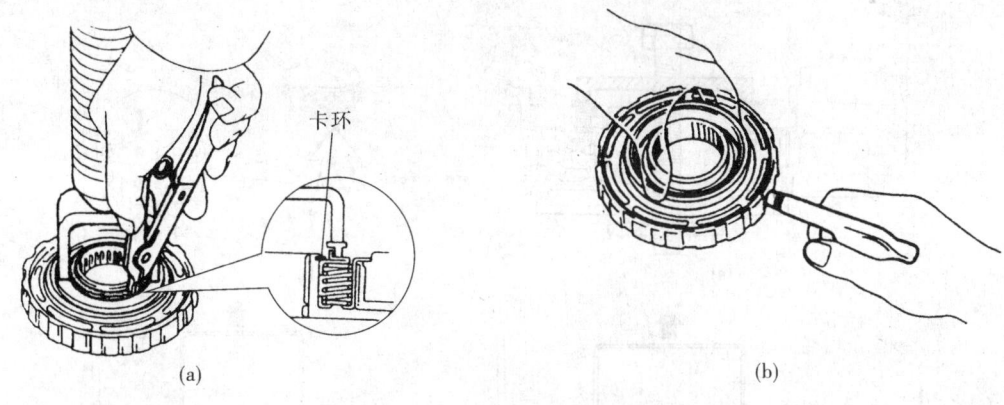

图 6-22 2 挡制动器的分解（二）

6. 低挡及倒挡制动器（B_2）的分解

低挡及倒挡制动器虽然安装在自动变速器的壳体内，但其拆装步骤及要领与分解离合器时完全类似。图 6-23 是低挡和倒挡制动器的分解图，图 6-24a 是压下活塞的回位弹簧，拆下卡环的方法；图 6-24b 是向进油孔内吹压缩空气，取出大活塞；图 6-24c 和图 6-24d 是用专用工具分别取出回位滑套和小活塞。

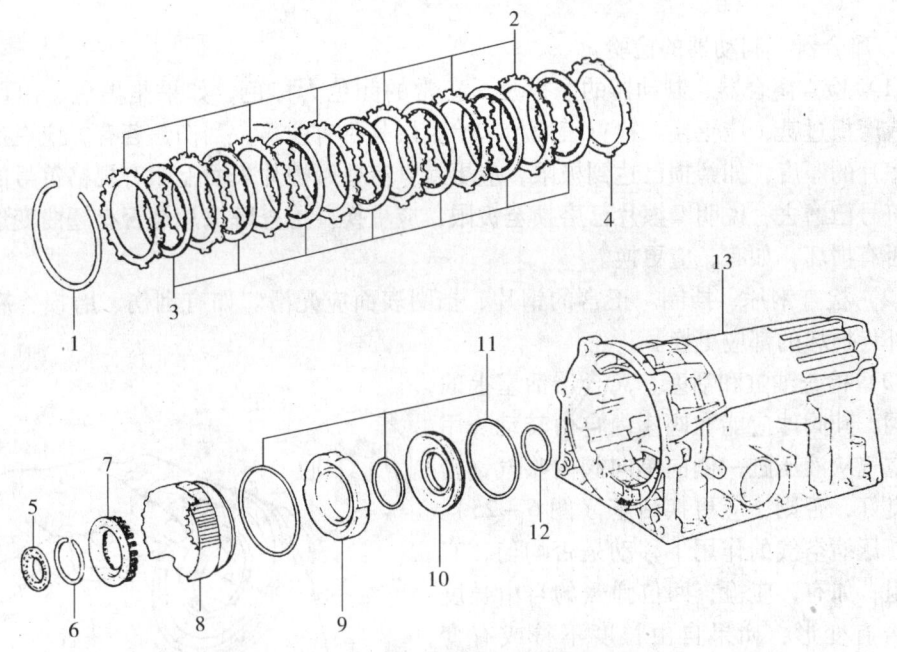

图 6-23 低挡及倒挡制动器的分解（一）
1、6—卡环；2—钢片；3—摩擦片；4—挡圈；5—止推轴承；7—回位弹簧及弹簧座圈；
9—回位滑套；10—小活塞；11、12—O 型密封圈；13—自动变速器壳

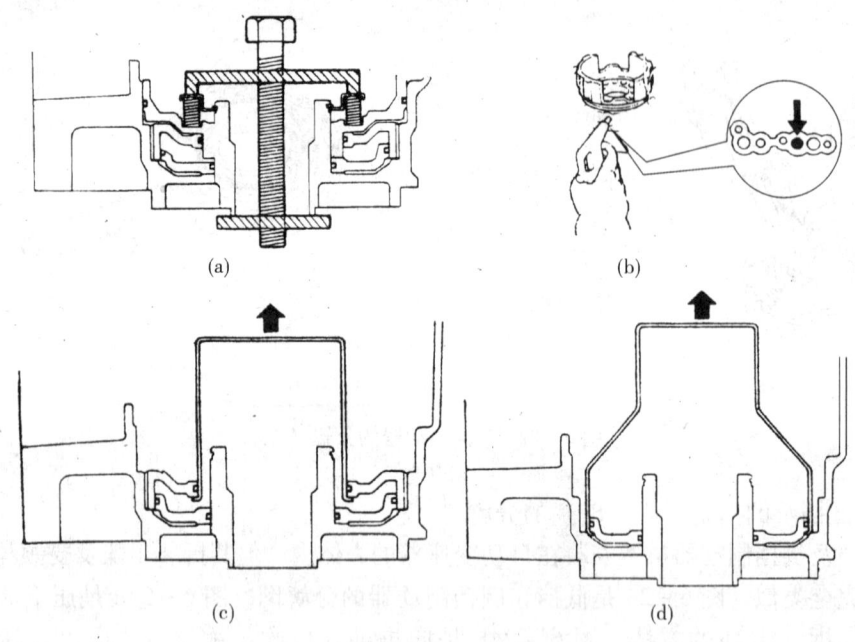

图6-24 低挡及倒挡制动器的分解（二）

7. 离合器、制动器的检验

（1）检查离合器、制动器的摩擦片，正常的颜色为棕色，如果是黑色、白色则为烧焦或磨损过甚，应更换。检查表面粉末冶金层是否有脱落、刮伤，若有，应更换。测量摩擦片的厚度，如磨损已达到极限，应更换。有些摩擦片表面上印有规格符号的，若这些符号已磨去，说明摩擦片已磨损至极限，应更换。检查摩擦片是否有翘曲变形，内齿是否有损坏，如有，应更换。

（2）检查钢片、挡圈。正常的钢片、挡圈表面应光滑。如有刮伤、磨损、翘曲变形或外齿损坏的都应更换。

（3）检查油缸和活塞，离合器活塞上的单向阀，其阀球应能在阀座内自由转动。用压缩空气从液压缸一侧向单向阀内吹气，密封应良好，否则，应更换活塞（图6-25）。活塞在压缩空气的作用下移动是否均匀，有无卡阻，如有，应检查回位弹簧的自由长度和是否有变形，如果自由长度不符或有变形，应更换新弹簧（表6-2）。再检查油缸内表面有无损伤或拉毛，如有异常，应更换新件。

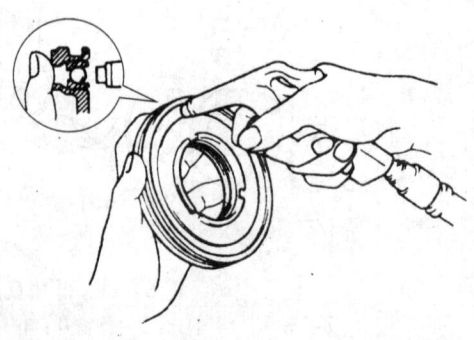

图6-25 离合器活塞单向阀密封性的检查

表6-2 A341E和A342E自动变速器的离合器和制动器检修标准

离合器或制动器的名称	代号	弹簧自由长度标准/mm	自由间隙/mm
直接离合器	C_2	15.8	1.45~1.70
超速制动器	B_0	17.23	1.75~2.05
倒挡及高挡离合器	C_1	24.35	1.37~1.60
前进离合器	C_2		0.70~1.00
2挡制动器	B_1	19.46	0.63~1.98
低挡及倒挡制动器	B_2	12.9	0.70~1.22
2挡强制制动带	B_3		2.0~3.0

(4) 更换所有的密封圈、密封环。新的密封圈或密封环应涂上液压油或凡士林后装入。

(5) 对制动带的检查,检查内表面有无烧焦,表面粉末冶金层有无脱落或表面符号是否已被磨去,如有,应给予更换。

8. 离合器、制动器的装配

在装配离合器、制动器前,应保证所有的零件都用煤油或汽油清洗干净,相关的油道用压缩空气吹净,不能有任何的赃物。按先拆后装的装配顺序装配各个离合器和制动器。在装配时应注意以下事项:

(1) 装配前所有的配合零件表面上涂少许液压油;

(2) 新换的摩擦片应在干净的液压油中浸15 min以上才能装上;

(3) 挡圈的安装,让平整的一面与摩擦片接触,有碟形环的离合器或制动器,应将碟形环放在下面第一片的位置上,凹面向上,另一面与活塞接触;

(4) 安装回位弹簧座圈的卡环时安装要到位,确认卡环已落在弹簧座圈上的凸爪内;

(5) 向离合器或制动器的油道内吹入压缩空气,检查活塞的移动情况,看能否将钢片、摩擦片压紧,有否漏气,如有异常,应重新分解修复;

(6) 用厚薄规测量离合器和制动器的自由间隙,若不符合标准(见表6-2),可采用更换不同厚度的挡圈的方法来调整。

(四)行星排、单向离合器的检修

1. 超速行星排、超速单向离合器的分解

(1) 检查超速单向离合器的锁止方向,固定超速行星架(即超速单向离合器的外圈),转动超速离合器鼓(即转动超速单向离合器的内圈),应该在顺时针方向可以自由转动,在逆时针方向能锁止不动(图6-26)。

(2) 按图6-27所示顺序分解超速行星排和超速离合器。

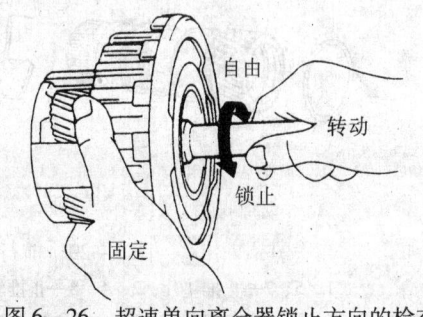

图6-26 超速单向离合器锁止方向的检查

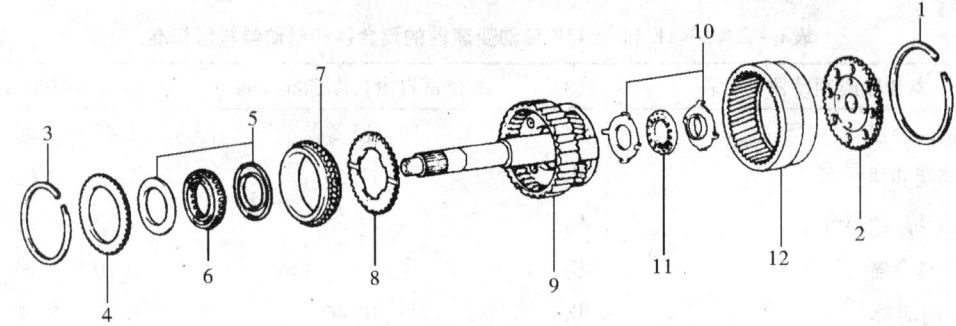

图 6-27 超速行星排和超速离合器的分解

1、3—卡环；2—齿圈凸缘盘；4、5—挡圈；6—超速单向离合器；7—超速单向离合器外圈；
8—止推垫片；9—超速行星架和行星轮组件；10—止推垫圈；11—止推轴承；12—齿圈

2. 前行星排 2 挡单向离合器的分解

（1）检验 2 挡单向离合器的锁止方向：固定太阳轮驱动鼓，转动 2 挡单向离合器外圈，顺时针能转动，逆时针不能转动（图 6-28）。

（2）按图 6-29 所示顺序分解前行星排和 2 挡单向离合器。

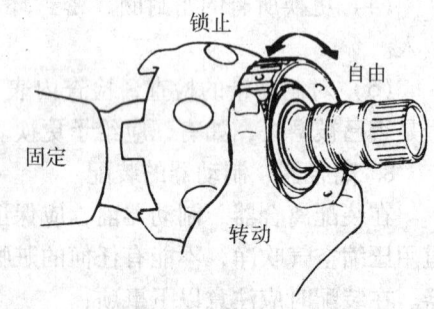

图 6-28 2 挡单向离合器锁止方向的检查

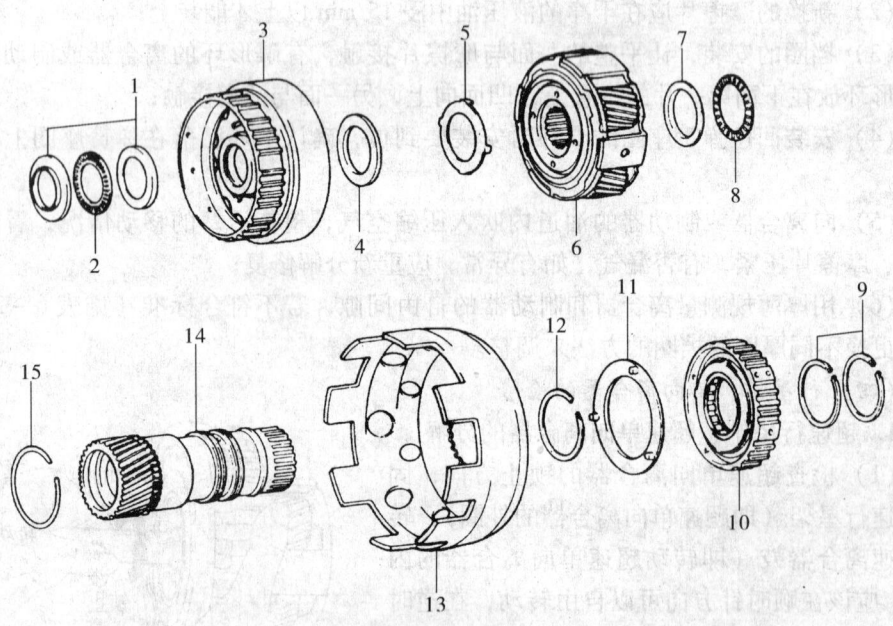

图 6-29 前行星排和 2 挡单向离合器的分解

1、5、7—止推垫片；2、4、8—止推轴承；3—前齿圈；6—前行星架和行星轮；9—密封环；
10—2 挡单向离合器；11—止推垫圈；12、15—卡环；13—太阳轮驱动鼓；14—太阳轮

第六章 自动变速器的故障分析与检修

3. 后行星排、低挡单向离合器的分解

(1) 低挡单向离合器锁止方向的检查。固定行星架,转动单向离合器内圈:顺时针方向转不动,逆时针方向可以转动(图6-30)。

(2) 按图6-31所示顺序分解后行星排和低挡单向离合器。

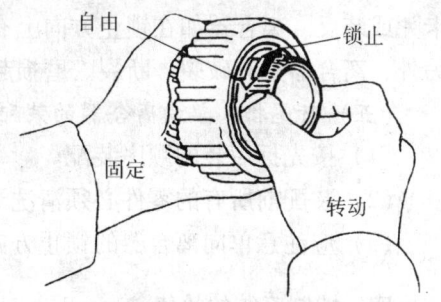

图6-30 低挡单向离合器锁止方向的检查

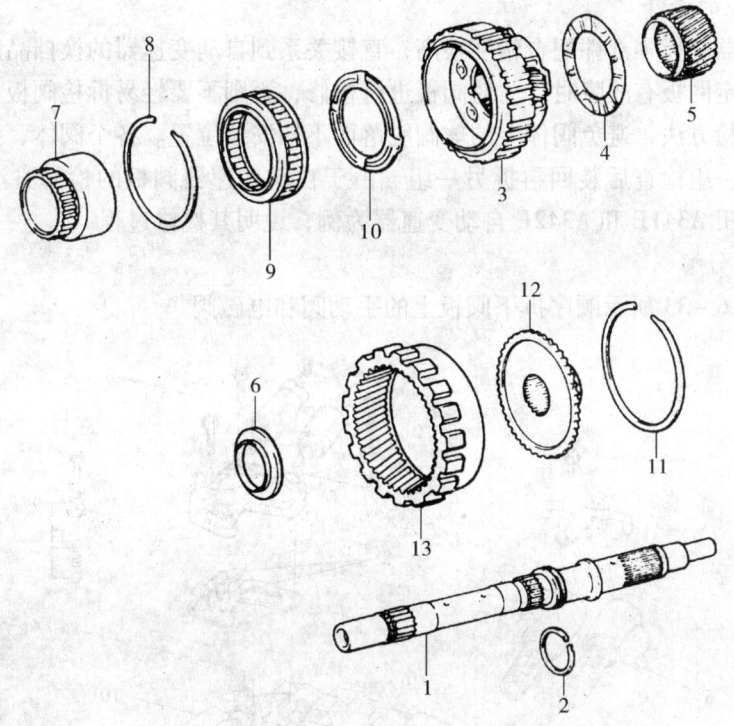

图6-31 后行星排和低挡单向离合器的分解
1—输出轴;2—密封环;3—后行星架;4—止推垫圈;5—后太阳轮;6—止推轴承;7—单向离合器内圈;
8、11—卡环;9—单向离合器;10—止推垫片;12—齿圈凸缘盘;13—后齿圈

4. 检修

(1) 检查太阳轮、行星轮、齿圈等零件的轴颈或滑动轴承有无磨损,齿面有无磨损或疲劳剥落,如有,应更换新件或整个行星排。

(2) 检查行星轮的轴向间隙(图6-32),标准值为0.2~0.6 mm,最大不超过1.0 mm,否则予以更换行星架和行星轮组件。

(3) 检查单向离合器:对于滚柱式离合器,主要检查离合器是否打滑;楔块式离合器是否

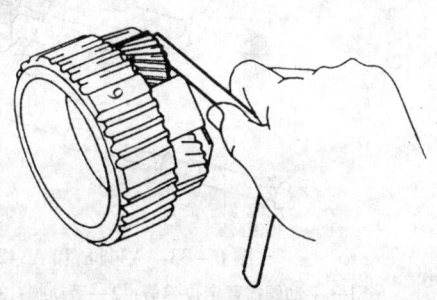

图6-32 检查行星轮轴向间隙

卡死或装反。离合器如在锁止方向上有打滑或在自由转动方向上有卡阻,应更换新件。另外,离合器如有破裂、断裂、磨损起槽,也应更换。

(五) 行星排、单向离合器的装配

(1) 按先拆后装的顺序装配。

(2) 装配前所有的零件必须清洗干净,并涂上液压油。

(3) 应注意单向离合器的锁止方向。

四、控制系统的检修

(一) 阀板的检修

自动变速器阀板零部件配合精度很高,直接关系到自动变速器的换挡品质和换挡的时刻,除非确定网板有故障时,才对阀板进行检修,否则不要轻易拆检阀板。拆检阀板时,应注意拆检方法,避免阀体上的球阀脱落而不知安装位置。各个阀体、弹簧应小心拆装,最好拆一组检查后装回再拆另一组。由于自动变速器阀板的检修方法都是相同的,故仍以丰田 A341E 和 A342E 自动变速器为例,说明其检修过程。

1. 阀板的分解

(1) 按图 6-33 所示顺序拆下阀板上的手动阀和电磁阀。

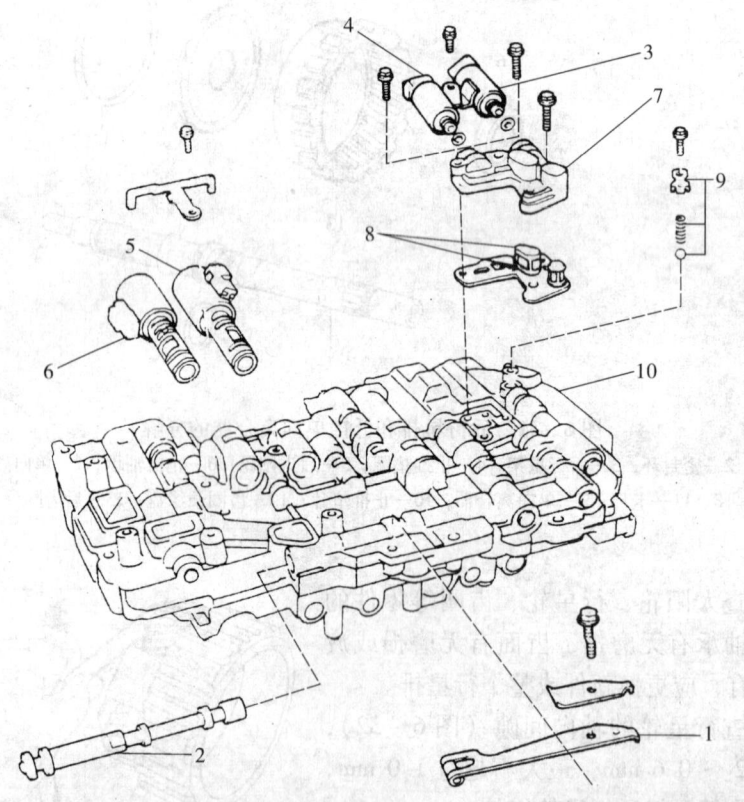

图 6-33 A341E 和 A342E 自动变速器手动阀和电磁阀的拆除

1—手动阀摇臂定位弹簧;2—手动阀;3、4—换挡电磁阀;5—油压电磁阀;6—锁定电磁阀;7—换挡电磁阀底座;8—换挡电磁阀滤网;9—泄压阀;10—阀板

（2）松开上下阀板（图6-34）。在拿起上阀板时，应将上阀板和隔板一起拿起，然后将油道一面朝上放下，以免阀板内单向球阀掉下而给维修造成困难。

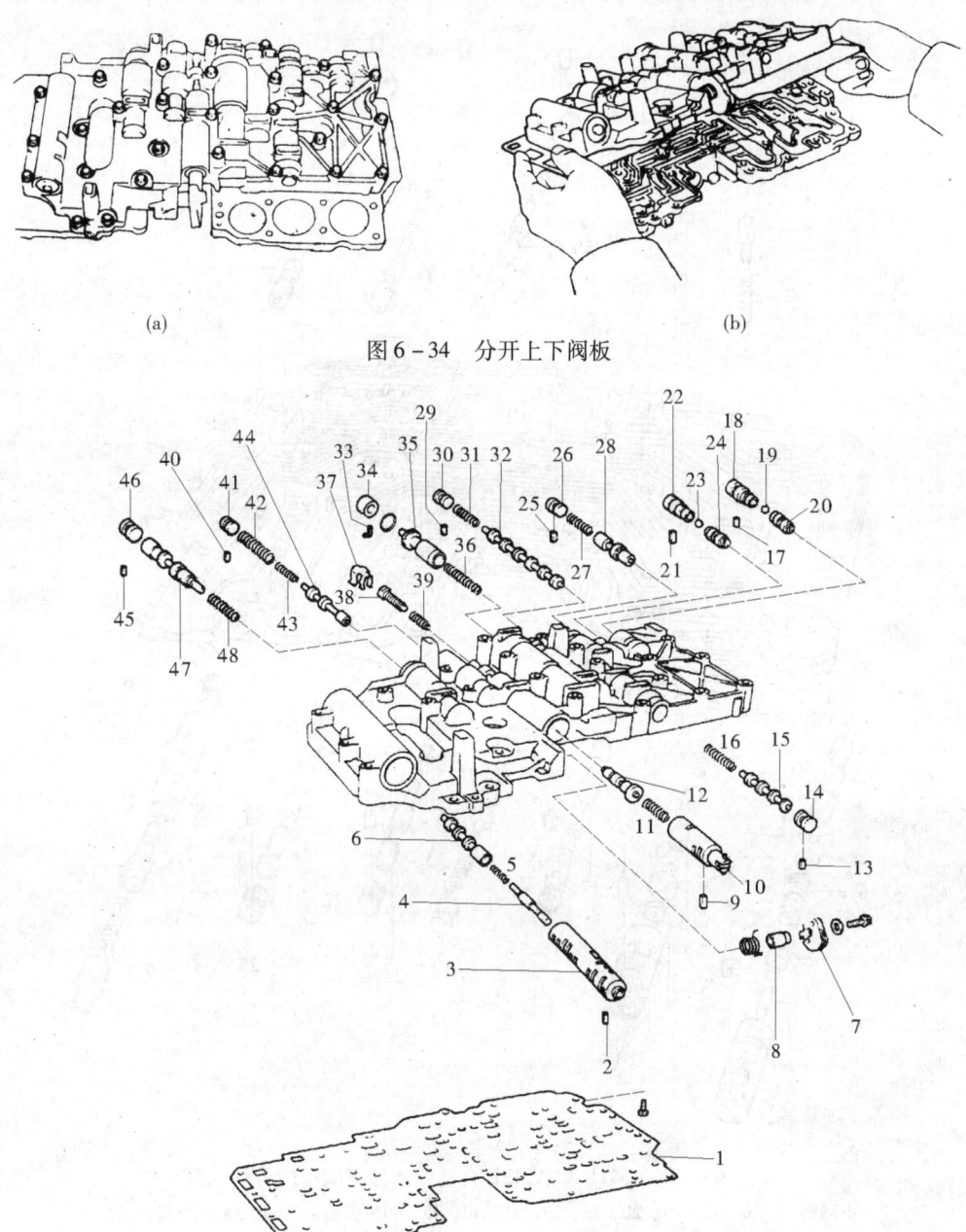

图6-34 分开上下阀板

图6-35 A341E和A342E自动变速器上阀板的分解
1—隔板和衬垫；2、9、13、17、21、25、29、33、40、45—锁销；3—锁止控制阀阀套；4—锁止控制阀；5、11、16、27、31、36、39、42、43、48—弹簧；6—锁止继动阀；7—节气门阀凸轮；8—销套；10—强制降挡阀；12—节气门阀；14、18、22、26、30、34、41、46—栓塞；15—3-4换挡阀；19、23—止回阀阀球；20、24—止回阀；28—倒挡控制阀；32—2-3换挡阀；35—前进挡减振器活塞；37—锁片；38—节气门阀调节螺钉；44—前进挡减振器节流阀；47—变扭器阀

(3) 取下上阀板隔板，取出上阀板油道内的单向阀球体，然后按图6-35所示顺序拆下上阀板中所有的控制阀，再按图6-36所示顺序拆下下阀板中所有的控制阀。

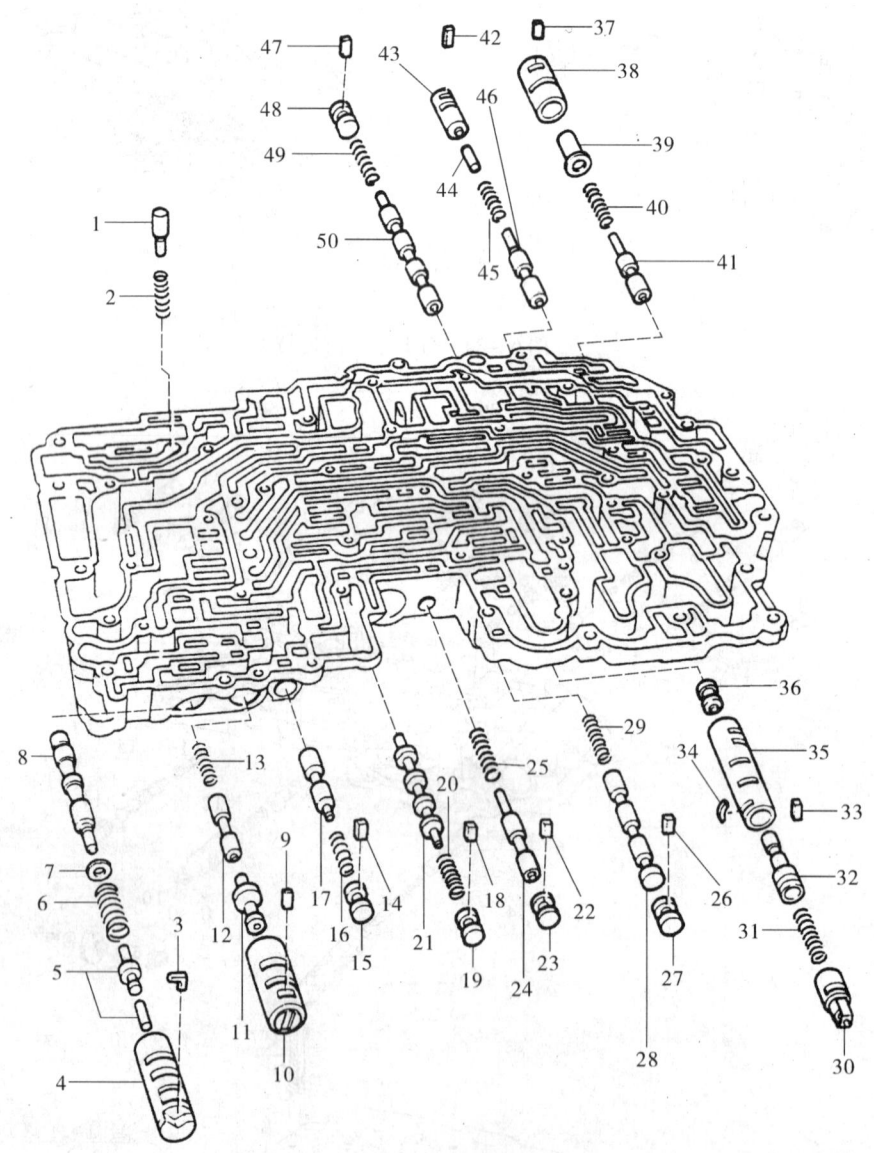

图6-36 A341E和A342E自动变速器下阀板的分解
1—止回阀；2、6、13、16、20、25、29、31、40、45、49—弹簧；3、9、14、18、22、26、33、34、37、42、47—锁销；4、10、35、38、43—阀套；5、11、36、39、44—阀杆；7—垫圈；8—主油路调压阀；12—锁止控制阀；15、19、23、27、30、48—栓塞；17—止回阀；21—电磁转换阀；24—电磁调节阀；28—截止阀；32—减振器控制阀；41—滑行调节阀；50—1-2换挡阀

(4) 在拆控制阀时，先取出锁销和栓塞，再取出阀芯和弹簧，阀芯和弹簧应该能自由落出，若不能自由落出，可用木槌轻轻将它震出。但应避免用硬物强制取出，以免对控制阀表面造成刮伤。

2. 阀板零件的检修、装配

（1）阀芯在阀体内应运动自如，无卡阻，表面无刮伤痕迹。如有刮伤，可用金相砂纸抛光。如阀芯被卡死在阀孔内不能移动时，应更换阀板总成。

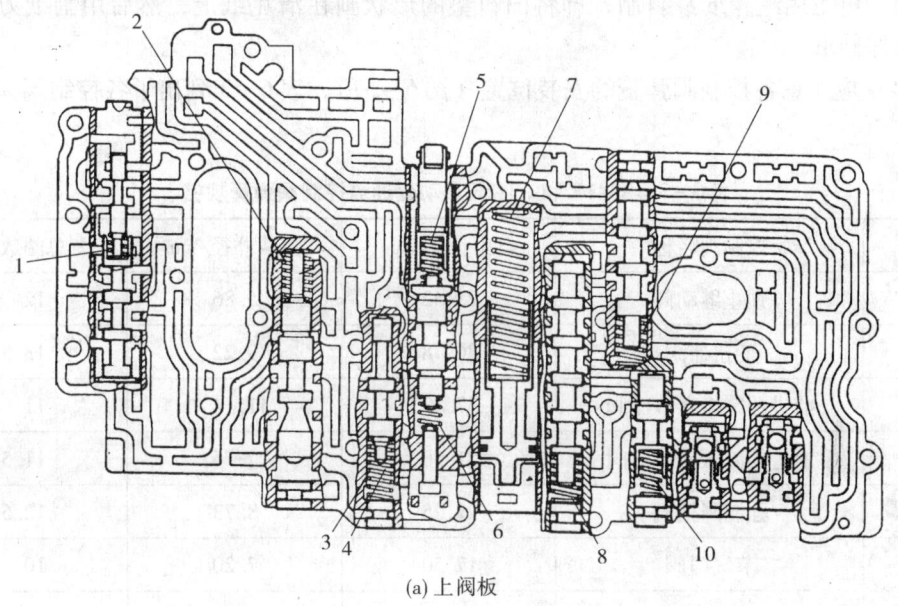

(a) 上阀板

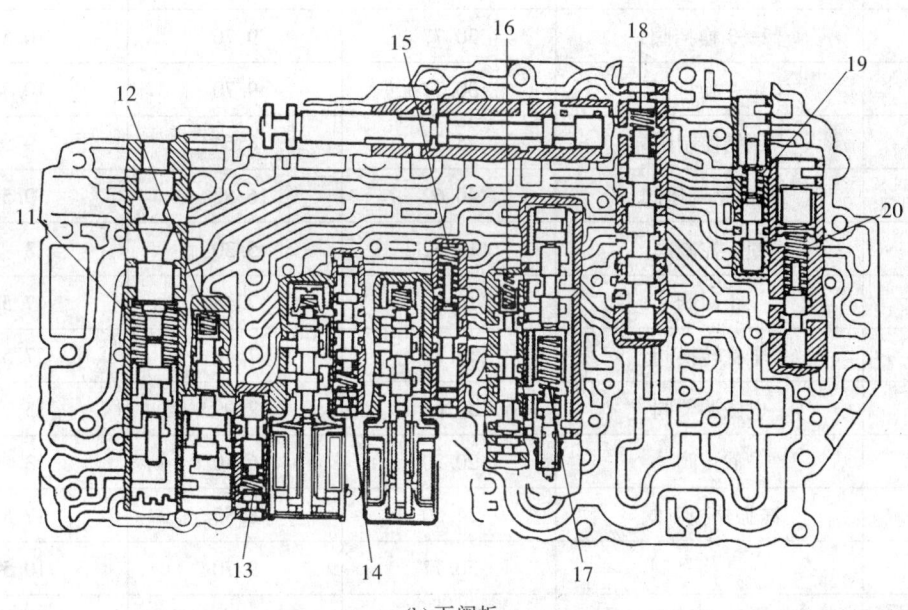

(b) 下阀板

图 6-37　A341E 和 A342E 自动变速器上下阀板剖面图

1—锁止继动阀；2—变扭器阀；3—前进挡减振器节流阀外弹簧；4—前进挡减振器节流阀内弹簧；
5—强制降挡阀；6—节气门阀；7—前进挡减振器；8—2—3 换挡阀；9—3—4 换挡阀；10—倒挡控制阀；
11—主油路调压阀；12—锁止控制阀；13—止回阀；14—电磁转换阀；15—电磁调节阀；16—截止阀；
17—减振器控制阀；18—1—2 换挡阀；19、20—滑行调节阀

(2) 所有的零件应用煤油或汽油清洗干净才能装上,对零件表面可用压缩空气吹干,但不能用抹布擦拭,避免细小的纤维物造成阀芯卡滞。

(3) 更换所有的塑胶球阀以及隔板上的纸质衬垫。如无阀板上的隔板衬垫,可用清克纸(电工用绝缘纸)自制,即将旧衬垫的形状画在清克纸上,然后用割纸刀和圆冲照原样刻出。

(4) 应注意各控制阀弹簧的安装位置(图6-37),表6-3列出了各控制阀弹簧规格。

表6-3 A341E 和 A342E 自动变速器控制阀弹簧规格

序号	控制阀名称	自由长度/mm	弹簧外径/mm	总圈数
1	锁止继动阀	23.42	5.86	12
2	变扭器阀	36.78	9.22	13.5
3	前进挡减振器节流阀	37.13	11.14	11
4	前进挡减振器节流阀	21.50	7.76	11.5
5	强制降挡阀	27.25	8.73	12.5
6	节气门阀	17.50	7.20	10
7	前进挡减振器	75.26	15.02	17
8	2—3 换挡阀	30.77	9.70	10.5
9	3—4 换挡阀	30.77	9.70	10.5
10	倒挡控制阀	25.38	8.64	9
11	主油路调压阀	40.62	16.88	9.5
12	锁止控制阀	18.52	5.30	13
13	止回阀	18.80	7.48	7.5
14	电磁转换阀	18.80	7.48	7.5
15	电磁调节阀	30.63	7.99	15
16	截止阀	20.30	6.10	13
17	减振器控制阀	34.50	8.85	12.5
18	1—2 换挡阀	30.77	9.70	10.5
19	滑行调节阀	19.73	8.04	9.8
20	滑行调节阀	26.11～27.41	8.04	11～12

(5) 在分解、装配阀板时,应注意单向球阀的安装位置不要装错,图6-38是A341E 和 A342E 自动变速器阀球的安装位置。

第六章　自动变速器的故障分析与检修

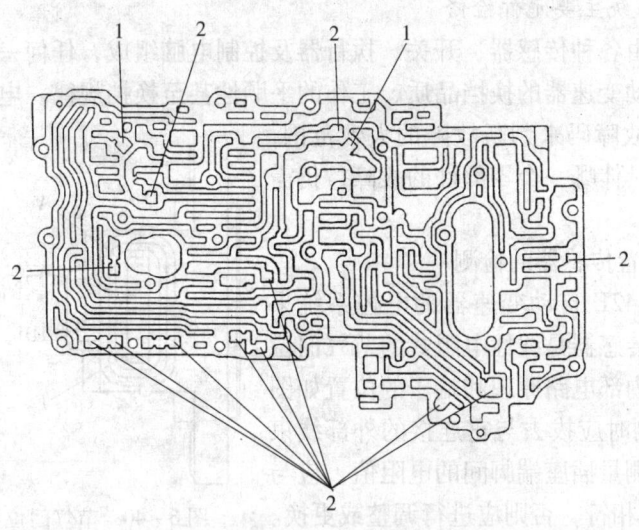

图6-38　A341E和A342E自动变速器阀球的安装位置
1—阀球（Φ6.35 mm）；2—阀球（Φ5.54 mm）

（6）将隔板和隔板衬垫用螺丝固定在上阀板上，然后将上下阀板扣合在一起。应注意三种不同规格的阀板螺栓的安装位置（图6-39和表6-3）。

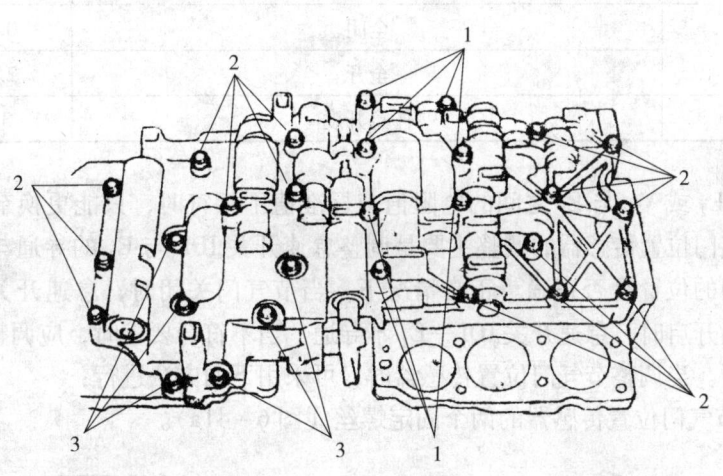

图6-39　A341E和A342E自动变速器阀板螺栓的安装位置
1—长螺栓（长度为45 mm）；2—中螺栓（长度为35 mm）；3—短螺栓（长度为20 mm）

（7）安装阀板上的手动阀、电磁阀。注意阀板上任何零件都不能使用密封胶或粘合剂。

最后须说明的是，在维修阀板时，应有原车自动变速器的维修图纸作为参照。如果没有维修图纸，则应采取每拆一个零件、检修一个零件，装回一个零件，再拆另一个零件的方法进行，避免换错零件的安装位置。或者将阀板上的零件做好记录，画在简图上也可以。阀板装好后，所有的阀芯在阀孔内应活动自如，否则，就要重新检查安装了。

(二) 电控系统主要元件检修

电控系统是由各种传感器、开关、执行器及控制电脑组成，任何一个零部件出了问题，都会影响自动变速器的换挡品质、工作的平顺性甚至换挡规律。电控系统主要元件检修可通过读取故障码来判断故障的大致范围，但要进一步确定具体哪一个零部件的故障，仍需进行具体的测试。

1. 节气门位置传感器的检测

A341E 和 A342E 自动变速器的电控系统采用的节气门位置传感器是线性电阻式的节气门位置传感器，它的内部电路原理和端子的位置如图 6-40 所示。检测时应拔去与它连接的外部线束插头，用万用表测量插座端脚间的电阻值，应与表 6-4 的标准值相符，否则应进行调整或更换。

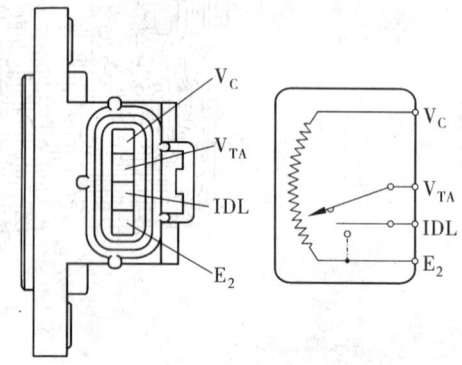

图 6-40 节气门位置传感器电路

表 6-4 节气门位置传感器的检测标准

测量端	节气门开度或节气门摇臂与限位钉之间的间隙/mm	电阻/kΩ
IDL—E	≤0.40	0
	≤0.65	∞
V_{TA}—E_2	全闭	0.34～6.3
	全开	2.4～11.2
V_c—E_2	任意开度	3.1～7.2

当 V_c 与 E_2 或 V_{TA} 与 E_2 之间的电阻值与标准值不相符时，只能更换节气门位置传感器。对节气门位置传感器的调整主要是调整怠速开关 IDL 与 E_2 的导通与断开时节气门打开或关闭的位置是否正确。正常情况下，当节气门关闭时，怠速开关 IDL—E_2 导通；当节气门开启时，怠速开关 IDL—E_2 不导通。当不符合要求时，应调整或更换节气门位置传感器。当调整节气门位置传感器时，可采用下面方法进行：

（1）松节气门位置传感器的两个固定螺丝（图 6-41a）。

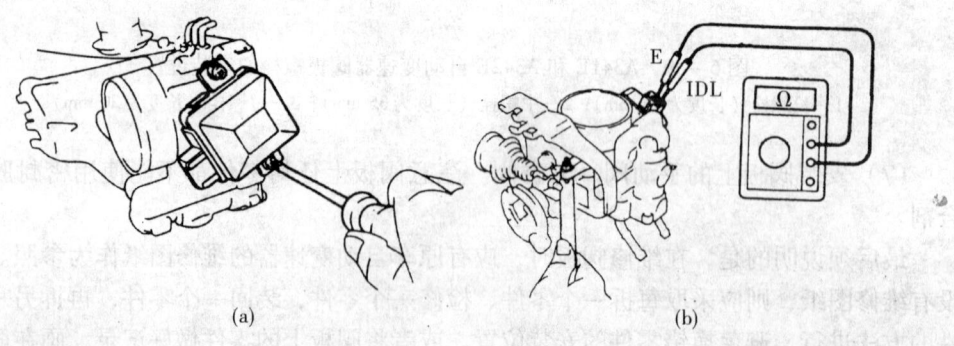

图 6-41 节气门位置传感器的调整

(2) 把 0.50 mm 的厚薄规插入节气门摇臂与限位螺钉之间，同时用万用表测怠速开关的导通情况（图 6-41b）。

(3) 逆节气门摇臂转动方向转动节气门位置传感器外壳，使怠速触点断开，然后顺摇臂转动方向转动节气门位置传感器，到怠速触点刚闭合为止，就可以拧紧节气门位置传感器的两个固定螺丝了。

(4) 当节气门摇臂和限位螺钉的间隙小于 0.65 mm 时，怠速开关应导通；大于或等于 0.65 mm 时，怠速开关应断开，检查时，可用厚薄规进行检查。

2. 转速传感器的检测

转速传感器包括有车速传感器和输入轴转速传感器，它们的检测方法是相同的，主要是检测它们的电阻值以及输出的信号以判断其性能的好坏。

(1) 检测电阻值：用万用表检测转速传感器感应线圈的电阻值（图 6-42），车型不同其阻值也有所不同，但通常为几百欧到几千欧。如果发现感应线圈有短路、断路或阻值与标准值不相符，应予更换。

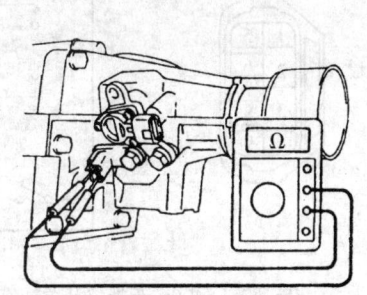

图 6-42　检测车速传感器电阻值

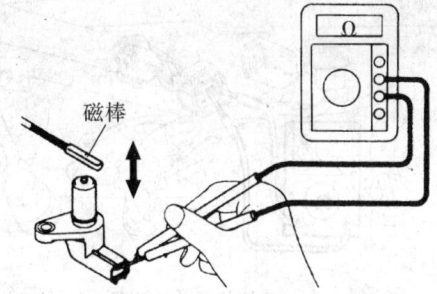

图 6-43　检测输入轴转速传感器信号

(2) 检测转速传感器的输出信号：如果是检测车速传感器，可在空挡的情况下将驱动轮支起，转动驱动轮，用万用表检测车速传感器是否有信号输出，如无，应更换传感器。如果是检测输入轴转速传感器，可将传感器拆下，用一根铁棒或磁铁快速来回地靠近或离开传感器（图 6-43），此时万用表应该有感应电压，如果没有感应电压或太微弱，都应给予更换。

3. 温度传感器的检测

自动变速器的温度传感器包括有发动机水温传感器和液压油温度传感器。这两个传感器都是负温度系数的热敏电阻，即它的电阻值的变化随温度的升高而减少。根据这一特性，测量时将温度传感器放在一烧杯中，盛水加热，检测温度传感器在不同的温度下的电阻值就可以了（图 6-44），表 6-5 是丰田系列温度传感器检测的标准值，其他系列车型基本相同。当检测的实际值与标准值相差过多时，应更换温度传感器。

4. 挡位开关的检测

检测挡位开关时，应将挡位开关的线束插头拔下，检测挡位开关处于不同位置时各触点的导通情况。在图 6-45 所示的凌志 LS400 轿车自动变速器挡位开关插座中，2 号插孔和 9 号插孔是电源接孔，1 号插孔是 P 位信号输出，3 号插孔是启动电机控制线，4

表6-5 丰田汽车温度传感器的检测标准

温度/℃	电阻/kΩ
0	4～7
20	2～3
40	0.9～1.5
60	0.5～0.8
80	0.2～0.4

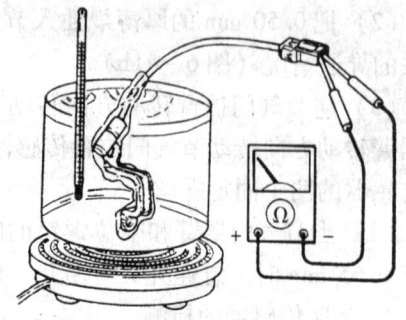

图6-44 温度传感器的检测

号插孔是R位信号输出，5号插孔是D位信号输出，6号插孔是N位信号输出，7号插孔是2位信号输出，8号插孔是L位信号输出。它们在不同挡位的导通情况见表6-6。如经检测有不相符的，应进行调整、修理或更换。

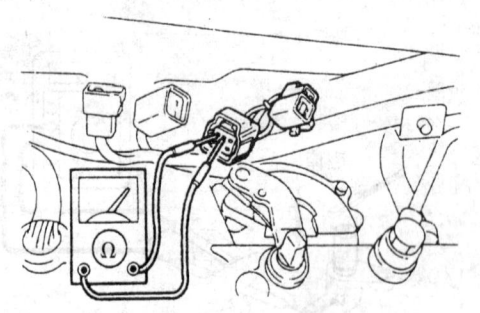
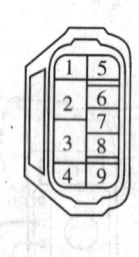
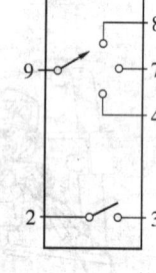

(a) 挡位开关的测量　　　　　　　　(b) 凌志LS400轿车挡位开关插座

图6-45 挡位开关的检测

表6-6 凌志LS400轿车挡位开关检测标准

测量端	手动阀摇臂位置						
	P	R	N	D	Z	L
2-3	○	×	○	×	×	×
1-9	○	×	×	×	×	×
4-9	×	○	×	×	×	×
5-9	×	×	×	○	×	×
6-9	×	×	○	×	×	×
7-9	×	×	×	×	○	×
8-9	×	×	×	×	×	○

注：○导通；×不导通。

5. 电磁阀的检测

自动变速器的电控电磁阀包括有开关型电磁阀、负载循环型电磁阀和线性电磁阀。

其中负载循环型与线性型的检测方法非常类似，可参照执行。

（1）开关型电磁阀的检测。拔下电磁阀的线束插头，检测电磁阀线圈电阻，阻值一般为 10～30 Ω，当向电磁阀连续通断电时，应听到"嗒嗒"声音。也可拆下电磁阀，做密封性检查，即向电磁阀进油孔通压缩空气，当电磁阀断电时，进油孔和泄油孔应不通气；当电磁阀通电时，进油孔和泄油孔应相通。

（2）线性型电磁阀的检测。线性型电磁阀的线圈的阻值一般为 2～6 Ω。若短路、断路或阻值不符合标准，应予更换。在检测其通电性能时，由于其线圈阻值较小，故不能直接与车用电源连接，以防烧毁电磁阀线圈，而应在电源电路中串一个 8～10 W 的灯泡。在通电时，电磁阀阀芯外移；断电时，阀芯内缩（图 6-46），否则应予更换。

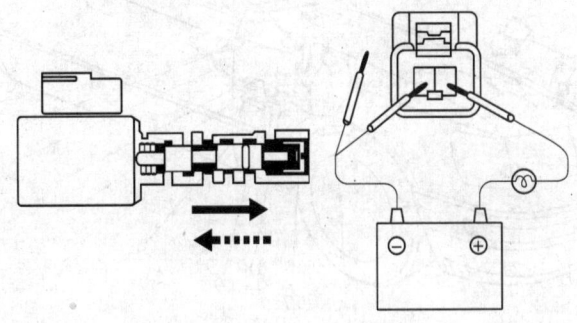

图 6-46　线性型电磁阀通电检查

6. 电脑控制系统的检测

电脑控制系统发生故障时，在 ECU 内的存储器中将存储有该故障的代码，并使驾驶室仪表板上的"O/D OFF"超速开关指示灯闪亮。此时应读取电脑控制系统的故障码。读取故障码的方法有两种，一种是用专用的汽车电脑解码器读取，另一种是进行故障自我诊断（参见第五章第四节），然后按照故障码所显示的故障内容结合汽车故障现象的诊断找出故障所在之处。

当然，也可以经过检测电脑各个端子的电压的方法来判断电脑及其控制线路工作是否正常（图 6-47）。

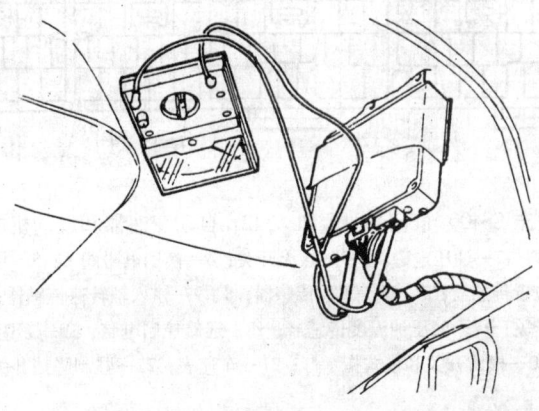

图 6-47　电脑各接脚电压的测量

不论是采取何种方法对电控系统检测，都应该有被测车型的详细维修资料作为依据（如《自动变速器维修手册》等），了解电控系统各部件的布置位置（图6-48）、电脑线束插头的布置形式（图6-49）以及电脑各接脚的标准电压（表6-7）。

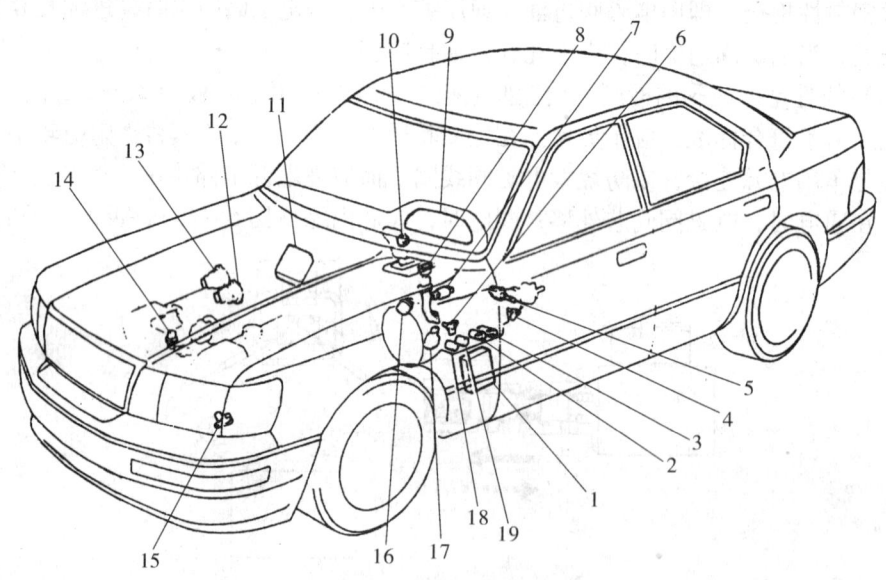

图6-48　凌志LS400轿车A341E和A342E自动变速器控制系统部件位置
1—巡航控制电脑；2—换挡电磁阀B；3—换挡电磁阀；4—车速传感器；6—输入轴转速传感器；
7—刹车灯开关；8—模式开关；9—仪表盘；10—超速挡开关；11—发动机及自动变速器电脑；
12—主节气门位置传感器；13—副节气门位置传感器；14—水温传感器；15—发动机转速传感器；
16—强制降挡开关；17—挡位开关；18—油压电磁阀；19—锁止电磁阀

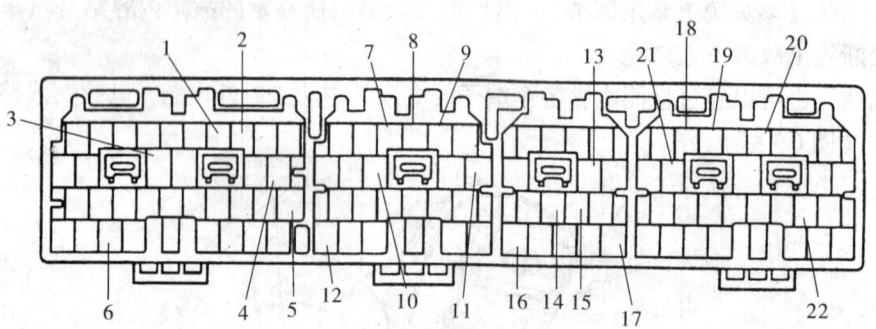

图6-49　凌志LS400轿车A341E和A342E自动变速器和发动机电脑线束插头
1—锁止电磁阀；2—油压电磁阀；3—点火开关；4—换挡电磁阀A；5—换挡电磁阀B；
6、11—节气门位置传感器；7、10—车速传感器；8、9—输入轴转速传感器；12、16—接地；
13、14、15—挡位开关；17—液压油温度传感器；18—巡航控制电脑；19—超速挡和超速挡指示灯；
20—模式开关和模式指示灯；21—车速表；22—强制降挡开关

第六章 自动变速器的故障分析与检修

表6-7 凌志 LS400 轿车 A341E 和 A342E 自动变速器和发动机电脑检测标准

接线端	所连接的线路或元件	检测条件		标准电压/V	不正确的电压/V	可能的故障原因
1	锁止电磁阀	点火开关置 ON		4～12	低于4	主继电器至锁止电磁阀的线路断路; 锁止电磁阀线圈烧断; 锁止电磁阀至电脑的线路断路或短路
2	油压电磁阀	点火开关置 ON		12	0	主断电器至油压电磁阀的线路断路; 油压电磁阀线圈烧断; 油压电磁阀至电脑的线路断路或短路
3	点火开关启动挡	点火开关置于启动位置		12	0	点火开关损坏; 点火开关起动挡至电脑的线路断路
4	换挡电磁阀 A	点火开关置 ON	汽车行驶于1挡或2挡	12		
			汽车行驶于3挡或4挡	0		
			停车挡或空挡	12	0	电脑内部故障
5	换挡电磁阀 B	点火开关置 ON	汽车行驶于2挡或3挡	12		
			汽车行驶于1挡或4挡	0		
			停车挡或空挡	12	0	电脑内部故障
6	怠速开关	点火开关置 ON	节气门全关	0	12	怠速开关损坏; 电脑至怠速开关的线路断路
			节气门开启	12	0	怠速开关损坏; 电脑至怠速开关的线路短路
7、10	车速传感器	转动驱动轮		0～2.5 摆动	0	车速传感器损坏; 车速传感器至电脑的线路断路或短路
8、9	输入轴转速传感器	怠速运转		脉冲电压	无脉冲	输入轴转速传感器损坏; 输入轴转速传感器至电脑的线路断路或短路

续表

接线端	所连接的线路或元件	检测条件		标准电压/V	不正确的电压/V	可能的故障原因
11	节气门位置传感器	点火开关置ON	节气门关闭	<1.5	>1.5	节气门位置传感器损坏或调整不当
			节气门全开	3.0～5.5	<1.5	节气门位置传感器至电脑的线路断路或短路
13	挡位开关	点火开关置ON	操纵手柄置于2位	12	0	挡位开关损坏；挡位开关至电脑的线路断路；保险丝烧断
			操纵手柄置于2之外的其他位置	0	12	挡位开关损坏；挡位开关至电脑的线路接错
14	挡位开关	点火开关置ON	操纵手柄置于R位	12	0	挡位开关损坏；挡位开关至电脑的线路断路；保险丝烧断
			操纵手柄置于R之外的其他位置	0	12	挡位开关损坏；挡位开关至电脑的线路接错
15	挡位开关	点火开关置ON	操纵手柄置于L位	12	0	挡位开关损坏；挡位开关至电脑的线路断路；保险丝烧断
			操纵手柄置于L之外的其他位置	0	12	挡位开关损坏；挡位开关至电脑的线路接错
17	液压油温度传感器	热车后，点火开关置ON		<1	1～5	液压油温度传感器损坏
					0或12	电脑至液压油温度传感器的线路断路或短路
18	巡航控制电脑	点火开关置ON		12	0	自动变速器电脑至巡航控制电脑的线路断路或短路
19	超速挡开关和超速挡指示灯	点火开关置ON	超速挡开关置ON	12	0	超速挡开关损坏；超速挡开关至电脑的线路短路
			超速挡开关置OFF	0	12	超速挡开关损坏；超速挡开关至电脑的线路短路
20	模式开关和模式指示灯	点火开关置ON	模式开关置PWR	12	0	模式开关损坏；模式开关至电脑的线路短路
			模式开关置NORM	0	12	模式开关损坏；模式开关至电脑的线路短路

第六章 自动变速器的故障分析与检修

续表

接线端	所连接的线路或元件	检测条件		标准电压/V	不正确的电压/V	可能的故障原因
21	车速表	点火开关置ON,转动驱动轮		0~8摆动	无摆动电压	车速表传感器损坏; 车速表损坏; 车速表至电脑的线路断路或短路
22	强制降挡开关	点火开关置ON	油门未踩到底	12	0	强制降挡开关损坏; 强制降挡开关至电脑的线路短路
			油门踩到底	0	12	强制降挡开关损坏; 强制降挡开关至电脑的线路短路

另外,检测电控系统时,还应注意几点:
(1) 电脑要有不低于 11V 的工作电压和良好的搭铁才能正常工作。
(2) 不允许在带电的情况下拔下电脑的线束插头,防止损坏电脑。
(3) 应该使用内阻大于 10 MΩ 的数字式电压表进行检测,以免损坏电脑。
(4) 不允许在任何情况下测量电脑各脚电阻,以免损坏电脑。
(5) 电控系统的故障较少,常见的故障是接线不良引起的,所以要保持各接头、接线柱的清洁和接触可靠。特别是控制电脑,只有在确定各传感器、执行器、工作电压都正常的情况下,才可以确定电脑是否有故障,电脑是耐损的电子元件,它的故障率是非常低的。

7. 电控系统的其他检测方法

在没有电脑解码器或电脑解码器不适用,以及被修车型电控系统没有自诊断功能的情况下,仍可以采取以下的方法来对自动变速器电控系统的工作过程进行检测。

(1) 检测电磁阀的控制信号。查找被检车型自动变速器的各个电磁阀的控制线路(查找相关资料或实际拆检、测量来找出),然后在电磁阀的控制电路一端并联一个发光二极管,当自动变速器运行时,哪一个发光二极管发亮,即可知道哪一个电磁阀在工作(图 6 - 50),从而判断出该电控系统的换挡控制是否正常。如电脑发出升挡信号的时刻太早、太迟或没有信号发出,这说明相关的传感器、控制电路或电脑有故障,如果换挡信号发出后而自动变速器没有换挡,则说明

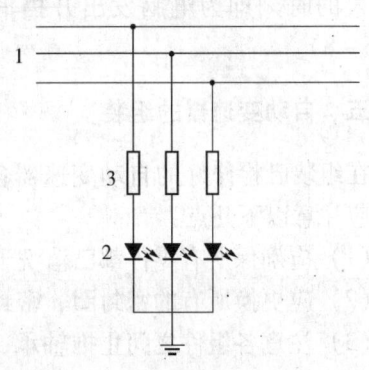

图 6 - 50 电磁阀控制信号的检测
1—电磁阀控制线路;2—发光二极管;3—串联电阻

换挡电磁阀或控制电路有故障；如果升挡有响应而车速没有上升，一般是自动变速器相应挡位的换挡执行元件打滑造成的。这种检测方法适合任何车型自动变速器电控系统的检测，但应注意，发光二极管上应串联一个 1 kΩ 左右的电阻，阻止烧坏发光二极管。

（2）检测节气门位置传感器。对于日本丰田等车型的电控自动变速器可以采取此方法。检测时，打开故障检测插座盖，找出专用于自动变速器控制系统检测的插孔 T_T 和 E_1，用直流电压表的正极接 T_T，负极接 E_1（图 6-51）。当点火开关置 ON，发动机在静态的情况下，缓缓踩油门踏板，则电压表指示的电压呈阶梯性增大（图 6-52），说明节气门位置传感器是正常的。

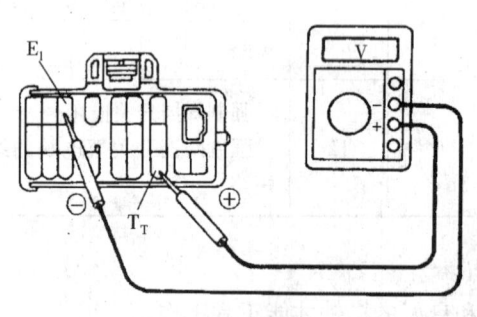
图 6-51 通过故障检测插座对控制系统进行检测

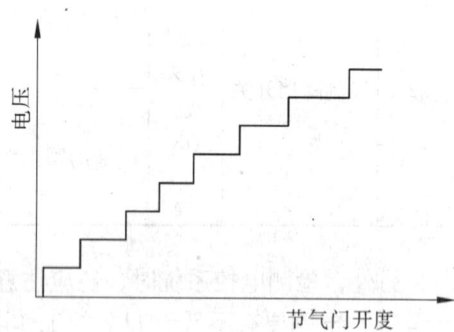
图 6-52 电压与节气门开度的关系曲线图

（3）检测刹车灯开关。保持图 6-51 的接线不变，点火开关置 ON，发动机静态。当踩下制动踏板时，电压为 0V，松开制动踏板时，电压为 8V，说明刹车灯开关及其线路是良好的。

（4）检测换挡控制信号。保持图 6-51 的接线不变，当发动机运转至正常工作温度时，使"O/D OFF"开关置 ON，选择普通模式或经济模式，操纵手柄置 D 位，使汽车缓慢加速行驶，电压表的电压将作阶梯式增大，每次电压增大的时刻即为电脑发出升挡信号的时刻（表 6-8）。

表 6-8 电压与换挡信号的关系

挡位信号	电压/V
1 挡	0
2 挡	2
2 挡、锁止离合器接合	3
3 挡	4
3 挡、锁止离合器接合	5
4 挡	6
4 挡、锁止离合器接合	7

五、自动变速器的组装

在组装已检修好的自动变速器各基本组件时，应注意以下几点：

（1）应确保所有零件都已清洗干净。

（2）应更换所有的密封圈、密封环。

（3）注意各组件之间止推轴承、止推垫片和止推垫圈的规格、位置和方向（见表 6-9 和图 6-53），小零件表面可涂少量润滑脂固定位置。

表6-9 A341E和A342E自动变速器止推轴承及止推垫片规格

序号	名 称	前止推垫片		止推轴承		后止推垫片	
		内径/mm	外径/mm	内径/mm	外径/mm	内径/mm	外径/mm
1	超速行星架止推轴承	28.1	47.5	28.8	50.4		
2	超速齿圈止推轴承	27.2	42.0	25.9	47.0	24.0	48.0
3	超速制动鼓止推轴承	37.1	59.0	33.6	50.3		
4	倒挡及高挡离合器止推轴承	37.0	51.0	33.5	47.8		
5	前齿圈止推轴承	26.0	48.9	25.9	47.0	26.5	47.0
6	前行星架止推轴承			35.0	53.8	34.0	48.0
7	前后太阳轮止推轴承	33.5	47.8	35.4	48.0		
8	后行星架止推轴承			27.6	54.5		
9	后齿圈止推轴承			39.0	57.7		

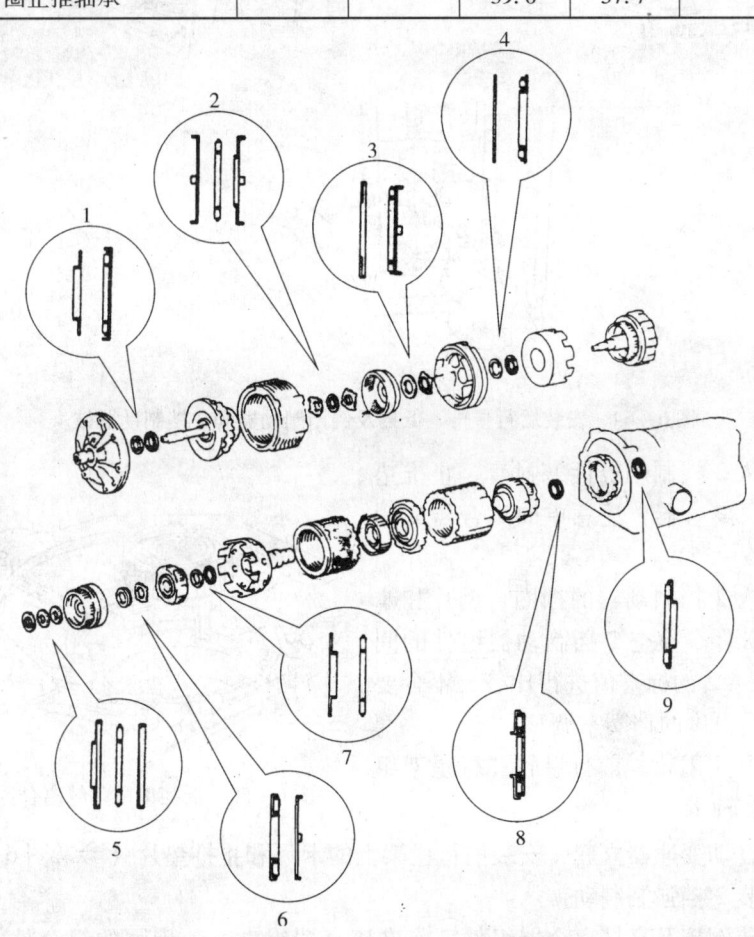

图6-53 A341E和A342E自动变速器止推轴承及止推垫片位置
1—超速行星架止推轴承；2—超速齿圈止推轴承；3—超速制动鼓止推轴承；4—倒挡及高挡离合器止推轴承；
5—前齿圈止推轴承；6—前行星架止推轴承；8—后行星架止推轴承；9—后齿圈止推轴承

1. 行星齿轮系统的安装

(1) 将装配好的输出轴、止推轴承、后行星排和低挡及倒挡制动器组件装入变速器壳体（图6-54a）。

(2) 装入2挡制动器鼓，制动器鼓上的进油孔应朝向阀板一侧。然后装上定位卡环，并使卡环有倒角的一面朝上（图6-54b）。

(3) 检查低挡及倒挡制动器的自由间隙（图6-54c），其标准自由间隙见表6-2。不合要求可换用不同厚度的挡圈来调整。挡圈有六种厚度规格，从4.0 mm 至5.0 mm，每0.2 mm 为一种规格。

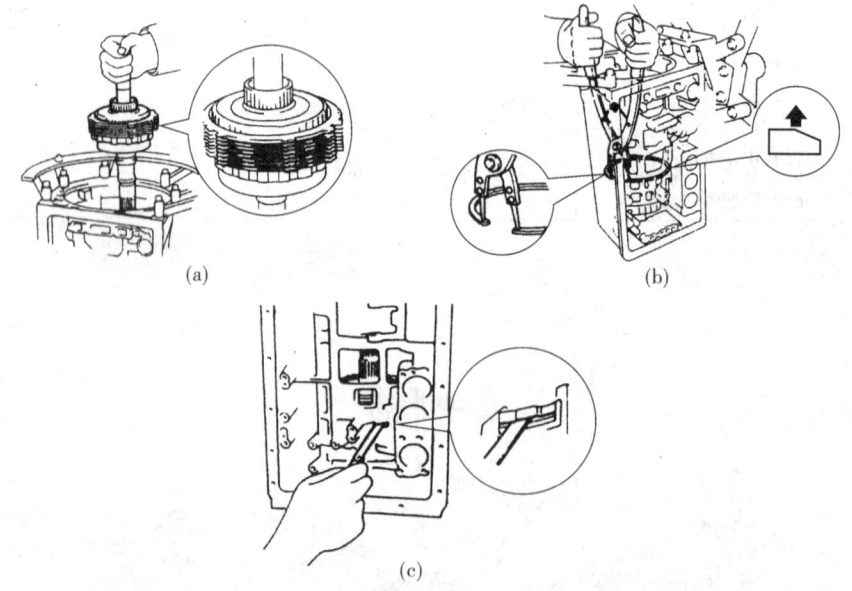

图6-54 安装后行星排、低挡及倒挡制动器和2挡制动器鼓

(4) 装入2挡制动器活塞衬套、止推垫片和低挡单向离合器，注意单向离合器的锁止方向（图6-55）。

(5) 装入2挡制动器的挡圈、钢片和摩擦片，装入卡环。检查2挡制动器组件的间隙，并与表6-2的标准值进行比较，不合要求可调换不同厚度的挡圈来调整。

(6) 装上太阳轮、前行星轮和行星架组件，装上止推轴承。

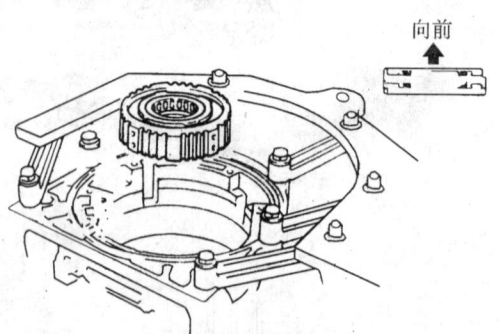

图6-55 低挡单向超越离合器安装方向

(7) 将自动变速器立起，安装前行星架上的卡环和止推垫片（参考图6-10）。

(8) 安装2挡强制制动带。

(9) 安装倒挡及高挡离合器组件、前进离合器组件、前齿圈的组合件。注意各组件之间的止推轴承和止推垫片。

(10) 让自动变速器倒扣（图6-56a），将倒挡及高挡离合器、前进离合器、前齿圈的组合件装入变速器。

（11）检查倒挡及高挡离合器鼓与太阳轮驱动鼓卡槽之间的间隙，一般在 9.8～11.8 mm（图 6-56b），如不符，则有可能装配错误。

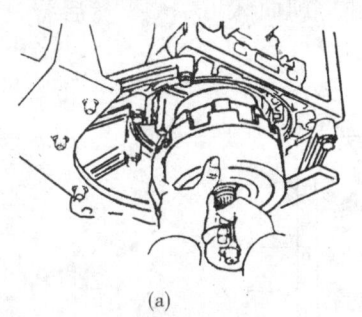 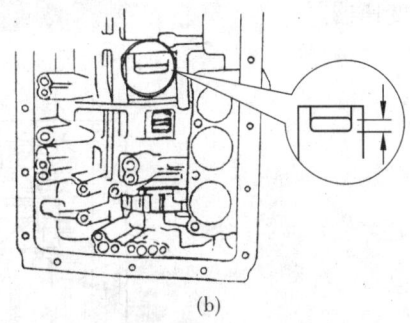

图 6-56 倒挡及高挡离合器鼓组件的安装

（12）装上 2 挡强制制动带盖、活塞总成和弹簧，用空气压缩机向制动带液压缸进油孔吹气，检查 2 挡强制制动器活塞杆的行程（图 6-57），其标准值见表 6-2，如不符，应调整或更换不同长度的活塞推杆。

（13）安装止推垫圈、止推垫片和超速制动器鼓。使制动器鼓的进油孔和固定螺栓孔朝向阀板一侧，拧紧制动器鼓固定螺栓，装上卡环，测量输出轴的轴向间隙，一般在

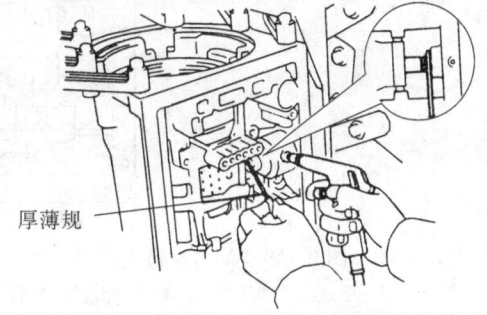

图 6-57 2 挡强制制动器活塞杆行程的检查

1.23～2.49 mm，如不符，则有可能装配错误，应拆检重新安装。

（14）先暂时装上超速制动器的挡圈、钢片、摩擦片，检查超速制动器活塞行程（图 6-58），如不符合标准（见表 6-2），可换用不同厚度的挡圈来调整。挡圈有七种厚度规格，从 3.3 mm 到 4.0 mm，每 0.1 mm 为一种规格。

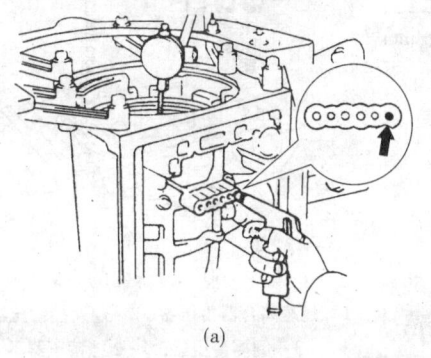 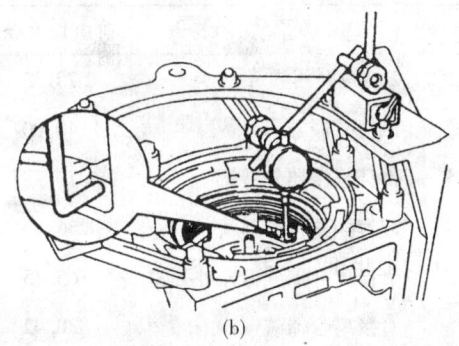

图 6-58 超速制动器活塞行程的检查

（15）拆下超速制动器组件，先装上超速齿圈组件、超速离合器和超速单向离合器，再重新装上超速制动器组件。

（16）安装油泵，油泵固定螺栓的拧紧力矩为 21 N·m。

（17）检验：转动变速器输入轴，正反两方向都能自由转动；用压缩空气向各个离合器、制动器的进油孔吹气（图 6-59），应能听到活塞移动的声音。否则，应重新拆检自动变速器。

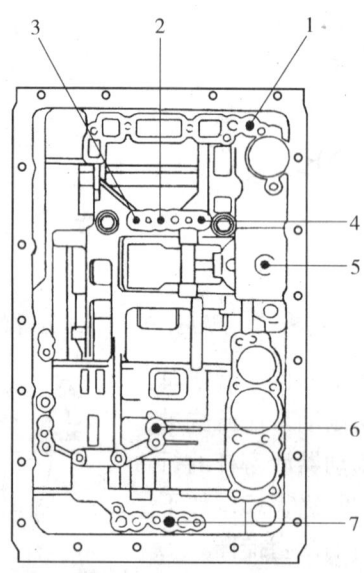

图 6-59　A341E 和 A342E 自动变速器各个离合器和制动器进油孔位置
1—超速离合器进油孔；2—倒挡及高挡离合器进油孔；3—前进离合器进油孔；4—超速制动器进油孔；5—2 挡强制制动带进油孔；6—2 挡制动器进油孔；7—低挡及倒挡制动器进油孔

2. 阀板及壳体的安装

（1）更换所有蓄压器活塞上的 O 型密封圈，并在活塞上涂少许液压油，装上蓄压器弹簧、活塞（图 6-60）。注意蓄压器弹簧的规格（表 6-10）。

表 6-10　A341E 和 A342E 自动变速器减振器弹簧规格

序号	名称	自由长度/mm	外径/mm
1	2 挡减振器弹簧	75.25	19.97
2	倒挡减振器内弹簧	40.00	14.11
3	倒挡减振器外弹簧	70.78	20.10
4	超速挡减振器弹簧	66.97	16.24
5	直接离合器减振器外弹簧	65.35	20.59
6	直接离合器减振器内弹簧	38.42	14.03

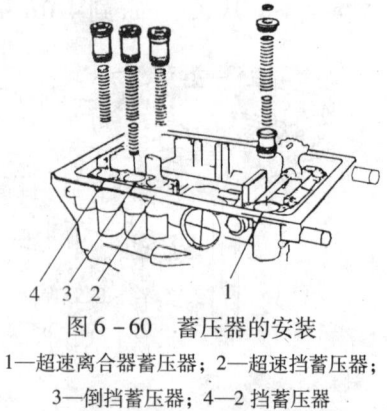

图 6-60　蓄压器的安装
1—超速离合器蓄压器；2—超速挡蓄压器；3—倒挡蓄压器；4—2 挡蓄压器

（2）装入壳体油道上的止回阀（图 6-6a）、阀体总成（图 6-61），注意不同位置的固定螺栓长度，按 10 N·m 的力矩拧紧固定螺栓。

（3）安装节气门拉索、电磁阀线束、进油滤网、油底壳。

(4) 在输出轴上装上车速传感器转子,然后安装自动变速器延伸外壳和输出轴凸缘。

(5) 安装自动变速器凹腔。其固定螺栓的拧紧力矩是:大螺栓为57N·m,小螺栓为34 N·m。

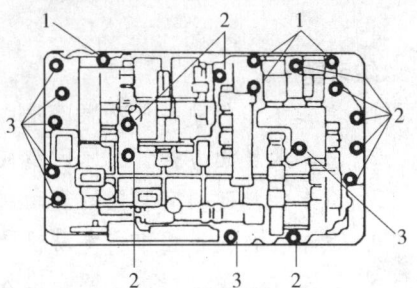

图6-61 阀板固定螺栓位置及规格
1—长度为28.6 mm;2—长度为33.6 mm;
3—长度为41.6 mm

(6) 安装自动变速器外壳上的其他部件:车速传感器、输入轴转速传感器、挡位开关、加油管等。

(7) 将加满液压油的变扭器(约2 L)装入自动变速器前端。

3. 自动变速器的安装

(1) 用直尺和游标卡尺测量变扭器装合表面到变扭器凹腔前表面的距离(图6-62)。表6-11为几种常见车型自动变速器前表面与变扭器装合表面的距离的标准值,若安装与标准值不符,说明变扭器未安装到位。

(2) 按拆卸相反的顺序将自动变速器装上汽车(图6-1)。

(3) 装上支架、启动机、飞轮壳盖板、操纵手柄拉杆、传动轴、护罩、排气管、散热器油管、加油管及油尺、线束、车速表软轴(图6-1)。

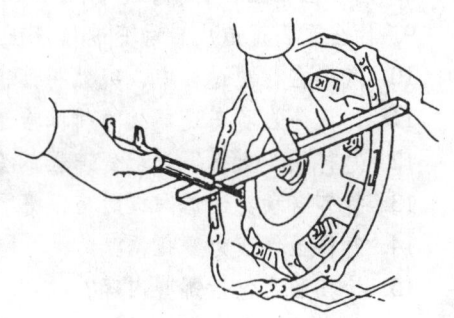

图6-62 检查变扭器的安装

(4) 调整。调整内容包括:节气门拉索的调整、操纵手柄及挡位开关的调整(参见第五章第二节内容)。

(5) 检查液压油散热器及油管各接头处有无漏油。如有漏油,应更换接口处的O型密封圈。如液压油散热器或油管破裂,应更换或拆下焊修后装回。

(6) 自动变速器安装、调整、检查完毕,并加注好液压油后,应进行道路试验或台架试验,检查自动变速器的工作情况。

表6-11 几种常见车型自动变速器前端面与变扭器前端面的距离标准

车型	发动机型号	自动变速器型号	壳体面与变扭器前端面的距离/mm
凌志 LS400	IUZ-FE	A341E、A342E	17.1
丰田 CROWN3.0	2JZ-CE	A340E	26.0
丰田 HIACE	2L、3L	A45DL	26.0
	2RZ、2RZ-E		31.0
马自达	JE	R4A-EL	29.5
丰田 CORONA	2C	A24IL	13.0
	4A-FE、3S-FE	A240E、A241E	13.0
尼桑	VG30E	L4N71B	35.0

练习题

1. 汽车不能行驶是什么原因造成的？
2. 汽车爬坡无力是什么原因造成的？
3. 汽车换挡时，有明显的震动，是什么原因？
4. 汽车在行驶过程中，发动机转速始终过高，是什么原因？
5. 汽车在行驶过程中，不能进入超速挡，是什么原因？
6. 汽车在倒挡时正常，在前进挡时不能前进，是什么原因？
7. 汽车在升至 D—3 挡位时，又降到 D—2 挡，回到 D—2 挡后，车速升高，又升到 D—3 挡，这样来回反复换挡，试分析造成这种故障的原因。
8. 汽车在 L 挡位行驶，下坡时，即使松油门踏板，车速也越来越高，是什么原因？
9. 什么原因可造成自动变速器液压油温度过高？
10. 汽车在行驶过程中，突然将油门踏板踩到底，加速感觉无力，是什么原因？
11. 你认为自动变速器故障排除应遵循怎样的原则？
12. 怎样从车上拆下自动变速器的变扭器？
13. 拆卸自动变速器阀板时应注意什么问题？
14. 怎样检修液力变扭器？
15. 检查油泵包括哪些内容？
16. 怎样检查离合器、制动器的好坏？
17. 装配离合器、制动器应注意哪些事项？
18. 怎样检修行星排和单向离合器？
19. 检修自动变速器阀板时应注意什么事项？
20. 电控自动变速器的传感器一般有哪些类型？怎样判断它的好坏？
21. 怎样检测自动变速器开关型电磁阀和线性型电磁阀的好坏？
22. 如何组装自动变速器？应注意哪些问题？
23. 检测自动变速器电控系统时，应注意什么问题？
24. 怎样安装自动变速器？

附录 案例分析

案例1 北京现代伊兰特自动变速器换挡冲击

1. 故障现象

北京现代伊兰特1.8轿车,搭载FA4A42型自动变速器,行驶里程为67 000 km,用户反映该车曾在外面的小修理厂换过一次变速器油,没过多久便出现了换挡冲击的故障,变速器在1挡升2挡时最为明显。

2. 故障诊断

先路试,故障确如用户所述,但没有规律性。检查自动变速器油液面,在标准范围内,检查油质也未发现异常。于是连接诊断仪对自动变速器的控制系统进行检测,但没有发现任何故障存储。利用诊断仪对发动机系统进行检测,也没有发现故障记忆。考虑到节气门位置传感器的信号电压直接影响变速器的换挡,查看了相关数据流,观察发现,发动机在怠速状态时,节气门位置传感器的输出电压为0.4 V,数据正常。对该车进行失速试验,发动机的失速转速为2 000 r/min,在标准范围(1 800~2 600 r/min)内,测量变速器的油压,变速器各离合器和制动器的油压均在标准范围内,未见异常。又对变速器进行了换挡学习的操作,但问题仍然不能解决。至此,判定问题出在变速器内部。

3. 故障排除

为降低维修成本并缩短维修时间,决定就车进行维修。于是先将阀体拆下,对各控制阀及蓄压器的工作情况进行检查。就在检查蓄压器时,发现4个蓄压器的活塞都很紧,根本取不出来,且表面已经变色,要用很大的力才能活动。正常情况下,蓄压器的活塞应该是能用手轻松取出的。继续检查阀体上的各控制阀,无卡滞现象,于是更换了4个蓄压器,并换了新的阀体修理包。最后,在对变速器进行清洗、换油后装复试车,故障排除。

4. 维修总结

根据用户反映的情况,再结合拆下来的蓄压器的情况,可以判定问题就出在自动变速器油上。由于修理厂未使用该车专用的变速器油,使得蓄压器的塑料受热膨胀,已经起不到应有的缓冲作用,从而影响换挡平顺性,导致了该车换挡冲击故障的发生。

案例2 5HP19自动变速箱无倒挡、前进挡冲击、无爬行及变速器内部异响

1. 故障现象

一辆2003款上海大众帕萨特B51.8T轿车,搭载德国ZF公司生产的01V型(5HP

—19FL）手/自一体五速电控自动变速器，行驶里程为 1 200 000 km。该车的变速器故障是无倒挡、前进挡冲击、无爬行及变速器内部异响。此前该车的变速器曾经在其他修理厂维修过，该修理厂维修人员陈述：首先连接故障诊断仪对变速器电控系统进行了检测，只发现了 1 个 P0730 的故障码。当检查其变速器油面高度时，发现至少缺 2L 左右的 ATF，补充 ATF 再次试车，故障现象丝毫没有改变；拆下变速器的油底壳，发现 ATF 呈黑色并污染，但没有发现太多的磨损颗粒，于是又拆下变速器的液压控制阀体进行分解清洗，在清洗过程中也没有发现各个滑阀有磨损和卡滞现象。装复后试车，结果倒挡仍无爬行过程，只有加油门至 2 000 r/min 左右才能行驶，同时前进挡冷车有爬行而热车没有爬行。

2. 故障诊断

经路试，故障现象基本与所反映的故障现象相吻合。于是首先连接故障诊断仪，检查了变速器的电控系统，在其故障存储器里读出 P0730 的故障代码，该故障码的含义为变速器传动比信息错误。变速器控制单元通过接收输入轴转速传感器 G182 和输出轴转速传感器 G195 来计算各挡传动比，出现这种故障码一般是控制单元、传感器、线路及变速器内部机械元件打滑的问题。通过读取变速器的动态数据和观察变速器的实际故障现象后，把故障点锁定在机械和液压方面，故决定拆解变速器。

3. 故障排除

在分解变速器总成后，发现变速器内部多组摩擦片烧损，其中倒挡的主动元件 B 组离合器，2、3、5 挡制动元件的 C 组制动器，1～4 挡（低挡和直接挡）的主动元件 A 组离合器以及 4、5 挡的主动元件 E 组离合器烧损较为严重，烧损最为严重的是 B 组离合器和 A 组离合器。通过仔细检查，可以判定 B 组离合器烧损的原因是该组离合器摩擦片磨损间隙过大，迫使离合器活塞运动行程加大，当离合器建立工作压力时活塞因运动行程超出极限，出现泄漏后倒挡功能失效。而前进挡无爬行的主要原因是 A 组离合器活塞密封圈轻微损坏泄压所致。由此，可以确定变速器电控系统存储 P0730 故障码的原因就是变速器打滑。按照自动变速器的大修标准，更换了所有密封元件、烧损的摩擦片钢片，同时又将变矩器做了翻新处理，并彻底清洗了液压控制部分和冷却系统。重新组装后，路试故障排除。但试车没有多久，新的问题又出现了：当变速器温度达到 90℃ 以上时，原地将换挡杆由 P、N 位置移至 D 位置时，变速器在接合时会出现冲击现象，特别是反复操作时冲击愈加严重，同时当变速器执行完最高挡后，汽车在滑行时车速在 50～60 km/h 时也会出现一下冲击感觉，实际上就是 5 挡降至 4 挡产生冲击，但所有升挡（1～5 挡）一切正常且其他降挡点无冲击。经过仔细分析，认为入 D 挡冲击和 5 挡降至 4 挡产生冲击应该是同一问题所致。通过查换挡执行元件工作表可知，换挡杆由 P、N 位移至 D 位后，启动的主要主动油路是 A 组离合器的油路，而变速器由 5 挡降至 4 挡是再次启动 A 组离合器的油路，因此问题应该在于 A 组离合器油压上。通过 A 组离合器工作油路得知，启动油路的油压由控制单元根据发动机各种工况以及自动变速器的实际运行工况指令主油压调节电磁阀 N215 来调节的，油压的缓冲控制又是由 N215 电磁阀控制"压力调节阀"和"减压阀" 2 个滑阀相互工作来实现的，同时作用在 A 组离合器油路上的还有节流片和减振装置等，目的均是为实现 A 组离合器在接合时的平顺运行。再次分解液压控制阀体，重点检查压力调节阀体上的"压力调节阀"和"减压阀"两个滑阀。仔细检查发现"压力调节阀"和其工作腔均有不同程度的磨损现象，在更换全新阀体后故障彻底排除。

4. 维修总结

为什么原来没有这种问题呢？其实原因很简单，该车阀体从来没有清洗过，同时由于早期ATF变质没有及时更换，而新的ATF具有清洁作用。此次维修阀体经过彻底清洗，这样会使滑阀与其工作腔之间的间隙越来越大，运动性能受阻，因此会出现冲击的现象。

案例3　宝马MINI轿车自动变速器指示灯亮、入挡冲击、加速困难

1. 故障现象

宝马MINI轿车变速器故障指示灯亮、入挡冲击、加速困难且最高车速只能达到80 km/h。

2. 故障诊断

很明显，由故障现象，可排除发动机故障，应是自动变速器锁挡问题，用OB-15解码器检测其自动变速箱故障码，发现故障码为010，011。010是供应电源电压不良，011是供应电源电压不良/rpm信号感应器。

3. 故障排除

经检查Base电脑的几个保险丝、电瓶电压及控制继电器皆正常。利用OB-15解码器清除故障码后，再进行路试，则一切恢复正常。

4. 维修总结

传统的MINI变速器是采用液压控制其自动换挡，而对于2007年以后的MINI来讲，基本上都是采用六速电子控制自动变速器，相应的换挡控制、主油压控制、锁止离合器都是由电脑通过电磁阀来控制的。一旦控制电脑检测到有错误的信号或不良信号，则电脑自动断开换挡电磁阀以保护自动变速箱，从而造成变速器锁死在3挡的现象。

MINI发生上述故障的原因，应是车主或其他维修人员检修发动机时，在KEY-ON状态下，曾拆下过Base电脑或一些相关的继电器、保险丝，而没有做好善后处理，所以引起该故障。

注：由于六速电子控制自动变速箱故障码输出是数位式信号，所以采用传统的LED灯方法已不能够检测，而必须使用BENZ原厂仪器或OB-15、OB-91解码器，才能完成故障码的读取与消除。

案例4　皇冠自动变速器升挡时车身严重抖动

1. 故障现象

一辆1993款、装配A340E自动变速器的丰田皇冠乘用车，行驶里程为450 000 km。该车升挡时车身抖动。

2. 故障诊断

试车时，发现在车速 70 km/h 左右车身严重抖动，并且有加速不良的现象。怀疑自动变速器电控系统有故障，于是进行如下检查。

首先读自动变速器电控系统故障码，但自诊断系统无故障码输出。再检查自动变速器油，发现油液有煳味，而且颜色发黑。经询问车主得知，已经近两年没有换过自动变速器油了。接下来检测油压，测得在 D 挡怠速时油压约 400 kPa，失速时油压约 1 000 kPa；在 R 挡怠速时油压约 550 kPa，失速时油压 1 500 kPa。标准值为：D 挡怠速时油压 363～422 kPa，失速时油压 902～1 147 kPa；R 挡怠速时油压 500～598 kPa，失速时油压 1 236～1 589 kPa。检测结果在标准范围内，说明自动变速器油压没有问题。做失速试验，测得 D 挡时的失速转速 2 100 r/min，R 挡的失速转速约 2 200 r/min，低于标准值（2 300～2 600 r/min）。

通过对自动变速器的检查没发现明显的故障。根据试车时的现象，怀疑自动变速器电控系统有故障，于是对电磁阀进行检查。将两个换挡电磁阀和 1 个锁止电磁阀拆下，测量电磁阀电阻都在 11～15 Ω 之间，正常。再将电磁阀通上电源，也都能正常工作。在两个换挡电磁阀上分别并联上两个发光二极管，开车上路试验。检查两个换挡电磁阀的工作情况，结果表明换挡电磁阀和锁止电磁阀均正常。

根据以上的检查，再结合试车时的故障现象，怀疑发动机有故障，于是对发动机进行检查。用导线跨接故障检查插接器中的 TE1 与 E1 两端子，这时仪表盘上的 Check 警告灯显示正常代码，说明发动机电控系统没有故障。检查点火线圈、高压线、火花塞，均正常。最后，接上汽油压力表测燃油系统的压力，怠速时油压约 200 kPa，符合标准 196～235 kPa。断开油压调节器上的真空管，压力无变化，而标准值应达到 265～304 kPa。将真空管插回，急加速时油压略有下降，说明燃油系统有故障。

3. 故障排除

检查汽油滤清器、油压调节器、油泵控制单元，均正常。根据检查的结果，确定汽油泵有故障，更换汽油泵及自动变速器油。上路试车，故障消失。

4. 维修总结

该车在自动变速器升挡时所需扭矩增大，而汽油泵工作不良，发动机不能输出足够的功率，引起车身抖动。而过了升挡点后，汽油泵提供的油压基本上可以保证车辆正常行驶，可能加速性能会略有不足。

实例 5　皇冠自动变速器换挡冲击

1. 故障现象

一辆 1995 款、装配 A340E 自动变速器的丰田皇冠乘用车，行驶里程为 120 000 km。该车在行驶过程中仪表盘上的 OD/OFF 指示灯常亮，换挡冲击较大。

2. 故障诊断

接车后，首先检查自动变速器内的变速器油，油面正常且油质较好，于是检查并调整好节气门拉线，然后把点火开关转到点火位置，按下变速杆上的 O/D 开关，仪表盘上的 OD/OFF 指示灯不灭。用导线跨接故障检查插接器中的 TE1 与 E1 两端子，这时仪表盘上的 Check 警告灯显示正常代码，说明发动机电控系统无故障。用导线将 TT 与 E1 端子短接后，OD/OFF 指示灯常亮，不输出故障代码，说明自动变速器控制系统电路有故障或者 ECU 中的自动变速器控制电路有故障。

经试验，把变速杆放在 P、N 挡位置，发动机可以启动；把变速杆分别放在 R、D、2、L 挡位置时发动机不能启动，说明自动变速器的空挡启动开关工作正常。按下变速杆上的 OD/OFF 开关，仪表盘上的 OD/OFF 指示灯不受 OD/OFF 开关的控制而始终常亮，说明 OD/OFF 指示灯显示电路有故障。按下变速杆座上的变速器运行方式选择开关时仪表盘上的 PWR 绿色指示灯亮，关闭此开关后 PWR 绿色指示灯熄灭，说明自动变速器运行方式指示电路正常。

在完成以上检查工作以后进行道路试车。汽车在行驶过程中，特别是在急加速、减速过程中，变速器换挡迟缓，冲击较为严重，并且仪表盘上的 Check 警告灯有时候偶尔闪烁几次后又熄灭；OD/OFF 指示灯常亮。

放出自动变速器内的油，拆下油底壳，发现油底壳内无任何机械杂质，变速器内非常干净，油泵的吸油滤网也很干净，无堵塞。取下 1 号电磁阀、2 号电磁阀及锁定电磁阀的线束插头，用数字式万用表检查电磁阀的电阻值为 13 Ω 左右（正常值为 11～15 Ω），电阻值正常；直接用 12 V 电源驱动电磁阀，各电磁阀活动正常，无堵塞及卡滞现象，电磁阀工作正常。检查完毕插上电磁阀的线束接头，装好油底壳并加注自动变速器油至量油尺的上刻线位置。

从仪表盘上拆下组合仪表，从仪表盘右侧的杂物箱后面拆下 ECU，从变速器上拆下空挡启动开关及 2 号车速传感器的线束插头，用数字式万用电表全面检查自动变速器的控制线路。经过全面的检查发现：从发动机控制 ECU 线束插头上 THW 端子到水温传感器线束插头上的 THW 端子之间的导线因绝缘层破损造成导线出现瞬间短路（搭铁）现象，使水温信号传输紊乱；从空挡启动开关线束接头上 S2 端子到 ECU 线束插头上相应的 S2 端子之间的导线因导线绝缘层损破使导线出现瞬间短路，造成自动变速器中的 2 号电磁阀不能正常工作；从 2 号车速传感器线束插头上 SP2 端子到控制 ECU 线束插头上相应的 SP2 端子之间的导线因导线绝缘层破损使导线出现瞬间短路（搭铁）故障，使 2 号车速传感器向 ECU 传输的车速信号不正常；OD/OFF 指示灯一端的导线对地短路（搭铁），造成 O/D 开关不能控制 OD/OFF 指示灯。

3. 故障排除

用万用表逐段查找出导线断路及短路的具体位置，把导线接好、包扎好后再用万用表复查一次，确认导线导通良好后用绝缘胶布包扎好线束并可靠地固定好。插好 ECU 及所有控制元件的线束插头，固定好 ECU 并装好所有的附件及装饰件之后做 OD/OFF 开关试验：按下变速杆上的 OD/OFF 开关时仪表盘上的 OD/OFF 指示灯熄灭，O/D 开关信号电路接通；释放 O/D 开关时仪表盘上的 OD/OFF 指示灯亮，O/D 开关信号电路被切断，说明 OD/OFF 指示灯线路已恢复正常。

检修完毕清除故障码后进行道路试车。经过 100 km 的连续行驶试验，汽车在行驶过程中自动变速器挡位变换十分平顺，无任何冲击，自动变速器控制系统故障彻底排除。

4. 维修总结

此车故障主要原因是水温传感器和2号电磁阀工作不良。由于2号电磁阀工作不稳定,致使在换挡时油压不稳定,所以换挡冲击大。又由于OD/OFF指示灯一端的导线对地短路,致使OD/OFF指示灯常亮。

案例6 本田雅阁自动变速器故障维修

1. 故障现象

2005年产广州本田雅阁3.0轿车(CM6),搭载BAYA型五速自动变速器。该车在行驶过程中出现过变速器打滑的现象,但是故障现象出现的时间并不确定,所以一直没有进行彻底检查。该车在最近一次高速行驶过程中,大量变速器油从变速器壳体上部通气孔喷出,导致车辆无法继续行驶而被拖进修理厂。

2. 故障诊断

根据该自动变速器因为缺少变速器油而引发的故障,首先检查变速器油,从变速器油中包含的杂质可以判断变速器内部已经烧蚀,于是解体变速器。解体变速器后检查各部件的状态,发现变速器油泵的主动齿轮和从动齿轮严重烧毁,而且有多个离合器摩擦片存在不同程度的烧蚀。更换变速器油泵、主阀体以及烧毁的摩擦片,并清洗变速器内部。

将压缩空气施加在离合器活塞的进油孔,然后测量各挡离合器的行程。各项数据均符合要求。

组装变速器后装车,加注适量的变速器油后进行路试,但是很快又出现了问题,变速器虽然没有明显的打滑感觉,但是各挡的换挡过程不柔和,而且仍有些加速不良。发动机转速在2 000 r/min时,5挡车速是100 km/h,和正常车速相差大约20 km/h。调取故障码,有故障码"离合器压力控制电磁阀A故障",检查离合器压力控制电磁阀A,发现内部的滑阀又卡滞了,但是清洁滑阀后故障并没有消失。因为变速器油中有金属粉末,于是再次解体变速器,检查离合器压力控制电磁阀,发现内部的滑阀又卡滞了,变速器油泵有轻微的磨损,主阀体上的多数滑阀已经卡滞,5挡离合器片烧蚀,4挡离合器片有轻微的过热,即变速器处于5挡时,发动机动力在4挡上会有一定的损失。

检查差速器时,发现行星齿轮轴严重磨损,这应该是润滑不良所致。检查润滑油孔正常,顺着油路检查到变速器散热器,发现散热器内部有很多杂质,说明上次维修时清洗不彻底。变速器的散热器中有杂质,而且油泵有磨损,说明杂质来自变矩器。因为变矩器除了翻新无法进行彻底清洗,于是更换5挡离合器片、变矩器和差速器,并研磨主阀体中卡滞的滑阀。检修完毕后装车路试,变速器的故障彻底排除。

3. 维修总结

BAYA变速器在传动上采用了平行轴方式,变速器包括6个前进挡离合器、1个单向离合器、3个换挡电磁阀(A、B、C)、3个离合器压力控制电磁阀(A、B、C)以及3挡和4挡压力开关各1个。对于独立安装的变速器散热器,可以使用变速器油流量计测量流量，但是 BAYA 型变速器的散热器是直接安装在变速器的壳体上，变速器散热系统不能使用压缩空气简单地吹吹就行，一定要进行彻底清洗，必要时应翻新或更换变矩器。独立安装的变速器散热器一定要使用散热器流量计准确地测量流量。

案例 7 三菱太空车自动变速器不能升 3 挡

1. 故障现象

一辆三菱太空车装用 F4A20 自动变速器，该变速器大修后，在 D 挡位升不上 3 挡，只能低速行驶。

2. 故障诊断

先做基本检查，发动机工作正常。自动变速器油位和油质正常、节气门拉索调整正确、R 挡倒车正常。接着进行路试，在 D 挡位 1 挡和 2 挡起步升降挡均正常，当行驶速度达 60 km/h 时，由 2 挡升入 3 挡，但 3 挡不能维持，便立刻自动降回 2 挡，且有冲击振动感觉。

路试后对照 F4A20 自动变速器进行挡位表分析，由于 1 挡、2 挡、倒挡正常，说明前、后离合器没有问题，升入 3 挡时离合器不打滑，只是 3 挡不能保持，表明末端离合器也没有问题，即可断定故障不在换挡执行机构，可能在电控装置或油路系统。用电脑诊断仪检测电控装置没有问题，将换挡控制电磁阀 A 和 B 直接通电试验，听到"咔嗒"响声，电磁阀动作正常。断开电磁阀 A 和 B 的插头，在 D 挡位加速仍不能锁止在 3 挡，表明故障也不在电控装置，应查找油路系统。

用油压表测试系统油压，发动机转速 2 500 r/min 时倒挡油压为 2 200 kPa，正常；在 D 挡位测前离合器油压，当车速达 60 km/h 时油压是 300 kPa，2 挡升 3 挡过程中油压下降至零，随即又降回 2 挡，说明 3 挡油路有严重泄露。

3. 故障排除

经分析表明，换挡控制电磁阀 B 的密封性对 3 挡影响较大。只要该阀泄露，3 挡的施力装置都不能正常接合。为了进一步验证判断是否正确，卸下油底壳，拆下换挡控制电磁阀 A 和 B，用 300 kPa 压缩空气做密封实验，A 阀密封良好、B 阀泄露严重。更换换挡控制电磁阀 B 后故障排除。

4. 维修总结

按 3 挡油路图分析，3 挡前、后离合器及末端离合器的接合与分开都是受换挡控制阀操纵的，换挡控制阀的动作受电磁阀 A 和 B 控制，其工作过程是：升 3 挡时电磁阀 A、B 关闭，油压升高，经管路进换挡控制阀左端，将控制阀推向右侧工作端，使前、后及末端离合器接合便可升入 3 挡。如果换挡控制电磁阀 B 关闭不严或回位弹簧过软，升 3 挡时管路的油压从 B 处泄露，换挡控制阀左端面失去背压，便被弹簧推向左侧非工作端，关闭通向前离合器的油路使前离合器分离，末端离合器阀因右侧失去背压被左侧油压推向右侧，关闭通向末端离合器的油路使末端离合器分离，同时强制降挡伺服缸左腔也失去了油压，活塞在右侧油压作用下左移，在降挡制动带制动和后离合器的共同作用下，强制降回 2 挡。

案例 8 凌志 LS400 自动变速器超速挡不升速

1. 故障现象

一辆 1994 款凌志 LS400 型高级轿车，驾驶员在将自动变速器换挡杆挂入 D 挡行驶中，按动设置在换挡手柄处的超速挡 O/D 开关后，车速不能像往日那样随着加速踏板的踩下而自动加速 150 km/h 以上（当节气门全开时，最高车速只能达到 120 km/h）。开始没有引起驾驶员的注意，后来该车的最高车速仅能达到 90 km/h 左右。

2. 故障诊断

针对该车的故障现象，首先在发动机和自动变速器达到 70～80℃ 正常工作温度的情况下，检查自动变速器油的数量和油质。其油面偏低，同时，不但油液的颜色已呈极深的暗褐色，而且伴随着烧焦的气味；此外，在油液中还含有类似离合器或制动器摩擦片（带）的固体碎渣。接着，又对可能引起该车车速降低故障的发动机、电控系统分别进行了检查和测试。使用万用表检测超速 O/D 挡电控系统中的线路和各电器元件，均工作正常，发动机和液力变矩器经分别做 D 挡和 R 挡的失速试验，也未发现异常。依据已查出油量和油质存在的问题，初步判断该车车速降低的故障是发生在自动变速器内部的机件中。

3. 故障排除

根据初步诊断的结果，决定拆卸自动变速器，分解、清洗内部机件。结果发现，在自动变速器内，担负固定超速 O/D 挡太阳轮的制动器摩擦片，以及传递超速 O/D 挡输出动力的直接离合器摩擦片和个别压板已不同程度地烧蚀和损坏。经更换制动器和离合器上被严重烧蚀和损坏的摩擦片和压板，并加注规定数量和牌号的自动变速器油液后，进行路试。在开始行驶的 100 km 内，换挡杆在 D 挡位时，可以自动从 3 挡换入超速挡，并且车速能随着节气门开度的增大，而加速至 140 km/h 左右。但继续试下去，随着节气门开度增大，车速却逐渐降低了。当行驶到 200 km 左右时，自动变速器不仅不能从 3 挡换入超速挡，而且还从 3 挡降至 2 挡，此后，即使将加速踏板踩到底，最高车速也只能达到该车入厂未修理前的速度了。

对于该故障的再次出现，一方面通过油压试验，发现自动变速器仅在 D 挡位时，所测的油压比标准（怠速时为 382～441kPa，失速时为 1 205～1 362 kPa）偏低 1/4～1/3；另一方面又根据 3 挡和超速挡各控制件的作用和工作原理，判定造成故障再次出现的机件，为直接离合器的活塞工作不良。再次拆检，发现直接离合器内活塞上的密封环由于磨损导致密封不严造成油液渗漏，使活塞作用在离合器摩擦片上的压紧力降低，从而导致直接离合器摩擦片在传递动力时打滑，造成车速在超速挡和 3 挡时降低。经更换被磨损的活塞密封环，以及将轻度烧蚀的摩擦片修理并装复后，重新加注自动变速器油，再次进行试车，故障现象消失。

4. 维修总结

该车出现的故障，其原因主要是自动变速器内的油液产生变质和损耗造成的。因此，对自动变速器内的油液应定期检查和维护；同时还应注意行车操作习惯，防止未松油门就踩刹车，造成换挡执行机构的磨损或打滑。

案例9　奔驰300自动变速器不换挡的故障

1. 故障现象

此车为组装车，自动变速器为全电控，行驶不足30 000 km，在高速公路上行驶时突然不能提速，车速最多达80 km/h。进行路试时发现，此车挂挡时有明显的冲击感，且行驶中自动变速器不换挡，发动机动力不足，发动机转速至6 000 r/min时，车速才达85 km/h。

2. 故障诊断

据驾驶员讲，此车曾经添加自动变速器油两次，造成自动变速器油添加过多，致使变速器油外溢。

由于该车不配备自动变速器油尺，给油液位和油质检查带来诸多不便。首先用奔驰原厂电子检测仪器对该车自动变速器系统进行故障码读取，读到的故障码有6个之多，故认为不可能同时有这么多部位产生故障，可能是假故障码。经用专用仪器对其进行故障码清除后，进行路试一切正常，故障消失。但该车交给用户，行驶几日后上述故障现象又再次出现。再次用原厂专用解码器进行故障码读取，得到的故障码为自动变速器内两转速传感器故障。反复检查自动变速器各导线、接头，线路均正常，且传感器不应该同时损坏。按该车电路图检查也没有发现问题所在，经再次清除故障码后路试，车辆又行驶正常。此后该车时常出现上述故障，又查不到故障点所在，故决定分解自动变速器总成。

3. 故障排除

自动变速器总成分解后检查，没发现有任何磨损和烧损现象，故对相关部件进行彻底清洗后，换上该款奔驰车自动变速器的专用自动变速器油后装复试车，故障排除。

4. 维修总结

该款奔驰车全电控自动变速器用的自动变速器油为专用自动变速器油，不能用其他自动变速器油代替，一旦使用其他（非专用）自动变速器油，该车自动变速器便自动进入安全保护模式进行安全保护，此时电脑会记录一些故障码。所以该车换用专用自动变速器油后故障才能彻底排除。

参考文献

［1］林平. 新型汽车自动变速器结构·原理·检修［M］. 福建：科学技术出版社，1997.

［2］张泰岭，陆华忠，罗锡文. 汽车自动变速器原理与检修［M］. 广州：广东科技出版社，1999.

［3］胡光辉，仇雅莉. 汽车自动变速器原理与检修［M］. 北京：机械工业出版社，2006.

［4］张月相，赵英君. 汽车自动变速器原理与检修［M］. 哈尔滨：黑龙江科学技术出版社，2005.

［5］揭琳锋. 汽车自动变速器原理与维修［M］. 北京：北京大学出版社，2006.

［6］徐寅生. 现代汽车自动变速器原理与检修［M］. 北京：电子工业出版社，2000.